马克思"自我意识"理论的德国古典哲学来源

张笑笑◎著

九 州 出 版 社
JIUZHOUPRESS

图书在版编目（CIP）数据

马克思"自我意识"理论的德国古典哲学来源／张
笑笑著．－－北京：九州出版社，2024.1
ISBN 978－7－5225－2621－8

Ⅰ.①马… Ⅱ.①张… Ⅲ.①马克思主义哲学—自我
意识—研究②德国古典哲学—自我意识—研究 Ⅳ.
①B0－0②B516.3③B844

中国国家版本馆 CIP 数据核字（2024）第 042784 号

马克思"自我意识"理论的德国古典哲学来源

作　　者	张笑笑　著	
责任编辑	姬登杰	
出版发行	九州出版社	
地　　址	北京市西城区阜外大街甲 35 号（100037）	
发行电话	（010）68992190/3/5/6	
网　　址	www.jiuzhoupress.com	
印　　刷	唐山才智印刷有限公司	
开　　本	710 毫米×1000 毫米　16 开	
印　　张	15.5	
字　　数	213 千字	
版　　次	2024 年 1 月第 1 版	
印　　次	2024 年 1 月第 1 次印刷	
书　　号	ISBN 978－7－5225－2621－8	
定　　价	78.00 元	

序　言

　　哲学自古希腊诞生以来就以追求宇宙的终极真理为己任，这需要满足两个前提才能做到，一是要承认宇宙中确实存在着亘古不变的客观法则，二是要坚信人类的理性完全能够认识宇宙真理。前者构成了西方哲学中的本体论，后者则构成了西方哲学的认识论。就哲学认识真理而言，本体论离不开认识论，认识论也离不开本体论，二者的统一才是哲学真理的最终实现。西方哲学进入近代，由"我思"奠基的认识论成为哲学的主题，包括真善美在内的真理如何能够在人类自我意识中本真地澄明和显现，成了当时哲学家们最核心的理论关切，于是，主体性形而上学成了现代性哲学的"显学"，并一直延展到马克思创立的实践哲学之中。

　　在马克思看来，以往的哲学范式只是沉浸在认知真理的解释世界之中，而哲学的真正使命是要通过改变世界来实现人类现实的解放。因此，马克思哲学并非关注人类理性如何占有真理、获得主体精神自由或理性自由，而是要实现人类能够按照自我真实意愿去生产的实践自由或创造性的生产自由。其实，马克思的实践自由同样也需要满足两个前提条件：一是必须使生产处于无异化的生产关系中，达到符合人性的生产方式；二是必须要丰富每个社会成员的主体类性，即在主体中完成自我意识的"类本质"化，实现个体对类的全面占有。长期以来，我国学界更多地将马克思的人类解放学说与对资本主义生产关系批判联系在一起，而对人类解放中必然存在着的、"个体类化"的主体性之维重视不够。严格说来，这两个前提是缺一不可的，并且后者更为根本。这个问题之所以长期被遮蔽，一个很重要的原因是，"个体类化"的思想在马克思的文本中阐述得并不多，但它却是德国古典哲学中的非常重要的问题，且在理论上得到了详尽的阐释。马克思直接继承了德国古典哲学的理论资源，所以说，"个体类化"思想是以潜在的方式内置于马克思创立的新哲学之中，构成了马克思哲学自明性的理论自觉。这样，我们要深刻把握马克思关于人类解放的主体性思想要素，就必须对德国古典哲学自我意识理论有全面而深入的了解，这便是本部著作的研究主题——马克思"自我意识"理论的德国古典哲学来源。

在德国古典哲学中，康德开始全面反思和审查人类的自我意识，形成了以"先验自我"为根基的批判哲学体系，并将人类的自由实现指向道德领域中的自我立法；黑格尔按照思辨运动的法则，将绝对理念融入人类的自我意识之中而塑造成人类的精神，这不仅实现了主体自我意识的客观化和真理化，同时也将伦理理念内化到社会的每个成员之中，并宣告理念的具体化和现实化即为人类自由的终极完成；费尔巴哈更是直接将"类本质"视为在人类社会后天生成的本质集合，个体意识只有占有了"类本质"才能成为拥有了人的社会属性的"类存在物"，由于宗教从人类身上夺取了属人的"类本质"，因而消除宗教异化，人类重新占有自己的类本质，便是人类获得最终解放的当然路径。在马克思看来，康德用道德实践理性填充自我意识，这便不可避免地将人类自由限定在了主体意志的空洞形式中；而黑格尔用绝对理念来填充自我意识的神学性质，实现出来的只是理念的自由，与人却是无关的；费尔巴哈用"类本质"来填充自我意识，但"类本质"仍不过是费尔巴哈的主观抽象之物，并且他企图用"爱的宗教"来实现人类自由，所实现的只能是乌托邦而已。马克思在批判德国古典哲学"人性类化"思想的同时，保留了其内在的合理内核，认为人类的自我意识是在人类改造自然的物质生产活动中不断生成、不断丰富自身，最终会内化为人类主体中的实践类本性。同时，"类本质"又直接关乎着人类生产自由能否实现，二者之间的内在逻辑是：人类改造世界的物质活动就是将人类以劳动作为中介，将自我的实践类本性对象化给自然的过程。这样，人类自由就是变革世界的自由自觉的类活动，人类生产就自然地成了类本性的自由外投式的自我创造性活动，共产主义也就成了人人可以按照自我主体意愿去自由生产的"自由人联合体"。如此看来，马克思是把实践类本性注入人类的自我意识之中，从而让人类变革世界的现实自由成为可能，这也构成了自我意识理论从德国古典哲学发展到马克思哲学的全部演进逻辑。

本部著作的作者张笑笑是我的博士研究生，她进入博士阶段学习的第一年，我就给她布置了一个"命题作文"，将德国古典哲学中自我意识思想研究作为博士论文的主攻方向，显然，这是一个难度极高的学理问题。众所周知，德国古典哲学由于其文献量大，且几乎所有文献在表述上都是艰深晦涩，再从其中梳理出一个具体理论的演绎逻辑更是难上加难的苦差事。然而让我欣慰的是，她并没有辜负我的期望，经过她刻苦地钻研和不懈的努力，让完整的自我意识理论在德国古典哲学中的发展逻辑清晰地呈现出来，这也成了国内第一部专门研究德国古典哲学自我意识理论的博士论文。博士毕业后，她并没有终止对该问题的思考，又利用了三年左右的时间，完成了自我意识理论从德国古典哲学到马克思哲学的演进逻辑，至此，她研究的自我意识理论便在马克思哲学中得到了最后的终结，也让其研究的全部理论终于形成了一个非常完整的理论闭环，我想这也许是她希望达到的哲学夙愿吧。

我非常高兴能看到这部著作能够如期出版，一来是让更多的读者了解到书中的具体内容，更为重要的是通过出版的方式来虚心地接受大家的批判。诚然，书中还存在着许多不足之处，如原始文本研究的深度、具体观点把握的准确性以及整体逻辑演绎的主观独断性等，这些问题的出现，作为导师的我当然是难辞其咎的，在此，恳请国内学界的同仁们批评指正。

叔贵峰

二〇二三年六月于沈阳

目　录
CONTENTS

导言

关于马克思"自我意识"理论来源的研究现状

马克思将感性的物质活动作为人的本质，将对象性的实践活动作为人的"类存在"方式，突破了近代哲学以来的"内在性意识"哲学的范式，实现了哲学世界观的改变。由此，彻底解决了主客体对立的问题，创造性地统一了自我和外部世界的对立，开辟了一条不同于认识论也不同于知识学的、新的哲学路径。虽然马克思否定了哲学中意识"第一性"的地位，但他对于"自我意识"本身是十分关注的，马克思在哲学界的第一次亮相——《德谟克利特的自然哲学和伊壁鸠鲁的自然哲学的一般差别》（简称"博士论文"）的内容就是关于"自我意识"。最初"自我意识"被看作只与认知形式和自由意志相关，而最终马克思论证了"自我意识"是与宗教、经济、政治、法、国家一样的社会意识形态，正因此，马克思实现了哲学与现实世界的沟通。

第一节　马克思哲学中"自我意识"
理论来源的研究现状

近代哲学被看作主体性哲学的开端，"我思"被理解为近代哲学的基础，哲学的关注点从古希腊的本体论转向了人的内在性主体意识，这是哲学的一次重大飞跃，也是自我（思维）与世界（存在）二元对立的开始。众多学者的研究成果表明，马克思哲学中的"自我意识"不仅涉及思维与存在、自我与自然的关系问题，也包含着自我与他人、自我与社会的关系问题。

一、外国学界对于马克思哲学中"自我意识"理论的研究现状

1837 年秋天，身处柏林大学的马克思开始研读起黑格尔的主要著作，从此他的一生发生了改变。马克思不仅参加了青年黑格尔派博士俱乐部的活动，还实现了自己思想的重新熔炼，彻底放弃了浪漫的唯心主义，放弃了法学与诗歌。当时的德国哲学开始注重现实问题，青年黑格尔派的成员们想通过宗教批判现实主体"神学人格"的消解，使人们获得政治上的自由。所以，马克思自进入黑格尔哲学领域、成为青年黑格尔派的一员开始，就注定了他的最终目的是指向"自由"，且是实现社会生活中的人的现实自由，于是马克思对与自由相关的"自我意识"产生兴趣就不足为奇了。与青年黑格尔派中的大多数人主张运用精神哲学去诠释社会现实不同，马克思强调的是人们在现实生活中的自由，这也预示了马克思终将有一天会与强调"自我意识"精神性的青年黑格尔派分道扬镳，对"自我意识"进行重新考察，形成属于自己的哲学理论。

（一）马克思早期的"自我意识"理论

马克思的"博士论文"就是关于"自我意识"的。马克思认为"自我意识"不仅与认知相关，更与自由相关，他说："要得到真正的自由，你必须为哲学服务。凡是倾心降志地献身于哲学的人，他就用不着久等，他立即会变得自由，因为服务于哲学本身就是自由。"[①] 学者们对于马克思

①　中共中央马克思恩格斯列宁斯大林著作编译局 . 马克思恩格斯全集：第 1 卷［M］. 北京：人民出版社，1995：24.

哲学中"自我意识"的理解多是来源于他的"博士论文",很多学者将其称为马克思早期的"自我意识"理论。

1. 马克思的"自我意识"理论与宗教批判相关

马克思在他的"博士论文"中分析了伊壁鸠鲁的"自我意识"哲学,提出不是神创造人,而是人创造神,明确表明他对于传统宗教中的人们基于信仰而确信的"创世说"、神的恩典使得人变得完满等观念,是持批判态度的。

美国学者罗伯特·瑞斯艾认为,马克思的"自我意识"既能反对现实桎梏和权威,又能实现主体与客体的统一,马克思的无神论就是出自这样一种自由独立的意识。在马克思看来,一切超越人的意义所进行的对于上帝存在的证明都是没有意义的,甚至"关于上帝存在的证明"本身就是一个伪命题,因为人的存在要靠人的意义体现,而人的最高的意义就是拥有"自我意识"。罗伯特·瑞斯艾在他的《奴隶,主人,暴君:尼采的自由概念》一书中写道:"马克思把伊壁鸠鲁这一希腊启蒙的伟大人物放到了与宙斯的反对者普罗米修斯并列的地位。这是一场在人类自我意识的自治王国中反对诸神和信仰,自我意识恰恰联合了这两者。马克思的无神论也是真真正正出自这一关于完全独立之人的理想,这一理想之人最终除却自身之外不需要任何主人。"① 同样,戴维·麦克莱伦提出,马克思早期的思想可以被看作是一种"极端战斗无神论"的宗教批判理论。戴维·麦克莱伦认为马克思在"博士论文"与《莱茵报》时期,已经与鲍威尔、费尔巴哈一道"使无神论成为他们的格言",不同的是,马克思不仅以宗教和艺术为中介批判了黑格尔的国家观,还实现了将"上帝、宗教、永恒被从它们

---

① 罗伯特·瑞斯艾. 奴隶,主人,暴君:尼采的自由概念 [M]. 卫茂平,译. 南京:江苏教育出版社,2005:70.

的王座上推下来，人类被宣告为上帝"①。马克思加入了青年黑格尔派之后并没有完成像鲍威尔的《基督教真相》《复类福音及约翰福音作者的福音史批判》和施特劳斯的《耶稣传》那样著名的关于宗教批判的著作，此时的马克思更多的是通过精神哲学去化解法学方面的问题，并不是完全针对宗教进行批判，更重要的一点是马克思很快认识到要实现将对宗教批判转向对政治的批判。

神权和政权必有联结之处，经形而上学的改造之后，"上帝"成了等同于"绝对"的理性精神，尤其是通过康德的改造后，"上帝"更是成了人类道德行为的监督者，进而宗教与神权对人的影响从人的思维和行为等方面进一步深入社会的道德与法律层面。而随着资本主义社会的形成和发展，宗教与国家世俗权力结合越紧密，越会阻碍人的理性认知的发展，甚至终将阻碍人的自由人格的形成，很快人们就发现，再虔诚的宗教信仰也不能使人们获得现实中的权利与自由，反而形成了一种压力与束缚，而人们对于自由的渴望却随着生产力的发展而愈加强烈的。终于，马克思在1840年开始了从宗教批判向政治批判的转向。

2. 马克思的"自我意识"理论与对社会现实的政治批判相关

马克思认为伊壁鸠鲁提供了一条哲学的现实化与世界化之路，伊壁鸠鲁所强调的个体的"自我意识"是从希腊城邦社会中发展出来的，其通过扬弃"自我意识"与批判现实社会实现了哲学的世界化和世界的哲学化。据此，马克思预设了一个属于全体的、人类的理想世界——社会主义社会，他提出"社会主义是人的、不再以宗教的扬弃为中介的积极的自我意识"②。

---

① 戴维·麦克莱伦. 马克思传：第 4 版［M］. 王珍，译. 北京：中国人民大学出版社，2008：33.
② 中共中央马克思恩格斯列宁斯大林著作编译局. 马克思恩格斯全集：第 1 卷［M］. 北京：人民出版社，1995：64.

美国学者斯塔尔认为，马克思能选择加入青年黑格尔派，是因为他与黑格尔的青年学生们普遍所持有的共和立场一致，但国外很多学者都认可马克思关于"自我意识"理论研究的独特性，承认马克思哲学与黑格尔哲学、青年黑格尔派哲学的不同。卢格、赫斯等人十分认可马克思认为的宗教批判应最终实现对政治状况的批判的观点。在卢格看来，马克思的宗教批判思想实际上是杜绝了"自我意识"与传统哲学的全部关联，他不留余地地对宗教进行了批判，使宗教批判建立在一种彻底的"无神论"立场，反映的是一种对政治批判的诉求。当时作为《莱茵报》主编的马克思提出，宗教本身是没有内容的，其根源并非在天上而是在人间。马克思在给卢格的信中写道，要更多地在批判政治状况当中来批判宗教，而不是在宗教当中来批判政治状况，这与卢格的思想十分契合。卢格认为，青年黑格尔派的成员中有且只有马克思一人有此思想，虽然鲍威尔和费尔巴哈也试图颠覆神学，但他们并没有跳出意识范畴，即使费尔巴哈将自我意识哲学过渡到人本哲学，但他并没有意识到宗教批判如果缺乏政治批判，人的本质最终只是一种被架空了神权与政权的"伦理人格"。而马克思实现了对人的本质的重新定义，正好解决了宗教批判无法对现实的政治进行批判的问题。乔治·麦卡锡也是持这一观点的，他在著作《马克思与古人》一书中提出，"马克思已经把关于解放的基础理论的诸要素与感官现实性结合起来。伊壁鸠鲁的伦理唯物主义是通道所在。如果人有一特殊本质，这一本质乃通过历史过程才能实现其自身而到达其现实的理性形式——他的真实的存在，也即，达到个体相互间有意识的理性关联，那么，所有这些形式——在这些形式当中个体通过其自己的存在不能经验到其本身——是人类的前形式，是对其自身的神秘化，它向意识显现自身为真实的"①。即作为追求自由和道德的个体完全依赖国家权力的管控是不负责任的也不符合

---

① 乔治·麦卡锡. 马克思与古人［M］. 王文扬，译. 上海：华东师范大学出版社，2011：38-39.

社会现实的，当公民政治觉悟提高、政治观念形成后，必将促进国家和政治机构的发展和完善，最终形成独立于政治国家的公民社会，也就是人们所具有的公共政治精神是不能完全被国家机器所替代或消灭的。

在当时的德国，想通过哲学或者说想用宗教批判解决现实政治问题，这种思想是十分普遍的，马克思从一开始就想用哲学解决法学解决不了的现实问题，但马克思早期作为青年黑格尔派的成员，后期又批判青年黑格尔派，他的"自我意识"理论与青年黑格尔派必将有所相关又有所不同。

（二）关于马克思的"自我意识"理论与青年黑格尔派相关的研究

在马克思的著作《神圣家族》中他总是将鲍威尔与施特劳斯相提并论，他在承认鲍威尔与施特劳斯对宗教批判所做的努力的同时，更强调的是对他们思想的批判，他认为鲍威尔与施特劳斯的宗教批判思想来源都是黑格尔哲学，且没有超越黑格尔哲学，只是分别、片面地对其进行了发展。

1. 马克思的"自我意识"理论与黑格尔、青年黑格尔派和当时的德国现状相关

马克思 1837 年加入博士俱乐部，大学期间他亲眼看到了鲍威尔哲学思想的转变过程，鲍威尔的宗教批判和"自我意识"理论都对他产生了一定影响。

美国学者沃伦·布雷克曼在他的《马克思、青年黑格尔派与激进社会理论的起源》一书中，将马克思、青年黑格尔派与黑格尔晚期的哲学思想一并纳入，从 19 世纪早期德国的现状开始分析，当时正值黑格尔晚年时期，德国的宗教与政治情况都是他的视域范围。布雷克曼对费尔巴哈理论以及宗教神学进行了讨论，将"人格问题"作为统摄整个德国社会的问题的关键，主要从人和人格的角度对政治和宗教中的自我发展进行研究，认为马克思实现了从个人主义向社会主义的转向，而这个过程表现为人格的"一"与"多"，但这背后是由于德国古典哲学过度追求"一"反而使社

会陷入了"多"的混乱。在众多对于马克思与青年黑格尔派成员关系的研究中，英国学者戴维·麦克莱伦的著作《青年黑格尔派与马克思》可以算得上是经典之一。在这本书中，戴维·麦克莱伦描述了青年黑格尔派各个代表人物的生平、著作以及他们和马克思的交往情况，除此之外，他还介绍了青年黑格尔派的兴起、发展和终结的过程。当然，如果只是单纯地阐述，还不会得到学者们如此多的关注，戴维·麦克莱伦从当时的社会政治、历史等角度，详细地分析了青年黑格尔派成员对马克思早期哲学思想形成的影响。但是，他忽视了马克思在大学期间，其思想就已经发生了转变。波兰学者兹维·罗森在他的专著《布鲁诺·鲍威尔和卡尔·马克思：鲍威尔对马克思思想的影响》中探讨了鲍威尔对马克思的影响，尤其是鲍威尔对于马克思早期自我意识哲学的影响，但是其无论是从无神论或宗教角度对青年黑格尔派成员思想进行研究，还是后来马克思批判个人主义最终实现向社会主义的转向，都缺乏了一种整体性的视域。G. V. 普列汉诺夫在他的著作《从唯心主义到唯物主义》中阐述了青年黑格尔派产生、发展、解体的过程，尤其是青年黑格尔派宗教哲学发展的过程，其中重点论述了施特劳斯、费尔巴哈等成员由唯心主义转向唯物主义的过程。

马克思在 1842 年之后就逐渐展现出了他与鲍威尔关于自我意识哲学原则的分歧，他已经开始从宗教批判转向了政治批判，并逐渐抛弃了唯心主义。其实，从一开始他对宗教批判的兴趣就不高，他之所以放弃法学投身哲学，也不过是想用哲学来解决法律无法解决的问题，他一直指向的就是现实社会的、政治的自由。

2. 马克思的"自我意识"理论与青年黑格尔派的不同

马克思在《评普鲁士最近的书报检查令》中通过评判书报检查令批判了当时的社会现实，他不仅指出政府不但在立法上自相矛盾，在行政权力的使用上违背了法律原则，还严肃地抨击了专制主义用"严肃和谦逊"扼杀了人们的思想自由。马克思认为，政治与自我意识的发展无关，自我意识本身是无内容的，并不能像青年黑格尔派那样处理哲学、宗教与"自我意识"的关系。

《布鲁诺·鲍威尔的哲学和政治学》是著名学者莫加奇的专著，他按照时间顺序对鲍威尔的哲学和政治观点进行了详细的介绍，关于鲍威尔思想的探讨和引用比较多，与罗森的《布鲁诺·鲍威尔和卡尔·马克思：鲍威尔对马克思思想的影响》不同，并不是着重于分析。麦凯的《麦克斯·施蒂纳：他的生平和工作》则与莫加奇的专著比较相似，可算作是施蒂纳的传记，但其除了施蒂纳之外，对青年黑格尔派其他相关人物的活动和关系也都有介绍。《费尔巴哈的哲学》是苏联学者马·彼·巴斯金的著作，这本书并没有单纯地分析费尔巴哈哲学，而是从历史观的角度进入哲学，这明显是一种更宏观的视角；作者通过分析19世纪的德国历史，提出费尔巴哈的宗教批判思想的非现实性，还将费尔巴哈与谢林、黑格尔哲学进行了对比性批判。波兰学者亚克·艾格利克曾作《费尔巴哈关于人的宗教异化的构想和米哈伊尔·巴枯宁的哲学理念》一文，他分析了费尔巴哈与施蒂纳的思想，他提出费尔巴哈的宗教批判思想对巴枯宁影响很大，巴枯宁提出国家是人们获得"自由"的最大障碍，实现了从对宗教批判到对政治的批判；实际上巴枯宁更接近施蒂纳的"唯一者"思想，巴枯宁进一步指出，人想要获得真正的自由和解放，只有国家和教会都消失才能实现。

戴维·麦克莱伦提出，马克思对费尔巴哈的批判与施蒂纳对费尔巴哈的批判有着相似之处，黑格尔是要通过思想来影响政治，用意识来改变政治，而鲍威尔和费尔巴哈也是一样，用概念来反对概念，他们都没有超出黑格尔哲学的范畴。戴维·麦克莱伦甚至认为关于劳动异化和剩余价值都能在施蒂纳的思想里找到，他的"唯一者"思想延续了鲍威尔的"自我意识"，马克思和恩格斯在《德意志意识形态》中已经对此做了完整的批判。比利时学者德里德·威德金特的《施蒂纳，黑格尔和青年黑格尔派：再评估》中提出，多数学者都认为施蒂纳《唯一者及其所有物》只是对费尔巴哈哲学的批判，但实际上施蒂纳在《唯一者及其所有物》中也对鲍威尔哲学进行了批判。另外，德里德·威德金特指出，施蒂纳之所以能实现对于黑格尔辩证法与"目的论"的批判，是因为他在批判鲍威尔"自我意识"哲学的过程中，发现了"个人状态"和"利己主义"这两个概念；由于鲍威尔无限的自我意识理论的来源是黑格尔精神哲学，因此施蒂纳也批判了黑格尔的主观精神哲学。显然，威特金特的研究成果是一个全新的视角，有待我们深入研究，也就是当黑格尔与青年黑格尔派的关系确定之后，批判就会更加深入，随之批判的意义——实现某一方面的"确定"，就会凸显出来。

当青年黑格尔派将历史、国家、货币等都看作是"人"或者"自我意识"自我异化的产物时，国家、法律就都成了人将自己的权利最大化之后通过"异化"让渡出去的结果。青年黑格尔派正是将"自我异化"的逻辑推及政治、历史和经济领域，才引发了一场挑战德国的旧体制的思想运动，并将其"发展为一种席卷一切'过去的力量'的世界性骚动"①。直到马克思、恩格斯的《神圣家族》以及施蒂纳的《唯一者及其所有物》的发表，这场思想界中的"世界性骚动"才沉寂下去，人们对宗教的批判开始被对政治的批判所代替，完全展现了人们对现实自由的渴望。

（三）马克思哲学思想变化由其对"自我意识"理论态度的转变为主线

美国学者乔治·麦卡锡认为，马克思在早期的"自我意识"思想与鲍威尔思想关系密切，尤其是研读马克思"博士论文"的时候，我们可以明显看出鲍威尔通过"自我意识"对宗教进行批判的思想对马克思的影响。马克思与鲍威尔、施蒂纳一样，都是将古希腊末期的伊壁鸠鲁、德谟克利特等人的时代视为"自我意识"觉醒的时代。但是，青年黑格尔派对马克

---

① 中共中央马克思恩格斯列宁斯大林著作编译局. 马克思恩格斯全集：第 1 卷 [M].
北京：人民出版社，1995：512.

思的影响仅在早期马克思坚持"自我意识"哲学原则的情况下。

本雅明·贡斯当在《论古代宗教》中指出，在 1841 年马克思接触了费尔巴哈和一些法国传来的思想之后，马克思逐渐发现他对于宗教批判的想法与青年黑格尔派已经相去甚远，由于与鲍威尔思想的分歧越来越大，所以他们的合作也没能实现。但是，从马克思"博士论文"的序言中，我们可以明确地知道，1842 年初，马克思还是持唯心主义的"自我意识"哲学立场的，他说："应反对不承认人的自我意识是最高神性的一切天上的和地上的神。不应该有任何神同人的自我意识相并列。"① 直到马克思到《莱茵报》工作后，随着对人民的现实生活越来越了解，他发现靠黑格尔哲学思想并不能实现理想中的"自由王国"，青年黑格尔派的"自我意识"哲学也不能真正改善普通百姓的现实生活时，马克思的哲学立场才从自由主义开始转向了革命民主主义。至此，马克思与青年黑格尔派彻底分道扬镳了。

日本学者広松涉认为，马克思自"博士论文"到《关于费尔巴哈的提纲》和《德意志意识形态》公开发表的这段时间，都是处于青年黑格尔派的"自我意识"哲学和人的自我异化思想的影响之下。具体地说，从 1840年到 1842 年期间，马克思在"博士论文"和《莱茵报》时期接受了鲍威尔的"自我意识"哲学原则，并且马克思的思想并不单单来源于鲍威尔，黑格尔的"自我意识"理论也同样影响了他，马克思用黑格尔"自我意识"的运动原理解释了伊壁鸠鲁的原子运动；从 1843 年到 1844 年，马克思在《黑格尔法哲学批判》和《巴黎手稿》时期，开始了对"自我意识"哲学原则的批判，他接受了费尔巴哈"人的本质"的异化理论，此时的唯物主义思想已经在马克思思想中发芽，他试图用费尔巴哈哲学中具有自然属性的"感性的人"来替换黑格尔精神哲学中的"绝对精神"。而当《神

---

① 中共中央马克思恩格斯列宁斯大林著作编译局．马克思恩格斯全集：第 1 卷［M］．北京：人民出版社，1995：12.

圣家族》发表的时候，马克思已经发现了青年黑格尔派与黑格尔之间的最根本性的关联，他认为鲍威尔等人的哲学都遵循了"黑格尔结构的秘密"——思辨结构，费尔巴哈"作为'类存在'的'人'，与黑格尔的'绝对精神'、施特劳斯的'实体'、鲍威尔的'自我意识'一样，作为主体=实体、实体=主体，也是自我异化和自我获得的主体"①。1845 年春天《关于费尔巴哈的提纲》的发表，彻底宣告了马克思对费尔巴哈思想的扬弃。马克思在《德意志意识形态》写作的过程中，经过反复的思考、与恩格斯的交流，逐渐意识到费尔巴哈"人的本质"异化理论的缺陷。广松涉提出："在《德意志意识形态》中，自我异化的逻辑本身遭到了批判（自我批判），过去马克思曾在《巴黎手稿》中主张的命题被彻底抛弃，取代异化论而登场的是物象化论的逻辑。"② 这表示了马克思实现了"从异化论逻辑到物象化论逻辑"的转变，以及所谓的《德意志意识形态》转变说③。显而易见，广松涉对于马克思哲学思想变化的阐述完全由于马克思对"自我意识"理论态度的转变。

在 1845 年《关于费尔巴哈的提纲》发表后，马克思就不再用"自我意识"的异化逻辑来解释人、社会、历史了，这标志着马克思逐渐离开了唯心主义立场；而马克思最终向唯物主义立场迈进是从他重新定义人的本质开始的，马克思将人与对象的关系、人与人的关系、人与社会的关系纳入到了对人的本质的考察中，用"实践"和"劳动"实现了哲学与世界的互通，以及主观与客观的统一。

二、国内学界对于马克思哲学中"自我意识"理论的研究现状

目前国内学界对马克思"自我意识"理论的研究很多，但对于马克思

① 広松涉.マルクス主義の成立過程［M］.日本：至誠堂新書，1974：45.
② 広松涉.マルクス主義の地平［M］.日本：勁草書房，1969：245.
③ 広松涉.唯物史観の原像［M］.邓习议，译.南京：南京大学出版社，2009：35.

"自我意识"理论来源的研究并不多。国内关于青年黑格尔派的研究开始较晚，大致开始于20世纪80年代初期，多是在探究对于马克思与青年黑格尔派的关系的研究中逐步展开的。

（一）国内学者对于马克思哲学思想来源的有影响力的研究

国内学者对于马克思哲学思想来源的研究主要有两种切入点，一种主要研究马克思的"博士论文"中的"自我意识"，另一种是从马克思的思想转变入手。无论从哪种切入点，大多学者都认为马克思的"自我意识"理论与青年黑格尔派的思想相关，或是与黑格尔、青年黑格尔派的思想共同相关。

卜祥记教授在《青年黑格尔派与马克思》中通过对大量文本进行考证和研究、分析，重新分析了宗教批判、政治批判、社会批判、经济批判和哲学批判的关系，定义了青年黑格尔派理论的起点、阐明了各成员的理论界限，并将青年黑格尔派产生、发展和解体的过程通过"实体与主体"的关系揭示了出来，论证了马克思与青年黑格尔派划清界限、引发哲学革命的必然性。侯才教授的《青年黑格尔派与马克思早期思想的发展》分析了马克思哲学、德国古典哲学、青年黑格尔派哲学的关系，并论证了马克思不仅是通过法国社会主义学说和英国古典政治经济学建构起了自己的哲学大厦，更重要的是马克思将德国古典哲学和青年黑格尔派哲学的思想蕴含在了自己的哲学思想中。侯才的研究成果揭示出了马克思哲学思想的发展过程，是一个庞大的、全面的研究，为国内研究马克思与青年黑格尔派的关系方面提供了资料。

国内有一本由两位著名教授合著的专著——《马克思早期思想研究》，是国内出现得较早的一部论述马克思思想形成过程的文献，作者是陈先达教授和靳辉明教授。他们将马克思哲学思想与黑格尔、青年黑格尔派成员们的哲学思想做了对比和逻辑分析，特别是对费尔巴哈和施蒂纳的哲学思想与马克思哲学思想的关系进行了清算，论述了马克思早期思想的发展脉络，经由对费尔巴哈和施蒂纳的批判，从唯心主义走向了唯物主义，确立了将"人的本质的全面实现和发展"作为"历史的真正目的"的唯物史观思想。《信仰与革命——对 19 世纪上半叶德意志精神世俗化历史的理论考察》是李鹏程教授的专著，他将马克思的思想来源从时间上扩展到了黑格尔、从广度上扩展到了整个青年黑格尔派，包括对宗教和意识形态的批判、新世界观的形成、人与世界的相互关系，都进行了考察；对马克思新世界观的形成的传统方法即"黑格尔—费尔巴哈—马克思"进行了修正。

可见，国内学者们通常使用的研究方法有两种，一种是重视文本分析，一种是注重逻辑分析。进行逻辑分析的时候，学者们多是采取历史与逻辑相统一的原则，将当时的社会历史与马克思的思想转变的过程综合起来，分析马克思哲学思想的来源以及影响马克思"自我意识"理论转变的关键因素。

（二）国内学者对于马克思与青年黑格尔派思想关系的研究

国内学者对于马克思与青年黑格尔派的关系的研究可以分为两种情况，一种是将马克思哲学思想与青年黑格尔派其中的一个成员的思想进行对比，第二种是将马克思哲学思想与青年黑格尔派中的多个成员的思想进行对比。

1. 马克思与青年黑格尔派其中的一个成员的思想对比的研究

对于马克思与青年黑格尔派其中的一个成员的思想对比的研究，多是针对以下四位成员：鲍威尔、施特劳斯、费尔巴哈、施蒂纳。

侯小丰研究员在他的文章《"自由何以实现"与马克思人类解放思想的逻辑进路——重读〈论犹太人问题〉》中提出，马克思通过批判布鲁诺·鲍威尔的宗教批判理论并没有实现对于犹太人真正的救赎、通达"犹太人问题"的本质这种情况，提出了宗教只是现实世界中苦难的反映，只有劳动异化消失、人"物化"消失、私有制消失，宗教问题才会得到解决，这不是宗教解放的问题，这是政治解放的问题，是人的解放的问题。

这是一种全新的自由观。李彬彬学者在他的文章《从宗教批判到社会批判——鲍威尔对"犹太人问题"的解答及其对马克思的影响》中提出，马克思哲学是德国古典哲学思想孕育出来的。除此外，在马克思思想的形成过程中，布鲁诺·鲍威尔扮演了重要的角色，马克思的很多思想是在对于鲍威尔的批判中实现的、在与鲍威尔的争论中形成的。比如，鲍威尔在宗教统治与利益斗争的关系、批判现代法权和个体自由等观点，都对马克思产生了深刻的影响。

学者刘艳的博士毕业论文《神学批判的终结与现实的开端——大卫·弗里德里希·施特劳斯〈耶稣传〉研究》揭示了施特劳斯宗教批判的整体逻辑路径，指出施特劳斯是通过将《圣经》看作是符合当时的人们的"普遍信仰"，这与人们传播神话故事是一样的，施特劳斯将耶稣基督还原为历史中真实存在的"人"，打破了宗教的神秘感。由此，他不仅实现了对宗教的批判，还撼动了黑格尔哲学体系的根基，以理性的发展为根据看历史的必然，从而引发了马克思在历史层面对于青年黑格尔派理性根基的批判。学者胡水清、雷勇在他们的合著《试析费尔巴哈的宗教批判思想》中提出，费尔巴哈以"人的本质"为理论基础，从人的自然本质、理性、"爱"等方面对宗教的产生、宗教的本质进行了阐述，并通过人的本质的异化理论对宗教进行了批判，揭示了费尔巴哈对于法国无神论的超越，实现了费尔巴哈对马克思产生唯物史观思想的影响。

学者姜海波在其博士论文《论马克思对施蒂纳历史观的批判》中提出，施蒂纳的"唯一者"具有抽象性、直观性、片面性、利己性的缺陷，在马克思看来施蒂纳的历史观依旧是在黑格尔思辨哲学的范畴和框架内进行的。聂锦芳教授在《为谁生活？缘何享乐？——施蒂纳的省思与马克思的分析》《"现实的个人"与"共同体"关系之辨》等文章中将施蒂纳与马克思的思想做了比较，指出马克思是通过将宗教、精神、人的感性的物质生产联系起来，创立了唯物史观。学者朱亦一在其博士论文《论施蒂纳的形而上学批判及马克思对其批判的批判》中对比了施蒂纳"唯一者"和"创造性的无"的思想与费尔巴哈的"类"哲学，指出了施蒂纳是黑格尔"绝对精神"的瓦解人之一，揭示马克思"现实的个人"和"每个人的自由发展是一切人自由发展的条件"思想的提出与施蒂纳的思想是有相关性的。

在马克思与青年黑格尔派其中一个成员的思想对比的研究中，我们可以确定马克思与青年黑格尔派的思想具有相关性。

2. 马克思与青年黑格尔派其中的多个成员的思想对比的研究

在对于马克思与青年黑格尔派其中的多个成员的思想对比的研究中，同样多是将鲍威尔、施特劳斯、费尔巴哈和施蒂纳作为青年黑格尔派的代表人物与马克思的哲学思想进行比较。

聂锦芳教授的《批判与建构〈德意志意识形态〉文本学研究》是从文献学的角度将马克思和恩格斯对鲍威尔的"自我意识"、费尔巴哈的《基督教的本质》、施蒂纳的《唯一者及其所有物》的评价进行了阐释。马克思和恩格斯认为，鲍威尔的自我意识没有离开黑格尔的哲学界限；费尔巴哈所认为的宗教观实质上体现的是抽象的"爱"的本质；而施蒂纳的《唯一者及其所有物》则是"黑格尔主观主义化的最终极限"。王兆星教授在他的《青年黑格尔派的形成及其宗教批判》一文中提出，青年黑格尔派的全部哲学思想概括起来只有两个字——批判。王兆星教授结合了德国当时的历史情况，通过分析青年黑格尔派在形成时期、发展过程和分裂时期所经历的宗教批判、政治批判和社会批判等思想的变化，并将这些与马克思的思想做对比，指出青年黑格尔派思想促进了青年马克思、恩格斯早期共产主义思想的萌发。学者刘艳通过在其博士论文《神学批判的终结与现实的开端——大卫·弗里德里希·施特劳斯〈耶稣传〉研究》中对《耶稣传》进行分析，指出施特劳斯的"实体"与鲍威尔的"自我意识"、费尔巴哈的"自然的类"、施蒂纳的"唯一者"之争实际上都最终为马克思哲学的诞生奠定了思想基础，使得马克思哲学中"现实的人"的理论从宗教领域扩展到了国家、社会之中。

综上，在对于马克思与青年黑格尔派成员包括鲍威尔、施特劳斯、费尔巴哈和施蒂纳的哲学思想比较中，国内学者的关注点有两个，一个是关注马克思对青年黑格尔派思想的批判上，另一个是关注青年黑格尔派思想对马克思思想的影响上；而大多国内学者主要还是集中在论述马克思在实现对青年黑格尔派的批判过程中，思想逐渐产生变化并最终实现唯物主义思想的构建和共产主义思想的形成过程。

（三）国内学者关于马克思"自我意识"理论较有影响力的研究

高清海先生的《哲学与主体自我意识》是每个研究马克思"自我意识"的学者都无法绕开的著作。在《哲学与主体自我意识》这部著作中高清海先生强调的是马克思的"实践"变革，提出人的本质是在实践活动中显示出来的，实践作为人的"类存在"方式，是人理论认识活动和感性物质生产中最基础的内在环节。在实践环节中，主体与客体实现统一，主体的创造性得到体现；实践活动能促进人与世界关系的发展，形成一种新的实践观的思维方式。这种新的"实践"思维方式是一种从实践观点看待一切哲学问题的范式，是一种超越了传统形而上学的思维方式。高清海先生在《哲学与主体自我意识》中除了提出马克思哲学实质上是一种"实践观"和实践的思维方式外，还提出了马克思哲学是一种"类哲学"，强调了人与世界、人与人、人与自身的关系具有一种否定性的统一，无论是世界还是哲学都应该是一个有机的整体，哲学中的"二元世界"是没有意义的。在高清海先生看来，人的主体性地位应该被提高到"类本位"，使人从抽象个人主体性中解脱出来，只有这样才有可能克服由个体"自我意识"的发展所带来的"自我中心论"的困境。也就是，个人的存在方式一旦发生改变，那么由人的主体性所引起的各种现实问题也能随之改变。那么，在马克思哲学中随着个体走向"类本位"，人的"自我意识"则由个体意识走向了"类意识",进而实现人的"类本性"的过程,这是高清海先生"类哲学"理论的核心,也是解决由自我意识发展所引发的现代性问题的方式,而"实践"则是这一切的关键。

贺来教授的《论实践观点的认识论意蕴》一文是从认识论的角度阐释了马克思的实践观点对于由"自我意识"的发展而产生的二元分化问题的解决范式。文章指出,马克思的实践观点使得他的认识论具有了不同于以往哲学的现实根基,在唯物史观的基础上使认识论实现了与辩证法的统一,结束了自近代哲学到德国古典哲学持续的认识论的思辨形态,这是一种新的"人的解放"的样式。通常在思辨范畴内,自我意识的功能是"认知",而当马克思用"实践"将自我意识从思辨范畴中解救出来,就意味着赋予了"自我意识"全新的功能和意义。

吴晓明教授的《论马克思哲学中的主体性问题》一文同样探讨了"实践"对于马克思哲学的重要性,认为"实践"是解决"自我意识"的现代性问题的钥匙。主体如果由存在性规定,那么就自然会具有一种独断性或封闭性或抽象性等特征,因此马克思在人的"对象性活动"中寻求到了一种能使整个形而上学翻转过来的力量——实践,这是一种完全不同于内在性意识的另一种主体性,使马克思的"自我意识"超越了传统哲学中意识内在性或唯我论,具有了超越意识的能动性。吴晓明教授认为,"对象性活动"原则是理解马克思哲学中的实践观点的关键。

在《后主体性哲学的视域》一书中,王南湜、谢永康教授想要实现将"理论与实践的关系"作为角度,对马克思哲学进行新的阐释。马克思的唯物主义是一种以人感性的物质生产活动为基础的,凸显了马克思对"人"的全新理解。王南湜和谢永康教授认为,马克思将实践作为人的生存方式,实践体现了人的能动性和受动性,能使人在对象性活动中实现与世界的统一,将自然作为对象性活动的一部分也纳入人的生活世界中,由此消解了主客体之间、人与自然之间的矛盾。不仅如此,他们还论证了在以实践为基础的认识论上形成了一种新的真理观，这是"一种对知识客观有效性问题的观点，是基于人类实践总体或人类直接生存的明证性的"①。

通过对国内学者关于马克思"自我意识"理论研究成果的分析，可见他们强调的是马克思对于传统主体性哲学的区别，以及马克思哲学中"实践"理论的重要性。一旦离开"实践"去探讨马克思的"自我意识"理论，是无法触碰到马克思哲学思想的精髓和本质的。

第二节　对近年来马克思哲学中"自我意识"理论来源的研究现状的反思

总体来看，关于马克思"自我意识"理论的研究，可以按照时间和内容被分为两类：一是按照时间将马克思的思想分为早期和晚期，早期是指马克思的"博士论文"期间，晚期是指《德意志意识形态》期间；二是按照内容更多地见于对马克思与青年黑格尔派的关系或者对马克思与黑格尔哲学关系的研究中。

在对于马克思哲学中的"自我意识"与伊壁鸠鲁哲学的关系的研究中，多是探究马克思早期的"自我意识"哲学思想，强调的是马克思的"自由"理论；同时这个方面的研究引发了学者们对于马克思哲学的自我革命的重视，很多学者以此为切入点展开了关于马克思思想转向的研究，进而从马克思与伊壁鸠鲁哲学中"自我意识"的关系转向了对马克思与青年黑格尔派哲学思想的关系的研究，如朴祥记教授、侯才教授都有这种倾向。这类关于马克思哲学思想转变的研究比较注重对于文本的分析。

但是，如果只针对马克思早期思想中的"自我意识"，将其思想框在

---

① 王南湜，谢永康. 后主体性哲学的视域 [M]. 北京：中国人民大学出版社，2004：267.

"博士论文"中，而把后期的思想看作与"自我意识"完全无关的学说，那么就会有个弊端——割裂了马克思哲学思想的连贯性。马克思哲学思想最显著的特点之一就是与社会现实息息相关，思想的连贯性被破坏，对于理解马克思思想观点的形成、理解当时的德国社会都是无益的。比如，仅从马克思的"人本"或"人道主义"思想来说，西欧学者佩特罗相提出，在《莱茵报》时期，马克思和恩格斯对于无产阶级的同情就被看作是"人道主义"，具有共产主义的萌芽。如果把《1844年经济学哲学手稿》看成马克思"人道主义"的高峰，那么《莱茵报》时期的思想就可以看作是马克思"人道主义"的开端。但是，苏联学者对此并不赞同，尼伊拉宾指出，马克思的那些人本主义观点在政治经济学的视域下是无法实现的；奥伊则尔曼也强调，马克思的"人本主义"不过是抽象的哲学概念。抛开"人本主义"视域，无论西欧学者佩特罗相还是苏联学者尼伊拉宾和奥伊则尔曼都有一种相同的观点，他们认为如果把马克思的思想分裂为早年的思想和中晚期的思想，就会切断马克思《莱茵报》时期的政治诉求与他的整个唯物史观形成和发展过程的关系，这不仅与事实不符，也会极大削弱马克思思想的逻辑性和现实性。

　　学界关于马克思与青年黑格尔派的关系的研究中，若是关于其中某一人的，那多是对某一种观念的两个人的比较，比如，对比马克思和鲍威尔（施特劳斯或施蒂纳）在"自我意识"理论方面、与费尔巴哈在"人的本质"理论方面的异同等；若是关于青年黑格尔派的多位代表人物，则多是集中在某一领域，比如，在宗教批判方面马克思与青年黑格尔派的异同等。这类研究多是注重逻辑方面的梳理。但是按照这种研究方式和范畴进行研究也有缺陷，会由于缺少一种整体性视域，使得马克思的"自我意识"理论不好理解，并在整个哲学史中显得突兀。

　　经过对马克思哲学中"自我意识"理论来源的研究成果的分析，我们已经发现，现阶段对于马克思与黑格尔、青年黑格尔派思想关系的研究已经很多，在这些研究中多是关于马克思某一方面理论的来源或是马克思对某一方面理论的批判等内容，学者们基本已经形成了普遍共识。因此，对于本书的写作来说，文本资源是很多的。同时，我们也能发现，关于"自我意识"理论的研究其实缺少一种在哲学史基础上所进行的、以历史与逻辑相统一的辩证思想为原则的整体性的视域。实际上，不论是黑格尔哲学还是马克思哲学都不是无源之水、无本之木，"自我意识"从古希腊时期就已经萌芽，"自我意识"所引发的现代性问题在近代哲学就已经通过"哲学的基本问题"即思维与存在的二元分裂问题有所显现。但明显的是，关于马克思"自我意识"理论的研究被分裂了，马克思哲学思想也被无形中分为了早期与后期。其实从德国古典哲学开始，或者说在宗教批判范畴内，哲学家的思想都是有逻辑上的连续性的，甚至同一时期的哲学家们在某一个理论上的思想也是有相关性的。无疑，关于影响哲学家思想形成的因素，哲学家当时所生活的社会、国家、历史现状与其学术背景，都是需要被考虑进去的。

而马克思的"自我意识"理论之所以值得被重视，是因为当德国古典哲学将人类理性抬升到最高、人们在理性领域追求内在主体性发展的路上已经无路可去的时候，马克思通过重新定义"实践"和"人的本质"，在新唯物主义思想的基础上给人的主体性找到了一条新的出路，并且通过这种主体性与物质客观实在性关系的翻转实现了由主体性的内在性所带来的主客体二分问题的解决，进而"思维与存在的关系问题"、人与自身的关系问题、哲学与现实的关系问题都从二分实现了统一，至此，"主体自我的困境"也得到了解决。最终，马克思将社会性与历史性引入哲学范畴，重新解释了"实践"，用"实践"重新定义了"人"和人的"类存在""类关系"。马克思不仅从哲学，还从经济学、政治学方面对"自我意识"进行了一种学科交叉式的阐释，妙的是这种解释不仅能用在认识论，也能用在方法论；不仅能实现对人与外界关系的解释，也能实现人与自身内在的沟通。由于"实践"是马克思哲学重要的范畴，在探究关于马克思哲学"自我意识"的理论问题时，自然也不能脱离马克思哲学的"实践"范畴。

关于马克思哲学与黑格尔哲学关系的研究，如果仅是在"自我意识"理论方面，更多的是以唯物史观作为切入点或是终结点。但是，探讨黑格尔对于马克思思想的影响或是马克思对黑格尔思想的批判，还有一种更宏大的视野，是将马克思思想与整个德国古典哲学做一个逻辑上的关系研究。

"自我意识"可以看作德国古典哲学家们构建未来形而上学的根基。康德的"先验自我"造成了认识论领域中的"哥白尼革命"，改变了人们的思维方式；费希特的"绝对自我"推进了康德"先验自我"的发展，其知识学体系的建构不仅具有辩证思想，还实现了"绝对自我"创世；谢林和黑格尔的"自我意识"理论不仅对于德国古典哲学中知识学体系的建构、真理观的形成和历史观的形成起到了至关重要的作用，还分别完成了知识学转向、由"绝对自我"向"绝对同一"的推进，辩证法和思辨反思思维方式的形成。正是在"自我意识"的发展中，德国古典哲学最终实现了主观完全认识客观的真理之路，进而实现了理性自由。马克思在对德国古典哲学的超越中，实现了人的主体性的进一步提升，马克思论证了人的现实解放的核心在于通过变革生产关系来实现人的实践能动性的主体自由，这种自由是一种现实世界的生产自由、政治自由，不仅与德国古典哲学中的理性自由不同，也与青年黑格尔派宗教批判中的信仰自由和行为自由也不一样。

显然，将马克思的"自我意识"理论与整个德国古典哲学和青年黑格尔派联系起来共同探讨，是一种在理论研究上有需要，且在资料和逻辑上具有可行性的研究。

国内外很多学者都提出了这种观点。英国学者詹姆斯·马丁·麦卡沃指出，学界在过去过多地强调了鲍威尔自我意识对马克思早期哲学思想的影响，但是对于康德、黑格尔等人在"自我意识"理论上对于马克思的影响却闭口不提①。我国的学者吴猛将马克思的"博士论文"作为研究对象，分析了马克思的"自我意识"理论，认为马克思早期哲学是具有德国哲学传统风格的、思辨性的。美国学者诺曼·莱文认为，对于马克思的"博士论文"的理解，不能离开马克思哲学发展史，也不能离开 18—19 世纪德国古典哲学发展史，探究马克思哲学思想的转向，理解马克思的唯物主义思想转向，需要理解马克思"自我意识"概念与德国古典哲学"自我意识"概念的不同，而这需要在理解德国古典哲学"自我意识"理论的基础上进行②。

从西方哲学发展的历史上看，"自我意识"一方面随着哲学求真理的内在发展要求而来，另一方面由于社会发展对于人的主体性地位提升的需求而来。自古希腊哲学开始，世界被分为理念世界和现象世界，哲学家们在不断寻求着世界的本原，此时人和物一样都被用"种加属差"的本体论范式去理解。当笛卡尔通过普遍怀疑的方法找到了"我思"，为知识奠定了基础，近代哲学的唯理论实现了将"我思"作为"第一性"，逐步提升了人的主体性，实现了认识论转向。而由于笛卡尔的"我思"指的是经验立场的精神和思维实体，脱离了自然、社会和他人、世界，之后的哲学家们要解决的主要问题就成了从内在的"我思"实体出发通达外在的客体，以弥合自我与对象、主体与客体的二分。

自从笛卡尔的"我思"成了西方近代以来建构主体性形而上学的主基调，人的理性就成为真理之所以可能的条件。但是，笛卡尔的认识论转向依旧没有脱离经验论立场，以至于休谟的怀疑论轻易地打破了近代哲学想

---

① MCLVOR J M. Karl Marx's Politicl Epistemology: Subjectivity, Abstraction and the State in the Writings of the Early 1840s [D]. London: University of London, 2004: 129.

② LEVINE N. Marx's Discourse with Hegel [M]. New York: Palgrave Macmillan, 2012: 137.

用自然科学或数学的方法打造形而上学体系的愿景。显然，"知识论危机"是哲学在近代所遭遇的危机。德国古典哲学要回应理性启蒙运动抬高人类的主体性的要求，更要把打造具有真理性的形而上学体系为己任。

形而上学的终极关怀是要建立关于绝对真理的知识体系。在这种情形下，康德开始了为未来形而上学何以可能找新的根据。康德指出，"这个时代不能再被虚假的知识拖后腿了；它是对理性的一种敦请，要求它重新接过它的所有工作中最困难的工作，即自我认识的工作，并任命一个法庭……而这个法庭就是纯粹理性的批判本身"①。康德把人的"理性"直接作为哲学的考察对象，论证了先验自我自有一套认识准则作为知识的认识形式，解除了"知识论危机"；而后，德国古典的哲学家们全面而深入地回到了主体自我之中，对"自我意识"的结构、作用、运动方式等方面进行了全面、系统而深刻的剖析，康德的"先验自我"经费希特"绝对自我"和谢林"自我意识"的发展，最终由黑格尔发展成了"绝对精神"，进而实现了"思维与存在"的绝对统一。黑格尔论证了自我意识的辩证运动可以将客观性的内容包含在自身之中成为"绝对精神"，大大地抬高了人的思维主体性，既完成了德国古典哲学对建构绝对真理的知识体系的追求，又实现了理性自文艺复兴以来寻求独立于神学的夙愿。

青年黑格尔派试图从宗教批判转向政治批判，虽然没有实现，但"自我意识"在青年黑格尔派宗教批判的逻辑演进路径清晰地呈现出来，深刻地影响了马克思。马克思的"自我意识"理论是在对宗教批判、政治批判、社会批判的实践中确立与发展起来的；而后马克思在对德国古典哲学和青年黑格尔派的批判中，完成了唯物史观的构建。在这个过程中，人类主体性脱掉了理性虚幻的外衣，其实质越来越清晰地呈现出来。主体性在马克思的文本中的不同称谓的变化，"博士论文"中的"自我意识"、

---

① 康德.纯粹理性批判 [M].李秋零，译.北京：中国人民大学出版社，2004：AXI.

《1844年经济学哲学手稿》中的"类本质"、《关于费尔巴哈的提纲》中的主体能动性,以及《德意志意识形态》中的生产力,等等,正体现出了马克思实现哲学的实践论转向的过程。

从德国古典哲学到青年黑格尔派,最终到马克思哲学,"自我意识"呈现出不断发展、转向和跃迁的演进逻辑。在这个总体逻辑之中,"自我意识"的发展逻辑决定着"思维与存在统一"的哲学基本问题的解决方式。马克思对德国古典哲学的革命性变革是主体的能动性变革,即实践主体能动性对思维主体能动性的变革。其变革的关键在于马克思将主体的"自我意识"视为反映现实生活实践的意识形态,从而颠倒了德国古典哲学中"思维与存在"的本末关系。同时,正是在这种"本末"关系的颠倒中,马克思也变革了哲学的功能,使马克思哲学与其他解释世界的哲学不同,成了改变世界的工具。

马克思的"博士论文"是将"自我意识"和"自由"作为范畴,而将伊壁鸠鲁派、斯多葛派和怀疑派这三个哲学派别作为研究对象。那马克思为什么选择了这三派哲学作为自我意识哲学的对象呢?这三派哲学除了具有"自我意识"这一共同的原则之外还有什么?或许这个答案并不在这三个派别或马克思哲学中,而是要到黑格尔哲学中去寻找。

黑格尔在他的《哲学史讲演录》中曾明确概述过这三个哲学流派的一般特征,他指出"自我意识对于自身的纯粹关系,就是所有这几派哲学的原则"①,而"它的原则,由于是形式的,所以是主观的,因此它具有自我意识的主观性(主体性)"②,这种哲学的原则"是独断的,是建立在自我意识自求满足的要求上面的这样,主体就成为应该被关心的东西,主体为自己寻求一条自由的原则……它应该把自己提高到这种抽象的自由和独

---

① 黑格尔. 哲学史讲演录:第3卷 [M]. 贺麟,译. 北京:商务印书馆,1978:4.
② 黑格尔. 哲学史讲演录:第3卷 [M]. 贺麟,译. 北京:商务印书馆,1978:4.

立性"①。黑格尔的《精神现象学》被众多哲学家一致看作说明"自我意识"起源和秘密的著作,"全部《精神现象学》的目的就是要证明自我意识是唯一的、无所不包的实在"②。黑格尔在其中曾提到,亚里士多德以后的斯多葛派、伊壁鸠鲁派和怀疑派,是自我意识的哲学,是体现自我意识概念的哲学史阶段③,而马克思对于这些学派的认识与黑格尔持有一致的看法,他说:"在伊壁鸠鲁派、斯多葛派和怀疑派那里自我意识的一切环节都得到充分表述,不过每个环节都被表述为一个特殊的存在……这些体系合在一起形成自我意识的完备的结构。"④ 重要的是,自我意识不只是与认识相关,更与"自由"相关。马克思认为,当时德国社会的发展现状仿佛回到了伊壁鸠鲁派、斯多葛派和怀疑派产生的罗马世界,当时的学者们用自我意识作为武器,实现了对社会现实的批判,使马克思看到了在德国社会实现人民自由的希望。正因此,马克思说自我意识是"激进的民主主义者所能运用的最锐利的武器"⑤。显然,这些将自我意识作为原则的学派"是那样充满了特殊性格的、强有力的、永恒的本质,以致现代世界也应该承认它们的充分的精神上的公民权"⑥,而马克思初始就是想通过自我意识哲学实现对现实政治的批判,这也预示了马克思必将重新对"自我意识"进行定义,最终与青年黑格尔派分道扬镳。

　　而本书想说明的并不是马克思哲学与斯多葛派、伊壁鸠鲁派和怀疑派

---

① 黑格尔. 哲学史讲演录:第3卷[M]. 贺麟,译. 北京:商务印书馆,1978:5.
② 中共中央马克思恩格斯列宁斯大林著作编译局. 马克思恩格斯选集:第2卷[M]. 北京:人民出版社,1995:245.
③ 黑格尔. 精神现象学:上卷[M]. 贺麟,王玖兴,译. 北京:商务印书馆,1979:133.
④ 中共中央马克思恩格斯列宁斯大林著作编译局. 马克思恩格斯全集:第19卷[M]. 北京:人民出版社,1995:327.
⑤ 中共中央马克思恩格斯列宁斯大林著作编译局. 马克思恩格斯全集:第2卷[M]. 北京:人民出版社,1995:48.
⑥ 中共中央马克思恩格斯列宁斯大林著作编译局. 马克思恩格斯全集:第40卷[M]. 北京:人民出版社,1995:194.

这三个学派的关联，也不是马克思对自我意识哲学的态度的转变，而是想表达马克思所获得关于"自我意识"理论的认识和发展，是有其理论来源和特定历史背景的。大多学者认为马克思是"将亚里士多德同黑格尔同等看待，把青年黑格尔派同希腊哲学、自我意识诸学派同等看待"①，但是，本书想跳脱大多学者们关注的这三个派别与马克思早期"自我意识"的关系的理解，而是将马克思哲学作为一个整体，诠释一个马克思"自我意识"理论来源的新路径。

从哲学理论的发展来说，近代哲学用"我思"建构与确立主体性哲学，促进了"自我意识"的觉醒和发展，"我思"观念连同"二元论"世界推动了人类理性反思层次的跃迁，并由此开启了一种新的哲学范式。进而，所有德国古典哲学家们都在为实现主客统一不断完善"自我意识"，逐渐实现了将客观内容沉淀到主观的"自我意识"之中；马克思则提出要跳出纯粹理性反思哲学的领域，将"实践"作为人的本原存在方式，把人的意识和经验世界看作是理性对概念所形成的直接反映，用"实践"联结了人与自然、人与人、人与自身，打破了思维与存在的"二元"对立。马克思指出，对于意识或思维真理性的证明并不是一个理论问题，而是一个实践问题，我们不应该脱离"实践"活动谈论人的本质或是来理解、证明思维的真理性，而是要将思维活动放置在人类实践活动中来理解，通过人类的对象性活动来论证思维的有效性。

在构建哲学体系的过程中，研究对象的确立是判断其是否符合哲学学科范畴的标准，思维方式则是构建学科体系的基础，所以研究对象和思维方式的转变意味着哲学流派的变化；而马克思哲学通过对"自我意识"理论的变革，实现了将以往以思辨为己任的西方哲学的变革，哲学变成了能改造世界的工具。马克思哲学区别于以往的旧哲学在于确立了实践的主体

---

① 兹维·罗森. 布鲁诺·鲍威尔和卡尔·马克思 [M]. 王谨，等，译. 北京：中国人民大学出版社，1984：187.

能动性的哲学根基，它不仅超越了以往旧唯物主义的被动的感性直观，也变革了唯心主义的思维主体能动性。马克思一方面将主观作用于客观的活动看作一种人类改造对象世界的对象性活动，在这个过程中，人通过有计划、有目的的实践活动实现了对对象世界的创造性改造，使自己的目的和意义通过主观客观化得以实现；另一方面将客观的自然界作为人进行生存、生产、生活活动的资料和工具，客观世界就是人生命活动和生活世界的一部分。由此，马克思扬弃了抽象和片面的主客观对立，使之前哲学中静态的二元世界在人类的实践活动中由对立状态走向了动态的统一，这是一种具有否定性的辩证统一，此时，人们的生存状态就成了一种具有现实性、普遍性的社会历史形态。

马克思作为柏林大学青年黑格尔派的一员，既通晓西方哲学史，也是黑格尔哲学精髓的继承者，马克思的哲学思想离开了西方哲学史特别是剥离开德国古典哲学去理解是很难精准的。只有回到德国古典哲学中，才能更好地理解马克思哲学的精髓为什么是"实践"，从而发现马克思哲学中"自我意识"理论的思想来源。

第一章

近代哲学"自我意识"理论的源起、发展和困境

　　哲学作为"科学的科学"包罗了众多学科，而无论是何种知识，探讨的基本都是人与世界的关系问题。对于古希腊的哲学家们来说，真实的世界并不是人眼前转瞬即逝的经验世界，哲人们所追求的是实现对于真实世界的认识，不管是柏拉图的"理念论"或是苏格拉底的"助产术"，都是在寻求经验世界背后的"本原"。但是古希腊哲学这种从"人"之外去寻找真实世界的思维方式，并没有实现哲人们认识真知的愿望。并且随着中世纪的到来，在古希腊哲学时期刚萌发出的主体意识还没来得及成长，就在无情的战争和肆虐的瘟疫等多重现实打压下，被人类或主动或被动地交给了上帝。终于，随着文艺复兴和宗教改革的兴起，近代哲学开启了从"人"自身出发去寻求世界本原的"认识论转向"。此时的哲学家们所探讨的是一种从主体的认识能力出发实现主客一致的认识法则，这是一种依据"主体的内在性原则"探讨真实世界的思维方式，也是人性真正脱离"物性"的开始。

第一节 近代哲学"自我意识"理论的源起

西方哲学关于"自我意识"本身的探索，随着主体性哲学的发展经历了漫长的过程。古希腊时期，学科之间的划分并不明显，人们对于人与世界的认识也是混沌的，认为可以用"一种宇宙生成论意义上的本原"① 来解释万物。直到近代，随着自然科学的发展，人们对于人与世界的关系开始有了更深入的研究，认识到人的主体性能力，随之，"自我意识"也逐渐发展起来。

一、古希腊哲学中主体意识的苏醒

从巴门尼德开始，古希腊哲学家们将世界二分为"经验世界"与"超验世界"，他们认为世界的本原存在于"超验世界"，可以说古希腊时期的哲学家们都是在用本体与现实之间的"本末"关系来解释万物。这个时期，"人"和"物"在哲学家们的眼中并没有本质上的不同。

作为古希腊哲学代表人物之一的苏格拉底，将世界的最高本体确立为"至善"，苏格拉底的"认识你自己"虽然意味着人的自我意识的苏醒，但其关照的并不是"人""意识"或"理性"本身，而是"善"本身。在苏格拉底看来，"人"是有反思能力的，反思能力是"自我意识"的一种特殊的能力，其强调人能通过这种反思能力来实现"善"。苏格拉底哲学中的"认识你自己"指通过"自我意识"的反思能力去认识人和物的统一本性——"善"本身，而这种"善"通过被人反思到而成为建立人自己"德性"的根基。所以，很多学者将苏格拉底的"认识你自己"作为伦理

---

① 王晓朝. 西方哲学精神探源［M］. 北京：北京大学出版社，2016：69.

哲学的开端。黑格尔在他的《哲学史讲演录》中有这样一段描述："他（苏格拉底）通过对自己的意识和反思来关心他的伦理，——普遍的精神既然在实际生活中消失了，他就在自己的意识中去寻找它，因此，他帮助别人关心自己的伦理，因为他唤醒别人的伦理意识，使人意识到在自己的思想中便拥有善和真，亦即产生道德行为和认识真理的潜在力。"① 当时的古希腊是一个城邦国家，苏格拉底之所以要把道德、伦理与反思结合起来，是为了论证城邦共同体的规则虽然由主观意识创造，却是有着普遍性作为基础的。只是，当时古希腊哲学家们的"本体论"思维方式使得苏格拉底将这种普遍性看作"善"本身，并没有将人的"自我意识"作为产生这种普遍性的基础。

在苏格拉底哲学中，"善"被看作是事物自身的本性，具体到人身上就是"德性"，这种"德性"与"善"一样具有一种普遍性。一方面，它是由人自身的理性获得的，是由于人回复（循环往复）到自己的意识之中，通过"认识自己"这种意识的反思活动所呈现出来的，这种在意识中建立起自身的活动与习俗或公共伦理是否存在无关，只是一种意识追求独立性的运动，即黑格尔所说的，"因为意识在这个统一之中，在对于自己的独立性的理解中，已经不再直接承认那要求人遵守的东西，它必须使自己在这种东西前面合法化，它要在这种东西里面理解到它自己。这个折回就是使个别从普遍性中孤立起来"②。此时人对自己的反思、关心自身与他人的伦理，是人自己所建立的要求自身遵守的东西，并不是受外力的要求或胁迫，因此道德准则就由此产生了，个人就成了有道德的人。按照黑格尔的说法，"——伦理开始动摇了，因为已经有了一种看法，认为人自己

---

① 黑格尔．哲学史讲演录：第 2 卷 [M]．贺麟，王太庆，译．北京：商务印书馆，1959：65.

② 黑格尔．哲学史讲演录：第 2 卷 [M]．贺麟，王太庆，译．北京：商务印书馆，1959：65.

创造出自己的特殊准则；而且个人应当关心自己，关心自己的伦理，——这也就是说，个人变成了道德的人了。没有公共的伦理，道德就立刻出现了"①。另一方面，苏格拉底认为，虽然这种"善"潜藏在每个人的本性中，可以认为是神平均分配给每个人的，但这种善需要依靠"反思"才能获得。由于人并不是从出生开始就能进行反思，也并不是人人都能凭借自己的天性进行反思后就能成长为完美的、符合人的本性的人，进而恶就伺机出现了。苏格拉底提出，如果想要实现人人向善，就必须要使人接受理性的教育，因为"恶"是由无知导致的，他强调"德性即知识"。因此他本人被黑格尔认为是"道德的教师"②。黑格尔说："苏格拉底想教他们知道什么叫作道德的行为、道德的义务等等。有道德的人并不是那种仅思想、行为正直的人——并不是天真的人——而是那种意识到自己所作所为的人。"③ 虽然，苏格拉底提出了"认识你自己"，并将其与"德性"和教育结合起来，但由于他的思维方式仍是"本体论"，因此他的哲学并不是精神哲学，也并没有真正关照到人的"自我意识"。

然而，古希腊城邦中的人们不仅没有按照苏格拉底所愿成为有德性的人，反而随着古希腊城邦的瓦解、文化和风俗习惯的改变，人们基于反思所形成的"伦理"和"道德"通过教育、惩戒、宗教等形式，逐渐演变成了"伦常"和"法则"，也就是"理性的善"变成了"习惯性的善"和"应然的善"。

最终，连年的战争使人们对于自身理性和道德的关注转向了对于命运和生死的思考，对当下现实的无能为力引发了人们对宗教和神秘主义的寄托，"自我意识"的反思变成了没用的东西。哲学家们不是致力于尽可能

① 黑格尔. 哲学史讲演录：第 2 卷 [M]. 贺麟，王太庆，译. 北京：商务印书馆，1959：65.
② 黑格尔. 历史哲学 [M]. 王造时，译. 上海：上海书店出版社，2001：267.
③ 黑格尔. 历史哲学 [M]. 王造时，译. 上海：上海书店出版社，2001：268.

地使人们摆脱对于现实的恐惧和来世的迷信,就是指导人们回归理性,增强自己内在的"德性",此时道德哲学进一步发展起来,尽管现实并不具备实现的条件,但哲人们还是尽可能地关注着人类的幸福与自由。伊壁鸠鲁作为道德哲学的代表人物,他提出快乐就是真理,要遵从人的自然本性,享受感官上的快乐,不用想没有到来的死亡和痛苦,只注重当下的感觉就好。而斯多亚学派则提倡通过"禁欲"来保持内心的安定,因为"德性即理性",所以人要用理性的观点看待生老病死,将其看作是自然发生的,只有认识到人的命运与自然一样,遵循着一种"逻各斯",人才不至于恐慌。但值得关注的是,斯多亚学派提出了需要保持理性才能实现对于"逻各斯"的认识,终于给予了理性一点点关照,因此很多学者将"逻各斯"作为理性发展的起源。此外,怀疑主义认为,人并不能对一切事物实现认识,所以我们没必要去研究或思考,把一切都交给神就好,只有神才能实现认识,人能做的就是保持沉默,想得多只是自寻烦恼。

此时的现实,由于古希腊时期人性理论的缺失、连年征战的社会现实,"自我意识"刚开始萌芽就受到了压制;此时的大多数人都在现实苦难面前表现出了无能为力,进而把原本属于自己此岸人生的幸福和自由寄托到了来世的彼岸。人们宁愿把主体性异化给神,也不愿正视无法改变的现实社会所带来的痛苦。也就是说,道德哲学的发展并没有使人的主体性实现发展。而这一切,都为中世纪"神学"的发展做了铺垫。

二、中世纪神学的发展对主体意识的压抑

当罗马帝国用军队征服了各个民族,人们无论信仰哪个宗教、有没有宗教信仰,由于丢失了家园皆变成了帝国的奴隶。此时,他们终于发现自己旧有的保护神和宗教并不能真正实现在现实中保护他们,人们对自己曾信仰的神失去了崇敬之心,并对当下的生活十分不满。此时罗马帝国的社会底层现实是,众多失去信仰的奴隶来自不同的地域、属于不同的种族,

却承受着一样的压迫与苦难，他们急需一个能替代他们旧有神的新信仰，以作为对于当下悲苦境地中的自己的救赎。于是，主张博爱、无种族偏见的基督教便应运而生了，成了全体奴隶归属感与安全感的来源。而为了更好地实现对不同民族奴隶们的统治，罗马帝国在试着多次打压基督教的发展却失败的现实下，不得不将基督教作为国教，将教会与帝国统治阶级联系起来，借此实现笼络人心、控制人民的政治目的。

毕竟宗教与哲学都源自对人的关怀，中世纪的基督教哲学迅速发展起来，哲学家们也将研究对象转向了"上帝"，进而哲学的主题由"本体论"转向了神学。

在漫长的中世纪，哲学作为神学的婢女，更多的是为建构基督教哲学服务。即使奥古斯丁在《独语录》中论证了人有理性，表示他确切知道自己在思维，并且认为自己的思维是具有确定性的，但他也没有跳脱古希腊哲学家的眼界，并没有对"自我意识"本身做更深入的研究。值得肯定的是，他承认人有"自由意志"，但在他看来自由意志是上帝的恩赐，只是为了能把人与动物划分开来，是"全能"和"全善"的上帝才创造了"恶"。也就是说，上帝并不是为了让人们选择恶而创造了恶，对于上帝的创造来说，恶只不过是种"不完整的善"，完满的世界之所以有恶存在，完全是为了上帝要实现"赋予人自由意志"，让人过上与其他物种不同的"正当生活"。如果没有自由意志，人就不会有善恶之分，也就无所谓善和恶，如果人不能自由选择行善或是作恶，也就没有真正意义上的善和善行。自由意志使人能具有向善性，作恶则属于违背了上帝的意愿，因此会受到上帝的惩罚。可见，在基督教哲学中，个体的"思维"和"精神"虽然被承认，也是由于这种"精神"能使人与"上帝"发生关系，是最终能实现人与上帝在一起的关键。即个体主体性的意义完全是因为上帝存在，或者说，在中世纪哲学中还谈不上人的主体性意义。

在基督教神学中，人与自然都是上帝的产物。现实中生活着的人们与上帝相比充满了缺陷，只能依靠信仰"分有"上帝赐予的知识、能力与情感。失去生活的人们同时失去了灵魂，人已完全是上帝的奴仆，因为只有完全成为上帝的子民，才有获得救赎的可能。人们对于上帝的信仰成了生活的一部分，活着就要时刻与上帝同在，上帝就是人的理性，是人的能力，是人的情感，上帝赐予人一切。但是，已经把灵魂都献给了上帝的人们，还能做自由的选择吗？他们的信仰还是真正的信仰吗？黑格尔认为此时人们的信仰并不真实，那么真正真实的信仰是什么样的呢？他指出，"按照这个信仰，人与上帝发生了关系，在这种关系中，人必须作为这个人出发、生存着；即是说，他的虔诚和他的得救的希望以及一切诸如此类的东西都要求他的心、他的灵魂在场"①。按照这个标准，中世纪的人们的确谈不上拥有真实的信仰，因为中世纪的宗教不只影响着人的精神发展，欧洲教会甚至控制了人生活的方方面面，人的灵魂不仅不需要在场，反而需要"离场"。

随着教会的愈加腐败、"黑死病"的爆发、科技的发展，人们逐渐意识到上帝并不是那么的"全知""全能""全善"，人应该更关注自身，才能切实过上美好的生活。宗教改革和文艺复兴加速了教会权威的衰落。马丁·路德提出的新教改革使个体的主体性发展了起来，这与之前古希腊城邦时期人们对于"自我意识"的理解是不同的，那时"自我意识"是联结"人"与"善的理念"的关键，是一个主观思维的结果，既不具有结构，也不具有内容；但马丁·路德使个体主体性走在了"自我意识"之前，尤其是道德的主体性，甚至超越了上帝。文艺复兴的来临，使得人们在中世纪一直被压抑的主体性终于开始觉醒。文艺复兴的实质就是"人文主义"，文艺复兴不仅解放了感性和欲望，更解放了理性和人性。宗教改革和文艺复兴为"人之为人"准备了条件，当教会不再控制人们的日常生活，当信

---

① 黑格尔. 哲学史讲演录：第 3 卷［M］. 贺麟，王太庆，译. 北京：商务印书馆，1959：378.

仰不与人类灵魂的救赎有关，宗教终于回归到了信仰的领域，人们的生活方式彻底发生了改变。

当古希腊城邦中生活着的人们在某种程度上受到"城邦至上"理念的约束时，道德主体就成了城邦国家至善原则下的木偶，这时的城邦公民的道德行为是与自由选择无关的，而是受制于"善的理念"。当强盛而广阔的罗马帝国取代了弱小的城邦国家之后，道德主体不得不在被教会控制了私人生活的情况下，靠着将"自我意识"退回到自己的精神中、与上帝保持一致，而求得片刻的、抽象的自由。所以，基督教哲学中的"上帝"，可以被理解为一种抽象的"理性"，更应该被看作内在于人们自己精神中的"上帝"，代表着精神本身，是一种绝对的、精神性的存在。我们可以借此理解为什么在西方哲学中，"上帝"一直能被指代为"理性"和"绝对"。文艺复兴主张人人平等、个性解放，反对将一切都归咎于上帝，强调人应重视作为一个自由的人的现世生活的意义，这与中世纪神学主体观的内核产生了强烈的冲突。此时，哲学终于摆脱了为神学做注解的婢女身份。

三、近代哲学"自我意识"的启蒙使命

近代哲学正是在试图从上帝的神性中索回并发展人的主体性的过程中发展起来的。

在近代哲学以前，哲人们对于"物"和"人"的解释是没什么区别的，人更多被看作自然的一部分，这其实是由古希腊"本体论"哲学和中世纪神学的思维方式造成的。古希腊和中世纪的哲学家们都习惯用形式逻辑和自然哲学的方式去实现认识，不同的是，古希腊哲学家们是将理性运用到自然背后寻找"本体"，而中世纪的神学家们则是用理性到神学和宗教中去论证自己的信仰和真理。直到近代哲学，关于自然的知识与自然本身产生了区别，人类理性觉醒并发展起来，开始追求无限，人与自然才被

区别看待了。

在古希腊哲学中，思维和推理方式主要是形式逻辑，亚里士多德"三段论"的推理方式对后世影响颇深。此时由于"实体"和"范畴"是混为一谈的，人、物、自然是同构的，精神哲学并没有独立发展出来。在基督教哲学中，人和自然都是由上帝创造的，虽然人处于上帝与尘世的二元世界之中，但由于人是上帝的选民，自然被作为了人的生活资料，人与自然的关系并没有确切的答案，相应地，中世纪哲学也没有将关于自然的知识与自然本身区别开来，人的主体性不但没有得到重视，反而被完全交付给了神。

到了近代，时代的发展与科技的进步促成了人主体性的提升。人不仅能实现对于自然的认识，还具有改造自然的能力，即人被看作是具备改造自然的能力、让自然为自己服务的主体，人与自然逐渐区别开来。实际上，从哲学思维方式上来说，人与自然区别的产生，可以说是从笛卡尔开始的，他首先提出要建立一个不同于其他学科，只属于哲学的知识体系。在笛卡尔看来，人有独属于人的"我思"，即思维、精神、意识，自然事物是与我们的意识相对立的客观存在，我们能形成关于自然的知识。但是，由于近代哲学家们的思考方式受到了中世纪哲人们的影响，哲人们始终在经验立场寻求"本原"，他们被一个问题困住了，即我们所实现的认识有可能与自然对象本身相一致，也可能不一致，这直接导致了近代与后来哲学家们的任务之一就是论证知识与对象相一致。

在近代，尽管人们不再使用神学语言和符号，而是用科学的方式对自然和人本身进行解释，但在哲学视域中，离开"神"，人们仍无法完成人类对于真理知识获得的论证。近代哲学中的上帝虽然脱离了基督教神学的人格神，但在将"实体"作为研究对象的近代哲学中，"上帝"仍是唯一的、至高无上的存在。近代哲学领域仍旧给上帝留有一席之地，对于人类理性的发展并不是完全没有积极意义，这为人类理性开辟出了一个"超验"

的领域，使得人类理性实现从知性到理性、从经验到超验的跃迁成为可能。

第二节 近代哲学中"自我意识"理论的发展

近代哲学家们挣脱了繁杂琐碎的神学教条对人理性的禁锢，不仅摆脱了中世纪的生活方式，随着对于人与自然关系理解的不同，思维方式也逐渐发生了改变。近代哲学的认识论转向，使哲学的研究对象发生了变化，哲学家们不再只执着于探究事物的本原，而是将部分注意力转向了人的主体，尤其是唯理论，他们将"关于事物和存在者整体的一切意识都被归结于人类主体的自身意识"①，人的"自我意识"被看作"不可动摇的全部确信的基础"②。

一、近代哲学的认识论转向

在近代哲学中，人们深刻认识到，人类理性既不能被物化，也不能交给神，这是近代哲学对本体论的批判，更是对人的主体性的发展。好不容易摆脱了神学婢女地位的近代哲学，再也无法容忍把人的主体性交给上帝了，近代哲学有着理性启蒙的使命。进入近代，人类理性及其能力成了哲学研究中不可忽视的主题。

笛卡尔作为主体内在性原则的奠基人③，为了找到知识确实可靠的基

① 海德格尔. 尼采：下卷 [M]. 孙周兴，译. 北京：商务印书馆，2002：761.
② 海德格尔. 尼采：下卷 [M]. 孙周兴，译. 北京：商务印书馆，2002：761.
③ 海德格尔提出，"对于现代形而上学的奠基工作来说，笛卡尔的形而上学乃是决定性的开端。它的使命是为人的解放——使人进入新自由作为自身确信的自身立法之中的解放——奠定形而上学的基础。笛卡尔在一种真正的哲学意义上预先思考了这个基础"。（详见海德格尔. 尼采：下卷 [M]. 孙周兴，译. 北京：商务印书馆，2002：778.）

础，他用怀疑的态度来对待一切经验事物，从感官得到的经验知识开始怀疑，最后得到了无可怀疑的"我思"。

笛卡尔的"我思"，包含着自由的"意志活动"①，他提出："意志是自愿地、自由地（因为这是他的本质），然而却是必然地向着它所认识的善前进的。这就是为什么，如果它认识它所没有的某些完满性，它就立刻把这些完满性给予它自己，假如这是在它的能力之内的话。因为，它将认识到有了这些完满性比没有这些完满性，对它来说是更大的善。"② 显然，这与苏格拉底所认为的"善"来源于"自我意识"的反思是不同的。对于笛卡尔来说，"自我意识"本身就是"善"，其具有善的性质，或者说"自我意识"是向善的，其本身追求达到认识的完满性，也就是"自我意识"是追求最高真理的。而对于苏格拉底来说"自我意识"只是人追求"善"的工具。

笛卡尔认为，因为自我具有意志，能进行"反思"，人才能作为"本体"存在。由于这种"反思"是一种自我依靠意志力进行的、能促进自我完善的主体能力，所以人才可以被看作是自由的，而只有自由的自为存在才是本体，所以人才可以被认为是具有主体性的本体存在。由此，我们才说笛卡尔的"我思"具有划时代的意义，不仅在认识论、同时在本体论意义上区别了人与动物，论证了人作为"思维"存在的本体意义，标志了近代哲学的开端。同时，笛卡尔对于"自我意识"的看法为德国古典哲学的自我意识理论的发展定下了基调，即"自我意识"不仅是认识的基础也具有实现自我完满和自由的能力，其能在进行反思的过程中，实现对其自身的超越，最终实现"善"，即达到"绝对"。

随着人与自然、自然与自然知识的区分，主观与客观的关系问题随之出现了。笛卡尔认为，人的心灵是最确实、最毋庸置疑的实体；它既是思

---

① 笛卡尔. 第一哲学沉思录 [M]. 庞景仁，译. 北京：商务印书馆，1986：160.
② 笛卡尔. 第一哲学沉思录 [M]. 庞景仁，译. 北京：商务印书馆，1986：166.

维的主体，也是思维的对象，自我实体可以看作一种精神实体。笛卡尔把"存在"蕴含在了精神中。由于笛卡尔哲学中的"我思"来源于上帝，上帝包含了存在、真理等一切属性，"我思"也可以被看作包含在上帝中的属性，所以"我思"同时具有思维属性和实体属性，那么思维属性和实体属性是什么关系呢？也就是说，本来就作为实体存在的"我在"与具有实体属性的"我思"是什么关系呢？而作为主观思维的"我思"又是如何认识"外物"的呢？这些问题成了笛卡尔不得不回答的问题。

于是，虽然笛卡尔通过"我思"确定了近代哲学的内在主体性原则，但这也使他的哲学陷入了"二元论"的困境，尤其是如何解释人自己的思维与自己身体的关系问题。对于这个问题，笛卡尔在经验层面始终无法回答，他的晚年不停地进行着这方面的探索，甚至试图通过生物解剖论证他的学术猜想，当然他没有成功，否则好不容易确定了独属于自己研究对象和方法的哲学学科，在近代就要被归到自然科学的阵营中去了。

笛卡尔用"我思"确立了认识论的主体内在性原则，提升了人的主体性地位，同时把物质与思维的矛盾关系凸显了出来，深刻地影响了近代以来西方哲学的发展。在笛卡尔之后，主客观的关系问题被遗留下来，成了主体性形而上学要面对的主要问题。而对于主客的关系问题即"思维和存在的关系问题"，不同时代的哲学家给出了不同的解答方式。

二、唯理论主体性内在性原则的确立

笛卡尔认为，思维自我可以独立存在，其他包括身体的所有实体则都需要通过思维的怀疑来加以确证。也就是与"我在"相比，作为天赋观念的"我思"才是第一位的存在；与外物相比，"人"才是第一位的存在。

笛卡尔想用几何学的方式，用综合演绎的方法，为哲学体系的构建找到一条路径。而想要构建一个无可辩驳的学科体系，则首先需要找到一个根本原则，笛卡尔通过怀疑一切的方式，找到了"我思故我在"作为其整个体系的"阿基米德点"。笛卡尔提出，任何存在都可以被怀疑与辩驳，只有"我思"这件事是无可怀疑的。思维作为人具有的属性，是一种来自上帝的天赋观念，不用证明也无可怀疑，一旦思维即证明存在，"我思"与"我在"一样是人的属性，它们都是"实体"存在。就这样，笛卡尔确立了以"我思"为核心的主体性原则。

但是，笛卡尔认为"我思"是精神实体、"我在"是客观实体，上帝也是实体的看法并不能得到所有哲学家的认可，因为他既不能解释"我"与"思"的关系，也无法解释"我思"与"我在"的关系。唯理论的另一位代表人物斯宾诺莎认为，神是唯一的实体，其他的存在都不过是作为实体的"样式"存在的，他说："样式（modus），我理解为实体的分殊（affectiones），亦即在他物内（inalioes）通过他物而被认识的东西（peraliumconcipetur）。"① 斯宾诺莎将人的心灵作为"神"的思想样式，将人的身体作为"神"的广延样式，那么，人的心灵和人的身体的关系就像观念和对象的关系一样，是"神"的两种不同属性，所以它们可以表现出同一样态，它们的"主动或被动的次序"都是同时发生的，所以身心会一致。就像是实体"神"的"一体两面"，"思维"本身就包含自然与客观存在的本质，其和"存在"当然可以达成一致的呈现。用斯宾诺莎的话说，"我们的心灵可以尽量完全地反映自然。因此，心灵可以客观地包含自然的本质、秩序和联系"②。由此，斯宾诺莎解决了笛卡尔哲学中"身心二元论"问题，推进了主体性原则的客观维度。

斯宾诺莎提出，"自我意识"由于缺少能动性，人对于自然并不能完全实现认识，因为人和自然都是遵循着神的原则，只有神才能实现真知，而人能实现的只是道德领域中的自由，当人克服了欲望之后，精神才有自

---

① 斯宾诺莎. 伦理学·第1部分·界说（5）［M］. 贺麟，译. 北京：商务印书馆，2009：3.

② 斯宾诺莎. 知性改进论［M］. 贺麟，译. 北京：商务印书馆，1986：66.

由。显然，斯宾诺莎哲学的最终目的并不是获得"人的心灵与整个自然相一致的知识"，而是要通过获得知识来实现"人的最高的完善境界"①。在他看来，"至善"（summum bonum）才是人的本性，人的心灵是从人的认识层面开始，最终要实现的是道德层面的完满，"完善'自己的本性'"②。

虽然，斯宾诺莎承认"自我意识"思维，却缺少了作为主体的"人"的理性应具有的反思能力。正如黑格尔所认为的，为了完全实现人性与"神性"的合一，斯宾诺莎舍弃了作为"个人"的"人"唯一有能动性、有生命性的东西，"把一切投入实体的深渊"③。

作为唯理派的另一个主要代表人物，莱布尼茨想要进一步完善笛卡尔和斯宾诺莎的哲学，于是，他重新思考了作为主体性哲学的主体内在性原则应该是什么。也就是，莱布尼茨重新定义了笛卡尔哲学中的"我思"与斯宾诺莎哲学中的"实体"。

莱布尼茨既不认同笛卡尔将"我思""我在""上帝"都看作实体的想法，也不认为斯宾诺莎提出的"实体"就是"神"的看法是对的，他提出应该用是否"述说的最终主体"以及"可分性（单一性）"来判断事物的实体性。莱布尼茨认为，"实体"应该具有"统一性"，其可以分为形式和体式，实体的形式就是一种使实体具有统一性的"原始的力"。莱布尼茨在《论自然本性》的第十一节中明确提出："在有形实体中应该有一种最初的隐德莱希作为原始的活动能力；也就是一种原始的动力，与广延或纯粹几何学上的东西及质料或纯粹物质的东西相联结，就不停地行动……。而这种实体的本原，在生物那里就谓之灵魂，在别的东西那里就谓之实体的形式。这种本原与物质相连就构成一个真正是'一'的实体，

---

① 斯宾诺莎．知性改进论［M］．贺麟，译．北京：商务印书馆，1986：22-26.
② 斯宾诺莎．知性改进论［M］．贺麟，译．北京：商务印书馆，1986：22-26.
③ 黑格尔．哲学史讲演录：第2卷［M］．贺麟，王太庆，译．北京：商务印书馆，1959：103.

但凭它本身就已经构成了一个单元；也就是这种本原，我名之为单子。"①
也就是，有形的"实体"具有原始的动力，可以实现一种可能性，不管是
生物的灵魂，或是其他东西，都是一样的。物质和精神不用像笛卡尔那样
特意区分，它们本来就是统一的，都是"单子"。由此，莱布尼茨解决了
笛卡尔哲学的"身心二元论"问题，也摆脱了斯宾诺莎哲学中"我思"无
能动性的尴尬。

重要的是，莱布尼茨重新为"自我意识"赋予了认知和反思能力。他
说："通过对必然真理的认识和对它的抽象，我们也达到了从事反思行为
（Reflexive Akten）的高度，这种反思行为使我们思考'我'，使我们观察
'在我们身上'存在着此一东西，或者彼一东西的情况。"② 在莱布尼茨看
来，单子由于具有物质性和精神性的双重属性，因此其能在认识过程中对
于认识对象和主体本身同时进行反思，这种反思既能使主体实现对于真理
的认识，也能使主体在道德领域实现自我的完善，即主体能充分发挥"自
我意识"的能动作用，实现理性自由。用莱布尼茨自己的话说，即"由于
我们将我们的思考对准我们自己，我们也就将之对准了'存在'（sein），
对准了'实体'，对准了'单一体'和'复合体'，对准了'非质料的东
西'（unstoffliches），甚至对准了'上帝'，只是我们要在他身上将在我们
身上为有限的东西在他身上理解为无限的罢了。这种反思行为进而为我们
提供了理性运用之主要对象"③。

当笛卡尔用"我思故我在"作为其建构形而上学体系的第一原理，就
意味着哲学开启了认识论转向，并确定了近代唯理论哲学的主基调——主
体性哲学。唯理论主体内在性原则的确立，使得"自我意识"被哲学家们

---

① 莱布尼茨. 新系统及其说明［M］. 陈修斋，译. 北京：商务印书馆，1999：169.
② 莱布尼茨. 神义论［M］. 朱雁冰，译. 北京：生活·读书·新知三联书店，2007：486.
③ 莱布尼茨. 神义论［M］. 朱雁冰，译. 北京：生活·读书·新知三联书店，2007：486.

重视起来；这种先确立"自我"，再以"自我"作为基础建构知识学体系的方法，影响了近代之后哲学的发展。

三、经验派对主体内在性原则的批判

漫长的中世纪过后，人们的反思精神觉醒，开始追逐自由，国家逐渐取代教会，宪政和民主成为主流趋势。近代，人们研究的对象从超自然事物转向自然事物，一切都试图通过自然原因获得合理的解释，理性在科学和哲学上成为权威。当信仰存乎于人类理性能力之内，人们的注意力转向对自然事物的研究，恰好表现出人们对文明和进步的极度渴求。与此同时，由于近代哲学的时代精神不满足于解释世界，更想通过知性（科学理性）来改变世界，近代哲学也较倾向实用主义。人们对知识表现出极大的热情，不仅因为知识自身的原因，还因为其功用和实际价值。自培根开始，经验派的代表人物都对科学研究成果的实际应用展现出了极大的兴趣，对唯理派的"天赋观念"理论提出了不同的看法，对于唯理派基于"自我意识"建构知识论的体系的主体内在性原则本身进行了批判。

因为近代哲学和科学信奉机械论自然观，意图将理性科学精神和方法全面应用于人类知识全领域，以至于理性精神被无限抬高。但无论笛卡尔、斯宾诺莎还是莱布尼茨，作为唯理派的代表人物，在"天赋观念"的立场上，都无法走出独断的迷雾，逃脱不掉经验派的批判。

英国经验派是西方近代哲学的两大代表流派之一，将坚持客体优先性原则作为本体论的基本原则。英国近代经验派创始人培根确立了以感觉经验为基础的知识论基本原则，认为真理性知识有两条来源，其一是经院哲学的道路，看似从经验出发，事实上只在外部经验事物上一闪而过，实质上还是形而上学的内在逻辑；其二是从感觉经验出发，通过对外部经验事物的观察和实验，经过归纳逐渐得到具有一般普遍意义的方法。在本体论意义上，培根坚持客体优先性原则，明确提出："在自然当中固然实在只

有一个一个的物体，依照固定的法则做着个别的单纯活动，此外便一无所有，可是在哲学当中，正是这个法则自身以及对于它的查究、发现和解释就成为知识的基础……"① 世界等同于"自然"，由一个一个实在的物体所构成，这些物体都遵守自然的规律运动。这里值得注意的是，培根认为"自然"和"法则"都是客观实在的，知识只是对这些客观实存的"自然"和"法则"的正确反映，客体存在优先于知识，以一种朴素实在论的态度将客体优先性原则确立为经验知识论的本体论基础。

英国近代经验派哲学的另一位代表人物霍布斯注重对于哲学研究对象——客观实体的探讨，并最终创立了近代机械唯物主义。他同培根一样认为所有的知识都来源于感觉经验，同时也可来源于不证自明的普遍原则的理性逻辑展开，形成两种平行的知识来源渠道。相较于培根，霍布斯似乎是一个不够彻底的经验论者，但正是基于此，更加烘托出霍布斯是一个坚持客体优先性原则的唯物主义者。因为霍布斯唯一关注的对象就是物体，他提出："物体是不依赖于我们思想的东西，与空间的某个部分相合或具有同样的广袤。"② 物体是不依观念而改变的客观实在，具有广延性，占有一定空间且具有长度、宽度和深度等物理属性的客体。"物体是东西，不是产生的；偶性是产生的，可是不是东西。"③ 物体是客体，偶性是客体在观念中的一些主观映象，物体优先于偶性，正好证明了霍布斯是一个坚持客体优先性原则的唯物主义者。

如果说培根和霍布斯是英国近代经验派哲学的初期代表，或者是未成体系的过渡阶段，那么从洛克开始就进入体系化的经验论论证阶段，洛克在批判了笛卡尔的"天赋观念"学说之后，直接指出"我们的一切知识都

---

① 培根. 新工具 [M]. 许宝骙，译. 北京：商务印书馆，1984：107.
② 北京大学哲学系外国哲学史教研室编译. 十六—十八世纪西欧各国哲学 [M]. 北京：商务印书馆，1975：83.
③ 北京大学哲学系外国哲学史教研室编译. 十六—十八世纪西欧各国哲学 [M]. 北京：商务印书馆，1975：86.

是建立在经验上的，而且最后是导源于经验的"①。洛克的"白板说"非常经典，他认为经验有两种来源，其一是感觉，其二是反省。前者是外部客观存在刺激后所产生的感觉，后者是内心活动产生的经验，两者共同构成简单观念。而人之所以能形成知识，正是因为人的心灵白板通过对经验事物的反映能形成简单观念。简单观念分别对应了事物两种不同性质的观念，第一性质的观念是事物的广延，包括物质客体的长宽高等；第二性质的观念是对客观实在的主观反应。但洛克强调，第二性质的主观观念依赖于第一性质的客观观念，说明了洛克的哲学也是坚持了客体优先性原则。

而休谟作为英国近代经验派最后出场的哲学家，则走向了怀疑主义。休谟的"怀疑"不仅指向唯理派建构知识体系的"主体内在性原则"，更是直接针对唯理论的"我思"和"实体"理论本身。

当贝克莱提出"物是观念的集合""存在即是被感知"的时候，表明了他认为物质和观念是紧密相连的，而物质实体是否存在取决于观念的集合是否被感知到，换句话说，经验以外不存在一个独立于观念外的物质实体。虽然，休谟继承了贝克莱的这个观点，认为经验的对象是知觉，但是休谟并没有像贝克莱那样断然否定物质实体存在，而是对物质实体存不存在这件事持"怀疑"的态度。他认为，知识即对实体本身的认识或是对事物之间关系的认识，而这两种认识的形成是由于人能对经验产生印象，具体来说是靠联想，人们通过对经验事物本身或是事物与事物之间的关系进行"因果性"联想来获得印象，最终形成知识。但是，休谟认为这种联想具有随意性，所以我们得出的结论是否正确只能是"不可知"。一方面，当物质实体是没有被感知到的经验，那我们就无法通过联想对其实现认识，对这个物质实体是否存在只能存疑，也就是我们既无法承认物质实体存在，也不能肯定其不存在，只能表示不可知；另一方面，对于确定存在

---

① 洛克．人类理解论：上册［M］．关文运，译．北京：商务印书馆，1959：68.

的物质，我们只能是通过"因果性"的联想对其与其他事物之间的关系进行认识，但因果关系的客观必然性在经验层面又是无法证明的，因为"理性不能帮助我们发现原因和结果的最终联系，而且在经验指出它们的恒常结合后，我们也不能凭自己的理性使我们相信我们为什么把经验扩大到我们曾观察过的那些特殊事例之外"①，所以我们只能对所得结论保持怀疑。同样，精神实体也无法经验，我们能经验到的只是具体的感觉和情绪，而个体的感觉是具有特殊性的，因此对于不能真切地经验到的精神实体，我们也只能说不可知。

休谟认为，"上帝"这个概念是我们根据有限的观念推导出来的一个无限的概念，其作为最完满的精神实体也不是我们真切经验到的，所以上帝也不能说存在或不存在，只能说不可知。那么，唯理派的理论根基就被动摇了，所以休谟不仅对知识的客观性进行了怀疑，更确切地说，是怀疑了"自我意识"的客观性。

第三节　近代哲学"自我意识"理论的困境

在理性形而上学的框架下，神学经历了从启示神学向自然神学或理性神学的过渡和发展，"上帝"成了可以指代一切存在的"神"，"我思"由于是"天赋观念"具有不证自明性，进而建构其上的知识论体系也拥有了无可辩驳性。然而，在经验主义哲学中，经验立场的"我思"无法离开"上帝"实现对于外物的认识，进而产生了"知识论危机"，甚至"自我意识"本身也陷入了独断论和怀疑论之中。

---

① 休谟. 人性论［M］. 关文运，译. 北京：商务印书馆，1980：104.

一、近代哲学的"知识论危机"

笛卡尔哲学的根本任务就是通过普遍怀疑找到一个无法怀疑的"点"为哲学奠基,而"我思故我在"就是笛卡尔借助理性形而上学的思辨方法找到的那个哲学的"阿基米德点"。"我思"在笛卡尔、斯宾诺莎或莱布尼茨哲学中是作为实体或实体的本质特征而存在的,"我思"既不用证明,也不能被怀疑,其作为一种"天赋观念"只依靠理智直观就能获得,所以在经验派看来"我思"存在本身就具有主观独断性。而一旦"我思"被怀疑,哲学的基础就会被动摇。正如休谟所说:"有些哲学家们认为我们每一刹那都亲切地意识到所谓我们的自我;认为我们感觉到它的存在和它的存在的继续,并且超出了理证的证信程度那样地确信它的完全的同一性和单纯性。……要想企图对这一点做进一步的说明,反而会削弱它的明白性,因为我们不能根据我们那样亲切地意识到的任何事实,得出任何证明;而且如果我们怀疑了这一点,那么我们对任何事物便都不能有所确定了。"①

实际上,笛卡尔哲学中"身心二元"的矛盾就是"我思"本身既具有实体属性又具有思维属性造成的。在经验立场上探究作为精神实体的"我思",其自身就具有思维与存在的矛盾。笛卡尔却要在这种"我思"的基础上效仿科学来建构哲学体系,最终论证人的"自我意识"能实现对于真理的认识,实现思维与存在的统一。唯理派看似是用理性的演绎、推理等方法实现的论证,但实际上却是从经验出发,用怀疑一切的方法,在外界事物的"存在"中确定了个体内部的"我思",并将"我思故我在"作为哲学的立足点。进而,由此所获得的知识的普遍性和确定性不可避免地陷入了"二元论"的困境,无法逃脱被休谟怀疑的命运。但是,休谟的怀疑

---

① 休谟. 人性论 [M]. 关文运,译. 北京:商务印书馆,1980:281.

本身也存在问题，他同样是基于经验立场而做出的判断，他提出："任何时候，我总不能抓住一个没有自己的我自己，而且我也不能观察到任何事物，只能观察到一个知觉。"① 也就是说，休谟是在经验立场上，以知觉经验为基础反驳了唯理论的天赋观念。休谟是用知觉的"自我"来反驳天赋的"我思"，所以如果接受休谟的观点，就相当于是从经验回归到了经验。这种在经验立场上对"我思"的批判，只是提出了问题并没有解决问题。

那么，什么是"经验立场"呢？唯理论不是信奉主体的内在性原则吗？其实，无论是以"天赋观念"为第一原则的唯理派，还是以现象经验为出发点的经验派都不排斥"经验"的真实性，甚至都以这种"经验"的真实性作为知识的依据；不同的是，经验论以外在经验或感性经验的真实性作为知识的依据，而唯理论将主体的内在经验（天赋观念或普遍观念）的真实性作为知识的依据，这就是一种经验立场。经验立场虽然可以使部分知识的形成得到合理的解释，但也具有无法避免的缺陷：当经验论过度强调外在经验的时候，那么所获得的只能是关于经验的知识，无法确定经验背后的事物本质，难以解释"灰天鹅"的问题；当唯理论强调内在经验的时候，既无法论证知识的确实性，又无法解决"二元论"的问题。实际上，经验立场所面对的就是"如何保证自我内部产生的知识与外部事物的一致性"的问题，这就是近代哲学的遗留问题，即恩格斯后来所指出的，近代哲学以后，所有哲学都要面对的基本问题——"思维和存在的关系"问题。

由此，我们可以确切认识到，无论是经验派还是唯理派都无法实现真正意义上的思维与存在的统一。立足于经验的、自然科学的方式建构哲学体系，并不能使人类理性获得真知的路径呈现出来。近代哲学的"知识论危机"从根本上所表现出的，就是近代哲学方法论建构的失败以及知性思

① 休谟. 人性论 [M]. 关文运，译. 北京：商务印书馆，1980：282.

维方式的局限。

在近代哲学中，唯理派的初衷是要摆脱经验实证的偶然性，确保知识的必然性，因此，笛卡尔、斯宾诺莎和莱布尼茨都认可"天赋观念"才是知识的来源。在当时的哲人们看来，将上帝赋予人类的东西、人人都有的东西作为获得知识的依据实在是再好不过了。人类理性的推理和论证能力正是唯理派找到的、人们获得知识的方式，笛卡尔明确指出，用类似几何学的"理性演绎法"打造哲学的知识大厦，才能获得普遍知识。但是他们忽略了无论"上帝"还是"神"都无法使"我思"摆脱经验派的批判。毕竟在获得知识的方法方面，唯理派明明推崇演绎法，但对于作为获得知识的原则和依据却提出只能用理智直观获得，确实不太光彩，"独断论"成了唯理派无法摆脱的尴尬。经验派之所以怀疑"我思"的实存性，就是从经验立场的角度出发的，但经验派同样尴尬，因为作为知识获得方式的因果联想与理性演绎相比，明显过于强调个体经验而充满随意性缺少必然性。

其实，无法摆脱经验立场，是由于近代哲学家们无法摆脱固有的知性思维所致。"知性活动一般来说就在于抽象"①，知性思维就是"非此即彼"的思维方式，要以否定一方来实现确证另一方的正确。黑格尔说："就思维作为知性（理智）来说，它坚持着固定的规定性和各规定性之间彼此的差别。以与对方相对立。知性式的思维将每一有限的抽象概念当作本身自存或存在着的东西。"② 知性思维只能对于片面的、静态的现象或现象之间的抽象关系起作用，但对于动态事物本身无法全面进行认识，因为其不符合知性的规定性。简单地说，动态发展虽然是事物的本质特征，却并不能被知性进行认识，因为知性思维只能对有限的、抽象的概念本身进行认识，并把这种认识的结果作为事物原本的存在形式，这显然是与现实

---

① 黑格尔. 精神哲学 [M]. 杨祖陶，译. 北京：人民出版社，2006：295.
② 黑格尔. 小逻辑 [M]. 贺麟，译. 北京：商务印书馆，1980：173.

不符的。

"知识论危机"并不是科学知识本身出现了"危机",而是让哲学家执着地效仿科学来建构哲学体系的理想化为泡影。"知识论危机"宣告了用科学方法打造形而上学的失败,同时使得"我思"的内在逻辑困境显露了出来。

二、近代哲学"自我意识"理论内在逻辑困境

近代哲学最大的一个特点便是科学知识发展突飞猛进,要求同时兼具普遍必然性和经验可证两个特点,认识路上的迷思开始动摇科学知识的根基,理性的危机产生了。人们已然相信科学的力量可以改变世界,但哲学家们却无从证明知识的确定性和有效性,这便是理性的危机。人们已然普遍相信并信赖理性,科学理性从人的维度扩展到科学知识以外的领域,向人类知识的所有领域进军,包括自然、社会历史、人性等领域,待世间所有法则皆被科学理性所框,科学理性成为衡量一切的法则,那么人的价值和意义将被取消。而理性的启蒙运动的初衷就是以理性通往自由,但现实的情况却是,"知识论危机"使哲学无立足之地,造成了知性对理性的非法僭越,反而让自由无处安放。"知识论危机"实际上可看作哲学本身的危机,是人主体性地位的危机。

在经验派用经验实证批判天赋观念的真实性之后,休谟提出了怀疑论,认为天赋观念存在与否只能怀疑。休谟认为,当我们能够实现在人的主观中找到客观,物质的属性与实质就不会因为个体主观性而改变,我们就能获得确切的知识。所以,休谟把人的意识(情感)作为一切知识和科学得以可能的基础,他说:"在试图说明人性的原理的时候,我们实际上就是在提出一个建立在几乎是全新的基础上的完整的科学体系,而这个基

础也正是一切科学唯一稳固的基础。"① 在休谟看来，先天知识是由观念构成的，表示的是观念之间的关系，所以只要应用理性就可以获得；但经验知识是一种事实知识，其是由因果关系而获得的，所以需要外在经验；这两种知识虽然不同，但实际上都可以通过"人性"获得。休谟认为，"人性"可作为知识的依据，其所指的是人的感性情感、理性思维、认知能力等，这些人的自然属性或理性能力从经验立场来说都是客观存在的。休谟构建了一个以知觉和印象为基础的"经验自我"体系，来摒除一切对于天赋观念的狂妄性和虚幻性。他将所有理性判断都排除掉以求获得一个纯粹的意识，借此将最精准的理性原则在自我中显现出来，使得即使通过"人性"所获得的知识也不是来自主观独断，其既符合以自我作为原则所获得知识的普遍必然性，也可以使知识具有经验的事实性和有效性。虽然，休谟将经验主义的哲学范畴从自然哲学扩展到了精神哲学，彻底超越了古希腊哲学与中世纪哲学，但休谟哲学中的"人性"是以经验为前提的，并不是休谟所认为的纯粹意识本身，且由于休谟也是站在经验立场上的，所以其所获得的知识与"人性"本身也无法逃脱独断论。就这样，休谟最终使近代哲学的认识论走进了死胡同。

显然，休谟是遵循着经验主义哲学的研究传统来研究"人性"的，可以说休谟的"自我意识"与笛卡尔的"我思"一样，仍是经验立场。"自我意识"的内在逻辑矛盾非但没有解决，原本被忽视的知性界限问题也浮出了水面，进而人们对于"理性"本身、理性与真理知识的关系问题产生了探究的欲望。

三、德国古典哲学理性自我的出场

自从笛卡尔的"我思故我在"开启了认识论转向、确立了主体性形而

---

① 休谟. 人性论 [M]. 关文运，译. 北京：商务印书馆，1980：8.

上学，人的理性就从中世纪哲学的"上帝"手中回到了人本身，"人"成了真理之所以可能的条件。而休谟的怀疑论使得"我思"的合法性遭到了怀疑，进而整个近代哲学的建构地基被动摇了，"知识论危机"的产生直接威胁到了人类好不容易从"神"的手中夺来的"人"的主体性地位。

近代哲学的经验立场使得哲学家们必须证明"我思"的必然性和正确性，而"我思"作为天赋观念却又无法证实，休谟直接对科学知识中普遍必然性的来源提出了疑问，这对理性原则的形而上学认识论来说是一种致命的颠覆，直接导致了"知识论危机"的出现。显然，德国古典哲学把"自我意识"作为研究对象并发展到最高峰有其必然的历史因素。

虽然，经验立场使得休谟以"人性"为基础打造哲学新地基的设想无法实现，却为德国古典哲学家们开辟了一条新的道路。康德曾确切地表示："我坦率地承认，就是休谟哲学在多年以来首先打破了我教条主义的迷梦，并且在我对思辨哲学的研究上指出了一个完全不同的方向。"① 康德作为沿着休谟开辟的新道路走出去的第一人，他对休谟的"怀疑论"进行了思考，重审了近代哲学中的"我思"。康德接受了休谟想从主观的"人性"中找到客观普遍性的构想，也提出要找到一个纯粹的意识本身，但他放弃了休谟此前经验式的分析，而是用"先验演绎"的方式对主体"自我意识"的构成、能力、运用、范围等进行全面的审视和审查。康德指出："这个时代不能再被虚假的知识拖后腿了；它是对理性的一种敦请，要求它重新接过它的所有工作中最困难的工作，即自我认识的工作，并任命一个法庭……而这个法庭就是纯粹理性的批判本身。"② 进而，康德尝试将人的理性由经验提升到先验。最终，康德论证了自我具有普遍的先验认识结构，实现了在主体的认知结构中寻找普遍性原则，用"先验自我"确保了

---

① 康德. 任何一种能够作为科学出现的未来形而上学导论［M］. 庞景仁，译. 北京：商务印书馆，1982：9.

② 康德. 纯粹理性批判［M］. 李秋零，译. 北京：中国人民大学出版社，2004：AⅪ.

形而上学建立的合法性,为"知识何以可能"提供了依据。

康德是第一位把人的"理性"直接作为哲学的考察对象的哲学家,从此"自我意识"才真正成了哲学研究的对象。康德通过对自我意识的先验考察,跳出了近代哲学的经验旋涡,彻底解除了"知识论危机",开启了德国古典形而上学的新时代。

第二章

德国古典哲学"自我意识"理论的确立与形而上学体系的建构

近代哲学，使人们意识到主体和客体的分离与对立，认识到人的思维对于认识对象具有规定能力。而当"本体论"的哲学思维在认识论中继续使用时，其矛盾就显露了出来，当"我思"被看作是精神实体，人们就无法避免地要面对"主客二元"的问题。直到德国古典哲学，从康德将"理性"本身作为研究对象，用"先验自我"建构自己的三大哲学体系开始，经过费希特和谢林通过对"自我意识"理论的发展并以此为基础建构起他们的知识学体系，到黑格尔才真正完成了形而上学思辨哲学体系的建构。

第一节 德国古典哲学"自我意识"
理论的确立与发展

虽然从古希腊开始人们对于"人"本身就有了思考，但直到近代哲学，哲学家们才将"思维"作为人区别于动物的本质属性。近代哲学不仅将主体性放到了西方哲学的舞台中央，同时提出了一个关键问题，即"思维与存在的关系问题"。为了回答好这个问题，德国古典哲学不得不将"自我意识"作为研究对象，力求建构一个以"自我意识"为根基的形而上学体系，使人真正成为主宰一切的"理性神"。这种改变，一方面是由于哲学求真理、爱智慧的学科属性，另一方面是社会与自然科学的发展对于人主体性本身的提升需求。

一、康德哲学中的先验自我

康德是第一位将"自我意识"从经验论立场提升到先验层面的哲学家，"先验自我"就是他哲学体系的"阿基米德点"，因此理解康德哲学，对"先验自我"的理解是至关重要的。

要理解康德哲学中的"先验自我"，我们先要实现对于"先验"的理解。很多学者认为康德多将"先验"与"先天"作混淆应用，但其实，康德正是通过对"先验"与"先天"的区别使用，显示出了"经验"与"超验"在人类理性思维层次上的不同，而这也是康德实现超越近代哲学的经验立场、解决"知识论危机"的先决条件。

康德哲学中的"先验"（transcendental）是指在经验之前的、与经验认识的形成相关，可以看作是一种考察经验何以可能的先天条件；虽然"先天"（a priori）也同样是指在经验之前，但它与经验无关。知识虽然被康德称为"先天综合判断"，但康德强调的是"先验"而不是"先天"，他认为知识应该既有实在性，又有普遍性。"先验自我"则就是确保知识普遍必然的确定性的，是理性先于经验的先天的认识形式。康德说："我把一切与其说是关注于对象，不如说是一般地关注于我们有关对象的、就其应当为先天可能的而言的认识方式的知识，称之为先验的。"① 在康德看来，并不是所有的先天的知识都是先验的，但先验的知识一定是先天的，先验的知识更强调的是对于"先天知识何以可能"的认识，是属于认识论的，康德据此构成了与形式逻辑（普通逻辑）不同的"先验逻辑"。

---

① 康德. 纯粹理性批判［M］. 邓晓芒，译. 北京：人民出版社，2004：19.

形式逻辑单指判断，关注形式上是否合理合法，无关乎内容。而先验逻辑与形式逻辑最大的不同，就在于它反思自己的先天可能性而不是随意地运用，其关注于对这个对象所形成的认识形式的先天条件和认识方式。所以，"先验的"和"经验性"的区别只在于"对知识的批判的"形成方面，而不涉及"知识与其对象的关系"①，因此需要将"范畴"作为一个载体来承接知性的纯形式。康德指出："范畴作为先天概念的客观有效性的根据将在于，经验（按其思维形式）只有通过范畴才是可能的。这样一来范畴就必然的和先天的与经验对象相关，因为一般说来只有借助于范畴，任何一个经验对象才能被思维。"② 我们可以认为，是先验自我的"范畴"才得以使知性思维和经验相关，进而实现认识。

在康德哲学中，一切知识都开始于经验，所以知识是一种先天综合判断。康德认为，"先验自我"能把经验内容联结为一个整体并赋予其普遍必然的意义，其作为主体的人具备先天认识形式，包括人的感性纯形式——时间和空间，他强调，"它们是这样一些仅仅依附于直观形式、因而依附于我们内心的主观性状的东西……"③。由于经验内容要通过感性直观被先验自我接收到，主体通过纯粹主观的感性直观被动接受了这种刺激，这看似与经验论的"反映论"很相似，但康德强调的是"先验自我"对内容的决定作用，所以认识主体的主观能动性才是第一位的。他强调的是先验自我所具有的知性结构——知性范畴和统觉，这一点我们从康德对于知识形成的分析就可以清楚地认识到。康德认为，知性具有想象力、综合力和构成性，先验自我正是依靠知性结构，才能通过想象力实现对于直观表象的综合，也就是，知性统觉能力可以看作是不同于被动直观的主动能力，其可以通过知性范畴将杂乱的现象综合为概念，最终形成知识。由

---

① 康德.纯粹理性批判［M］.邓晓芒，译.北京：人民出版社，2004：55.
② 康德.纯粹理性批判［M］.邓晓芒，译.北京：人民出版社，2004：85.
③ 康德.纯粹理性批判［M］.邓晓芒，译.北京：人民出版社，2004：28.

于知性形成范畴表是遵循规则的,所以当知性实现用范畴表统一表象及各个表象之间的关系时,知识就具有了客观有效性。康德据此回应了休谟的怀疑论。休谟认为人们之所能形成对于事物之间的关系的判断,主要是依靠经验自我的想象力,故而知识的获得缺乏了普遍性依据;而康德提出人先验的具有一套认知法则,即先验自我的时空直观能力、知性统觉与综合能力,其为人类获得知识提供了先验的认识形式,进而确保了知识的普遍性。

在康德看来,"先验的"只能是指向经验对象,作为经验性的运用,并不能用于"超验的"领域。虽然康德提出先验自我具有理性推理能力,但由于理性的认识对象(心灵、上帝、物自体)并不是经验事物,所以理性活动的逻辑形式只能是间接推理;且因为无限理性不具有范畴,所以只能用知性范畴来对理性的对象形成认识,由此造成了先验自我对于理性的对象只能获得一个"幻象"的理念。所以,从主体维度来看,康德将世界一分为二,一个是经由先天认识形式,能直观感知且可被认识的世界——现象界;一个是不受先天认识形式所限,经验无法勾连的不可知世界——物自体。

康德认为,现象界和物自体各自在其所在的领域内讨论才有意义。其实,康德这样设置是有其目的的。他在现象界内解决了理性危机,同时他要在物自体领域内解决自由危机。康德要为不被科学所规定的部分,即自由、道德和宗教信仰等,建立的一个道德的形上领域。所以,"知性"划界看似消极,实则康德是从另一个维度说明了"自我意识"具有另一种能力——"实践理性",这种"实践理性"是康德认为的"人之为人"的根据。康德提出,人之所以与动物不同,关键在于,动物只能按照物种的规定进行活动,进而动物既没有自由也没有善恶的问题,而人则能按照人自身的规定而活动,即有目的性的、克服欲望过生活。由此康德不仅为道德哲学保有了空间,同时使得人类通过"自我意识"具有了实现"自由"的可能。在康德看来,人的自由意志与道德法则相关、与上帝无关,自由意志和道德法则作为先验的存在相互作用,人们内心的道德准则指导着人们对于是非对错的判断。欲望有时会使人做出错误的选择,说恶语、行恶事,即使是利用自由意志做出选择这件事没有错,但选择了作恶之后,人会因为这个选择而心生愧疚,这是一种普遍性的情感反应,这种情感反应使人发现了自己内心的道德准则,也就是人都知道对错。道德准则与自由意志都是客观存在的,虽然可以通过经验事实使人直观地意识到,但经验事实却不能作为它们存在的证明,因为先验层面的自由意志是不能通过经验层面的事实来确证的。所以康德提出自由意志是"理性的一个事实",属于纯粹实践理性的领域。

显而易见,康德的"先验自我"与笛卡尔的"我思"完全不同,其本身已经脱离了经验论立场。康德强调的是主体的先天认识形式的普遍性和认识质料的实在性,虽然康德划定了"知性界限",但他为"科学何以可能"找到了依据。

二、费希特哲学中的绝对自我

费希特作为康德的学生,他在继承康德思想的同时,敏锐地觉察到了康德哲学的缺陷。他认为康德之所以只能实现对于现象界的认识,在于康德将作为其哲学体系基础的先验自我仅仅看作主体认知思维的一种机能,只具有综合能力而不具有"活动"能力。

费希特认为,当"自我意识"失去能动性,只作为一种空乏的、无内容的形式出现,不可避免地就会造成无法对于内容本身实现认识。康德的自我意识活动,无论综合能力,还是想象能力,都还是对于经验形成的活动。于是,费希特也改变了康德对于"自我"的考察方式。在费希特看来,自我意识的先验活动应该是一种纯粹反思活动,是一种自我意识的本原活动,"活动"才是自我意识的真正本质。费希特把"自我意识"的活动看作是一种绝对的设定活动，他称之为"我是（Ich bin）"，实际上指的就是自我意识的理性反思能力。费希特指出："你的内在活动指向自身之外的某个东西（指向思维客体），同时返回自身，指向自身。然而按照以上所述，返回自身的活动给我们产生的是自我。"① 在费希特看来，不仅"自我"活动的这个过程是"绝对的"，并且由于主观的东西和客观的东西是浑然一体的、不是全然分离，"自我"本身也是一种"绝对"，自我意识本原活动的过程就从"绝对自我"出发又复归"绝对自我"中去的过程。

具体来说，费希特哲学中"自我"的活动过程，是从"自我"出发，通过"自我设定自我""自我设定非我""自我与非我的统一"，最后回归更高一级的"绝对自我"中去的过程。费希特强调，"自我"本身具有能动性，是自我意识具有的一种原始活动。他认为，"自我"的这种来自本原的"设定"活动，是人类一切认识活动的根据，这是费希特从形式逻辑的同一律命题出发，从 A=A 展开反思后得到的，即"我是我"，实际上的意思是"自我设定自我"。这条原理是一条绝对无条件的原理，因此费希特将其作为他知识学的"阿基米德点"。接着，他又从形式逻辑的矛盾律出发，从-A≠A 展开反思，得到了"自我设定非我"。在费希特看来，这种"反设定"是伴随"自我设定自我"同时产生的，"对立"是在自我自身中被设定的，这也是"自我"的一种绝对的无条件的原始活动。其所指的是自我设定了一个与"自我"相对立的"非我"存在，我们可以认为"自我设定非我"是"自我设定自我"的反题。"非我"被用来指代客体、对象，即出现在自我意识中的客观世界，它不仅是对自我的否定和限制，更意味着费希特将客观事物的存在也放置在了自我设定的范围内，即费希特实现了用"自我意识"囊括一切。由此，费希特用"非我"实现了消解康德哲学中的物自体。费希特指出，没必要讨论"物自体"的问题，因为

---

① 费希特. 费希特著作选集：第 2 卷［M］. 梁志学，编译. 北京：商务印书馆，1994：759.

当我们意识到事物存在的时候，它们就在我们的意识内了。他说："上述问题之所以可能发生，是由于在作为主体的自我与作为绝对主体的反思的客体的自我之间有了混淆，问题本是完全不成立的。"① 因为人已经"把绝对主体当作那个机制的直观者一起考虑进去了"②，"把他自以为已经抽掉的那个东西考虑进去了"③。而这一切之所以能成立，主要还是要依靠费希特根据充足理由律得到的第三个原理——"自我和非我的统一"，即自我和非我能从对立的状态实现统一。费希特认为，这个过程是"自我意识"通过反思综合实现的，自我设定自我和非我的过程是一个动态的过程，其最终会成为更高一级的"绝对自我"。"绝对自我"意味着纯粹的自我意识，表明自我已经摆脱了作为经验的自然存在物的自我，成了自然界和其规律的创造者。所以，费希特哲学中的"绝对自我"是主观与客观的统一体，意味着绝对主体。

三、谢林哲学中的自我意识

在谢林看来，费希特虽然说他的自我是绝对的，实际上费希特哲学中的"自我"是受非我限制的自我，其自身内部就是具有主客对立的，并不足以作为哲学的最高原则。谢林认为，只有跳出存在论立场重新审视"自我意识"本身，建构一个新的知识学体系，才能从根本上克服康德和费希特哲学的缺陷。

谢林的哲学不是从经验事实的反思中探讨主观中的客观存在，这是他与康德、费希特和近代哲学的唯理派的根本区别。谢林提出："本原的自

---

① 费希特.费希特文集：第 1 卷 [M].梁志学，编译.北京：商务印书馆，1994：506.

② 费希特.费希特文集：第 1 卷 [M].梁志学，编译.北京：商务印书馆，1994：507.

③ 费希特.费希特文集：第 1 卷 [M].梁志学，编译.北京：商务印书馆，1994：507.

我正像不能被看成个体自我一样，也不能被看成是经验的，即在经验内出现的自我。"① 谢林认为，无论经验自我被设定为什么，都不是原本的自我，因为经验的自我不能算作是实在的东西。对于谢林来说，唯一实在的东西绝不能是经验的，因为其不能受到任何怀疑，也不能受"二元论"所困，所以其只能存于主体和客体的绝对同一性之中，他将这种同一性称为"自然"，"而级次最高的同一性又正是自我意识"②。因此，谢林认为，本原的自我是一种既能表示自然又能表示精神的"绝对"，这种"绝对"实际上指的是主体内容与客体内容的绝对同一，而"自我意识"作为"级次最高的同一性"其内部本就具有主客体的"原始二重性"，自身就意味着思维和存在最原始的同一。正是在这种二重性的推动下，我们可以将从无意识发展到自我意识的知识看作是自然哲学，将从自我意识上升到自然与精神的绝对同一的"最高级次"的过程，就是自我发展到"绝对理性"的过程。

在谢林看来，"自我意识"最大的功能就是活动与创造。本原的自我是一种纯粹的活动，这种本原的自我正是"一切实在性的本原"③，在这个过程中，自我必须通过一个全然不同以往的方式去认识知识的客体——理智直观。谢林认为："理智直观是一切先验思维的官能……先验思维以一种既创造一定的精神行动同时又直观这种行动的能力为前提，致使对象的创造和直观本身绝对是一个东西，而这种直观能力也正是理智直观的能力。"④ 它是一切先验思维的工具，是一种以创造活动为前提的直观，主要作用是实现一般思维向客体转化，思维使自身成为客观的自我本身（客体）。此时，自我"被表述为具体的、自身中介的，表述为主观与客观的

---

① 谢林.先验唯心论体系［M］.梁志学，石泉，译.北京：商务印书馆，2016：40.
② 谢林.先验唯心论体系［M］.梁志学，石泉，译.北京：商务印书馆，2016：23.
③ 谢林.先验唯心论体系［M］.梁志学，石泉，译.北京：商务印书馆，2016：40.
④ 谢林.先验唯心论体系［M］.梁志学，石泉，译.北京：商务印书馆，2016：35.

统一，或者表述为主观与客观的绝对无差别"①。也就是，自我被认为是与客观的东西、内容相一致的，能实现自我和自我本身（客体）的绝对同一，进而实现主观和客观的统一。

谢林以"自我意识"为出发点，用理智直观实现了自我对客观内容的认识，使知识有了确定性依据，使"自我意识"成了具体的绝对。在思维层面理解，这个"具体"是具有思辨性（非内在发展的，而是具有外在反思性）的具体，自我意识所实现认识的客观对象是有着感性的客观基础、符合主观（客体自身）自己创造性确立自己的全部内容的，这意味着人的意识已经可以实现对事物的本质规律的认识。

虽然谢林与康德、费希特一样，都承认先验自我的存在，但谢林强调的是先验自我代表了主体和客体同一的绝对本身，这是跳出了主客对立、从根本上弥合了"二元论"、超越了经验立场的知识论立场。谢林认为，只有知识学立场的"自我意识"才可以避免当我们把"自我"作为客观实在的存在时，必须要面对的"独断性"问题。同时，当"自我"与"存在"在同一个视域，"自我意识"才可以被作为知识学的最高原则。谢林通过使得主观的自我意识具有了"绝对"的客观内容，使人类"理性"在客观性维度上前进了一大步。

四、黑格尔哲学中的绝对精神

黑格尔认为谢林、费希特等人看似看重自我意识，实际上却是轻视了自我意识，他们总是想沿着近代哲学的道路从"本原""存在"等方面论证自我意识的内容，却忽视了自我意识自身本就是在"发展"过程中实现的其自身内容的呈现。黑格尔说："自我意识是从感性的和知性的世界的

---

① 黑格尔. 哲学史讲演录：第四卷［M］. 贺麟，王太庆，译. 北京：商务印书馆，1978：386.

存在反思而来的，并且，本质上是从他物的回归。"① 也就是，自我意识本身就包含着形式和内容，自我意识既把感觉和知觉的对象作为自己的对象，也以自己为对象。而黑格尔之所以提出"自我意识就是一个外化及其复归的过程"②，是因为自我意识需要在运动中实现自我与对象的相互确认，这是一种"辩证"的运动过程，因此自我意识还能在运动过程中实现自我与对象的统一，并借此实现对于自身的"扬弃"，成为"绝对精神"。

黑格尔在《精神现象学》中提出，自我意识是通过三个能力和四个范畴实现的对于自我与对象的统一。自我意识的这三个能力分别是感性能力（现象性）、知性能力（对象性）、理性能力（反思性），黑格尔与康德一样认为自我意识具有这三种内在结构，不同的是，他认为这三种结构或者说能力，也是自我意识发展自身的环节，自我意识之所以能实现"绝对精神"，这三种能力缺一不可；四个范畴则是种、类、规律、力，正是这四个范畴使个体的自我意识的发展具有了整体性的普遍规律。黑格尔将精神实质看作一种活动，那么，活动的方式与目的则成了其关注的根本。

黑格尔提出，自我意识活动的方向是螺旋式地上升的，这是通过精神或者说纯粹的意识不断"外化"又"复归"来实现的，这个过程表现出来的就是精神的"否定"辩证运动过程。黑格尔指出："对个别的否定是一种否定的否定，肯定的普遍性给予个体决定以永恒基础；因为真正的个性同时本身就是一种普遍性。"③ 自我意识就是通过"肯定、否定、否定之否定"不断反复进行意识与意识外化的"共在"的，同时达成自我意识实现自我的内在环节，也就是，自我意识通过"否定"的辩证运动最终能达到

① 黑格尔. 精神现象学：上卷 [M]. 贺麟，王玖兴，译. 北京：商务印书馆，1979：116.

② 黑格尔. 精神现象学：上卷 [M]. 贺麟，王玖兴，译. 北京：商务印书馆，1979：118.

③ 黑格尔. 自然哲学：哲学科学百科全书（第 2 卷）[M]. 英国：牛津大学出版部，2004：12.

"绝对精神",进而实现主体与客体的统一。具体来说,"绝对精神"实际上就是自我意识进行自我扬弃、自我返回、自我实现的"正、反、合"运动的动态过程,体现了一种"前进—回溯"的辩证运动。黑格尔提出,"前进就是回溯到根据,回溯到原始的和真正的东西;被用作开端的东西就依靠这种根据,并且实际上将是由根据产生的",而"离开端而前进,应当看作只不过是开端的进一步规定,所以开端的东西仍然是一切后继者的基础,并不因后继者而消灭",于是"哲学之整体就是一个圆圈,在它之中,开端与终结、起点与终点乃是目的与目的的实现、自我完成自我实现"①。一方面,当自我意识通过这种"前进—回溯"的辩证运动,将"绝对精神在现象中显现"② 时,就意味着绝对(精神)能把自己"实体化"为各种意识现象;另一方面,当实体自己否定自己的时候,其凭借自我否定功能从"他物"中返回自己的时候,才能得到现实的主体。所以,实现"绝对精神"就意味着达成主客统一。

在《精神哲学》中,黑格尔重新解释了苏格拉底的箴言——"认识你自己",他指出:"认识自己的概念是属于精神的本性的。因此,德尔斐的阿波罗向希腊人发出的认识自己的要求,并没有某个异己力量从外面向人类精神提出的一个诚命的意义;相反地,那督促着认识自己的神无非是精神自身的绝对法则。所以精神的一切行动只是对于它自身的一种把握,而最真实的科学的目的只是:精神在一切天上和地上的事物中认识它自身。"③ 所以自我意识是最自由的,可以看作其"里面存在着的概念和客观性的统一"④,意识主体实现自我"复归"的目的绝不单单是要实现认识,

---

① 张志伟.黑格尔哲学与古典形而上学的完成 [J].河南大学学报(社会科学版),2011 (3):5-9. (详见:黑格尔.逻辑学:上卷 [M].杨一之,译.北京:商务印书馆,2001:56-56.)
② 黑格尔.精神现象学:上卷 [M].贺麟,王玖兴,译.上海:上海人民出版社,2013:62.
③ 黑格尔.精神哲学 [M].杨祖陶,译.北京:人民出版社,2006:2.
④ 黑格尔.精神哲学 [M].杨祖陶,译.北京:人民出版社,2006:20.

而是要实现完全的自由。黑格尔认为，当"自我意识"从自在的实体转化为自由创造的主体，绝对才能实现自身为精神，只有当自我意识实现了"绝对精神"，才能真正实现自由。可见，黑格尔哲学中的自我意识也是脱离了经验立场的"精神"本身，与谢林哲学中的自我意识一样，是一种绝对理性。但黑格尔哲学的"自我意识"是不断运动发展着的，它在发展中实现认识外物和确认自身的同时还实现了超越自身。

黑格尔强调的是精神运动的方式，即自我意识在不断发展自身的辩证运动过程中能实现主客统一；而不是像谢林哲学一样，强调自我意识本身就是主客同一的。可以说，黑格尔通过论证了自我意识实现"绝对精神"的过程，将人的主体性提高到了能通达"理性"自由的程度。

第二节　德国古典哲学主体性形而上学体系的建构

自从自巴门尼德提出了"二元世界"开始，人类追求真理之路一直延续至今。由于近代哲学尝试以理性方法的运用将形而上学同一于科学的失败，德国古典哲学家们开始关注理性自身，通过对于"自我意识"结构的分析与功能的解释，逐渐建构起了独属于哲学的主体性形而上学体系。

一、康德基于先验自我的"三大批判"哲学体系建构

康德认为未来的形而上学体系应是一个有机整体，他所建构的形而上学体系由三大"批判"构成，包括《纯粹理性批判》《实践理性批判》和《判断力批判》，这"三大批判"都是以批判为前提、通过对人的自我意识作先验的考察，对纯粹理性的思辨运用（自然）、实践运用（道德）、反思运用（审美）来实现的。

康德设想，自我意识除了感性直观能力外，还具有一种可以实现对于

本体认识的知性直观能力，这是不同于只能对现象界起作用的时空直观能力的"智性直观"。正是由于自我意识的这种能力，我们可以实现的"反思判断力"，进而实现外物与自我的统一。按照康德的说法，"我们也可以思维一种直觉的知性（用否定的说法，就是只作为非推论性的知性），对它来说自然在其产物中按照特殊的规律而与知性协调一致的那种偶然性是不会遇到的"①。但这是康德的一种"设想"，因为康德认为我们并不能通达物自体，但我们也能触及事物本原，那么一定是自我意识有一种能力，我们能借此实现理性自由。康德指出，我们可以通过自我意识的智性直观形成的"反思判断力"突破知性对于事物本原形状和质态的限制，这种突破性的知性反思能力与休谟哲学中人们实现对于外物认识所依靠的"随意联想"不同，这是一种知性直观，也是一种整体性的直观。"反思判断力"最终目的是满足人情感自由的需求，其并不是以外部的对象为目的、借用概念去规定那个对象，而是将外物与自我设想为一个整体，以人的自由为目的所进行的反思判断，这种对自由的追求与道德所强调的目的是一致的。康德正是在这个基础上完善了他的形而上学体系建构，形成了著名的"三大批判"。

在《纯粹理性批判》中，康德通过论证先天综合判断何以可能，实现了人们对于自然界的认识，进而确保了理性对于"真"的认识，也被称为康德的自然形而上学部分。康德通过对于先验自我的全面考察，实现了对理论理性的研究，确保了知识的普遍必然性，即"真"。在《实践理性批判》中，康德通过论证先验自我所具有的纯粹理性的实践能力，确保了自由何以可能，因此被称为道德形而上学或道德。先验自我可以成为道德原理演绎的客观依据，进行形成"必然"的形而上学，即"善"。《判断力批判》是沟通"自然"和"必然"来弥合前两个分裂开来的形而上学，

---

① 康德. 判断力批判 [M]. 邓晓芒，译. 北京：人民出版社，2002：259.

论证审美何以可能，即"美"。为了保障了"三大批判"是一个相互补充、相互关联的有机整体，康德规定了先验自我的结构以及纯粹理性的运用范围，并基于先验自我建构起了理论体系的"建筑术"，康德说：（建筑术）"它要求的不是经验性的理性统一，而是先天的纯粹理性的统一。"① 他自诩依据这个建构术，我们就能获得形而上学的可靠原理。康德提出，我们可以通过对从自我意识结构的分析，来实现对基于自我意思的形而上学体系的建构。因此，康德深入分析了先验自我的结构，并从先验自我的感性、知性、理性能力三个方面建构起了自己的三大批判体系。

他认为，先验自我的感性直观能力，是被动接受现象界的表象的能力，由此康德解决了知识的经验来源问题，使知识具有了实在性。而先验自我的知性统觉能力，则能主动将感性直观接收到的杂多表象拉入"量、质、关系、模态"这四类知性范畴中，建构起现象之间的关系，最终综合为知识，这是人人具有的能力，知识由此具有了普遍性。这就是《纯粹理性批判》所主要论述的内容。康德规定了理性的界限，表明先验自我只能对现象界或是感性世界相关联才能有作用。他提出理性虽然不能在认知领域起作用，但能在实践领域获得自由。也就是，先验自我的理性能力虽然无法形成对于自在之物的认识，却能在实践领域中，通过"范导方法"形成先天的人类实现认识和行为的规范性准则。康德论证了先验自我的四个范畴也同样能统摄道德行为，人的情感一旦得到普遍的反映，最终就能形成道德法则。这是《实践理性批判》所主要论述的内容。人的情感不仅与道德相关，也与审美相关，康德将其所设想的先验自我的反思判断力，作为一种介于现象界和本体界之间的审美领域中的理性活动。康德认为，先验自我的"四个契机"（量、质、关系、模态）能协调感性直观、想象力、知性之间的矛盾，形成一种关于"审美"的共通感，并通过先验自我形成

①　康德. 纯粹理性批判［M］. 邓晓芒，译. 北京：人民出版社，2004：319.

共情，达成一种由于自由审美的过程中获得认可的快乐，即先验自我的反思判断力能使个人的审美判断融入社会的审美判断之中，这就使"美"有了普遍性。所以，审美也要求我们若想获得被认可的快乐，就需要不断完善自我，具有符合社会与大众的道德水平。这就是《判断力批判》主要论述的内容。

"审美"活动自然而然地成了沟通认识与道德、弥补理论理性与实践理性之间鸿沟的中间环节。于是，康德的"三大批判"成了互为补充的整体体系，形而上学的最终的目标就成了把有知识的人逐步引导为有道德的人。

二、费希特以"绝对自我"为根据的知识学体系建构

费希特整合了康德自我意识的认识能动性和自由能动性，作为自我意识的本原行动，将其提升到了"绝对自我"，进而从"绝对自我"的结构中推演出了知识学的范畴，建立起了自己的知识学体系。

费希特的知识学体系分为两部分，理论知识学与实践知识学。费希特主张，理论知识学中，"自我意识"除了使表象完全符合外物就再没有别的功劳了。在"自我设定自己是被非我所规定的"① 的过程中，一方面自我的主动性会发挥认识作用，实现认识自我；另一方面自我通过非我对自我的限制，实现对对象的认识摆脱"随心所欲"。而在实践知识学中，"自我意识"实现认识的过程则是"自我设定自己是规定非我的"② 过程，其更强调主体的能动性。"自我意识"一方面能与客体活动建立起联系，进而实现对于无限的认识；另一方面能指向人的道德的意志自由和审美所带

---

① 费希特. 全部知识学的基础［M］// 费希特. 费希特著作选集：第一卷. 梁志学主编. 北京：商务印书馆，1997：664.

② 费希特. 全部知识学的基础［M］. 梁志学. 费希特著作选集：第一卷. 北京：商务印书馆，1997：664.

来的感觉,这个过程发生在自我克服非我阻力的时候。那么,费希特是如何论证"自我意识"在理论知识学与实践知识学领域中的活动过程是"绝对"的呢?

首先,费希特应用形式逻辑中的同一律"A = A",把"自我设定自我"作为知识学原理中的第一条,其不仅是一条绝对且自明的原理,也表明了"自我"的实在性范畴。随后,费希特把"自我设定非我"作为知识学原理中的第二条原理,"表明与绝对自我对立的非我是绝对的虚无"①,他称其为"反设原理"。费希特强调,"处理每一个命题时,我们都必须从指出那应该被统一起来的对立面出发"②,这条原理以矛盾律为基础。"非我与自我对立"和"非我限制自我"正体现了范畴表中的"否定性"。最后,费希特把"自我与自我的统一"作为知识学原理中的第三条原理,这是"根据原理",是充足理由律的基础。他说:"自我本质上就是全部活动,非我的受动是由自我让渡给它的。……自我受非我活动所规定,实际上是间接地受自己活动所规定。这样,自我的活动总量不变,所以它是绝对的无限的活动;而当它将部分活动让渡给非我时,它就在量上不完全了,因此,它又是有限的活动。"③ 所以,这第三条原理实际上体现了范畴表中的"限制性",其也是"实在性"与"否定性"的统一。正是通过这"三条原理",费希特实现了对于其知识学体系的建构。

可以说,费希特的知识学体系也是基于"自我意识"建构起来的,这与康德将其形而上学体系建构在先验自我的基础上的想法是一致的。但是,费希特强调的是绝对自我的运动过程。他将自我意识定义为自我的本原运动,费希特强调的是,自我在运动的过程中能实现向"绝对自我"的迈进。绝对自我既能实现对于无限的认识,也能实现实践自由。费希特认

① 杨祖陶.德国古典哲学的逻辑进程 [M].武汉:武汉大学出版社,2003:139.
② 费希特.全部知识学的基础 [M].王玖兴,译.北京:商务印书馆,1986:32.
③ 费希特.全部知识学的基础 [M].王玖兴,译.北京:商务印书馆,1986:9.

为，绝对自我实现对于无限的认识能力，不只是一种认识能力，更是一种反思性的创造能力，自我能通过冲破非我的限制、完善自我、实现自我，实现主体与客体的统一，都要依靠自我意识的这种理性反思能力。同时，费希特与康德一样，十分重视审美的作用。他提出，我们的生活都要经历从经验出发走向精神的过程，通常有两条路径，一是通过道德，即理性；二是通过审美，即"崇高"。他认为审美实践的意义在于能使人提高自己的精神层次，通往理性。费希特指出，人只有在宁静的状态下才能自由地欣赏，即进行审美实践，他与康德一样，强调的是审美过程中的"自由"。人的价值就在于能自由行动。

费希特将"自我意识"作为最高的知识学原理，通过把理论认识和实践认识在主体中"绝对化"，完成了理论知识学和实践知识学的建构，费希特用"绝对自我"整合了康德哲学中"二元"分裂的体系。

三、谢林以"自我意识"为原则的先验唯心论体系

谢林认为，康德和费希特都搞错了一个关键的问题，那就是知识不能建构在"存在论"的框架下，如果他们在"存在论"的前提下探讨"自我意识"，那么他们在"自我意识"的基础上所建构起来的根本算不上是真正的知识学体系。他说："这里我们谈的根本不是存在的一个绝对原理，而是知识的一个绝对原理。"① 因此要从知识的特性——"绝对"出发，去寻找建构知性学的绝对原理。

谢林指出，要完成脱离"存在论"的知识学形而上学的建构必须遵循三个原则：第一，知识学体系必须有一个最高且唯一的原理，其余所有获得的知识均须从它出发，并能从它那里获得主体自身正确性的来源和根据；第二，作为最高的先验原理要在形式和内容上都与自身相等同，以确

---

① 谢林. 先验唯心论体系［M］. 梁志学，石泉，译. 北京：商务印书馆，2016：20.

保整个知识体系的统一；第三，真正的知识学体系的根据必须是先验的，也就是作为知识学最高原理的东西必须脱离经验立场，且建构起的知识学体系必须是完整的。谢林说："创造一门知识科学，即创立一门把主观的东西变为首要的和最高东西的科学。"① 他的《先验唯心论体系》就是探讨知识学的最高原理的著作。

谢林在《先验唯心论体系》中说："一切知识都是以客观东西和主观东西的一致为基础……我们知识中单纯客观东西的总体，我们可以称之为自然；反之，所有主观的东西的总体则叫做自我或者理智。"② 按照谢林的说法，知识必须超越"存在论"立场，作为知识最高原理的东西虽然是主观的，但其自身却不具有主观与客观的对立，而是表现为一种"理智"。知识的形成是以主观与客观的一致为前提基础的，知识学体系能分为主观与客观两个方面内容，客观的内容我们可以称之为"自然哲学"，而主观的内容我们可以看作是自我意识或理智直观，因此被称为"先验哲学"。综上，我们可以认为，谢林完整的知识学体系是一种"同一哲学"，其表示的是主观与客观的内容上的一致。在谢林看来，自然即一种自在的真实，其本身不仅有"本真客观性"，且是一种"顽固化的理智"。谢林说："一切自然科学的必然趋向是从自然出发而达于理智的东西。"③ 也就是，自然的发展是有规律和方向的。当自然发展到最高级次就是"自我意识"，因为自然本身就具有客观的精神；当我们透过自然界的现象与质料，将形式本身作为观察对象，就能发现这种规律。人之所以能实现通过"自我意识"认识自然、发现自然的规律，正是由于规律本就在自然中，与人类的意识在内容上来说是同一的。也就是，自然能融化进理智，成为人的理智，这就是谢林认为我们能进行"自然理智化"与"理智自然化"活动的

---

① 谢林．先验唯心论体系 [M]．梁志学，石泉，译．北京：商务印书馆，2016：21.
② 谢林．先验唯心论体系 [M]．梁志学，石泉，译．北京：商务印书馆，2016：6.
③ 谢林．先验唯心论体系 [M]．梁志学，石泉，译．北京：商务印书馆，2016：7.

根本原因。实际上，这两种活动看似是对立的，却是绝对同一的。因为先验哲学虽然是从主观的东西出发，但却最终要实现用理智将规律"物质化"，也就是要实现用主观到客观的过程，把自然规律作用于自然实体。谢林强调，自然哲学与先验哲学的"绝对同一"就是一切知识学的最高原理，知识的认识活动一定是有意识的东西与无意识的东西的"会和"活动。显然，谢林的知识学是一种全新的"知识论"立场。

谢林提出，这种"会和"活动则要靠"自我意识"来实现，即从自然哲学的无意识到先验哲学的有意识发展，这个过程要靠自我意识发展到最高阶段来实现。谢林通过同一律"A＝A"论证了当自我意识发展到最高阶段就会具有"绝对"① 的全部内容，这既是知识形成的方式，又是自我意识活动的方式。

谢林认为，形式逻辑的同一律"A＝A"既能表达一种认识活动，也能表示绝对同一性。具体来说，"A＝A"意味着主观与客观内容上的绝对同一性和自己认识自己，虽然认识活动的前提是区分认识主体和认识客体，但在知识论的视域下，主体与客体是同一个东西，即"绝对＝绝对"；而自我意识的直观和反思能力，既能作用于自己又能作用于对象，也就是自我意识本身既是对象又是主体，所以谢林说："这种同一性只是在自我意识中才存在。"② 谢林指出："先验哲学无非是一种不断提高自我的级次活动，它的全部方法就是把自我从自我直观的一个阶段引导到另一个阶段，以致达到一个地方，用自我意识的自由自觉活动所包含的全部规定，把自我建立起来。"③ 因此，当自我意识发展到最高阶段，就能实现将"绝对"内容全部沉淀于自身之中，自我意识就成了作为"绝对同一"的理性精

① 西方哲学史编写组．西方哲学史［M］．北京：高等教育出版社，人民出版社，2012：368.
② 谢林．先验唯心论体系［M］．梁志学，石泉，译．北京：商务印书馆，2016：32.
③ 谢林．先验唯心论体系［M］．梁志学，石泉，译．北京：商务印书馆，2016：129.

神，我们可以认为自我意识自身就具有主客观的原始同一性。在绝对理性中，主客体是不分彼此地结合在一起的，所以谢林说："自我意识并不是一种存在，而是一种知识。"① 而实现主体和客体完全统一的过程，实际上就是获得知识的过程，所以谢林将自我意识作为其知识学的最高原则。

这是人类理性第一次在认识论领域中实现了自由。谢林通过将知识学建构在"知识学"立场上，论证了他的知识学体系是在"绝对"统摄下的自然哲学与先验哲学的"绝对同一"，而自我意识就是实现认识的、"唯一可能的同一而综合的命题"②。

四、黑格尔"绝对精神"中的思辨哲学体系建构

在黑格尔看来，由于谢林将知识学看作是"绝对"，其统摄了自然哲学与先验哲学，使得它们的内容是"绝对同一"的。谢林用形式逻辑"A＝A"这种静态的"映射"方式完成了其哲学体系，作为知识学最高原理的自我意识本身具有主观与客观的同一内容，以至于其获得知识的方式，只能通过自我意识的"直观"活动，这使得谢林的知识学体系充满了非逻辑性。谢林哲学备受黑格尔诟病的是，对于"绝对"的内容是什么，谢林并无法解答，而是将其归咎于上帝的"天启"。黑格尔认为，谢林之所以只能获得这种与现实不符的静态的知识学体系，是由于其知性思维的限制所致。他提出，完整的哲学体系一定是在超越了知性思维的辩证思维的基础上形成的，其一定是动态的不是静态的，是可诉说的、具有逻辑性的思辨哲学体系。

黑格尔提出，用知性思维下的形式逻辑建构不出真正的形而上学体系，因为知性思维只能认识静态的事物，但整个世界，不论是自然界还是社会或精神都是遵循着一定的法则变化发展的，它们自在地存在着、自为

① 谢林. 先验唯心论体系［M］. 梁志学，石泉，译. 北京：商务印书馆，2016：23.
② 张志伟. 西方哲学十五讲［M］. 北京：北京大学出版社，2004：342.

地运动着，我们所追求的真知正是关于整个世界的概念运动的法则，黑格尔认为这是一种辩证的运动法则，所以我们要冲破知性用理性的辩证运动法则去建构形而上学体系。黑格尔不仅论证了形而上学体系是通过概念辩证法的"肯定—否定—否定之否定"的环节构造起来的，同时论证了自我意识同样遵循着概念运动的辩证法则。黑格尔称这种辩证法则为"逻辑学"或"理念"。他认为，由于它"不像外在反思那样行事，而是从它的对象本身采取规定了的东西（Bestimmte），因为这个方法本身就是对象的内在原则和灵魂"①，所以"对某种东西予以（逻辑的）证明，加以概念式的把握，并不是直观或想象力范围内的事"②。也就是黑格尔哲学中的辩证法与逻辑学是一个东西，逻辑学本身就是辩证法则的内容，所以黑格尔的辩证法就是关于事物本质内容的概念辩证法。

黑格尔称"逻辑学"是"研究理念自在自为的科学"，也就是理念通过对象化能演绎出哲学的全部内容，演绎出全部现实。黑格尔指出，自然界是以物质和自然的方式演绎了逻辑学，也就是"在自然界中所认识的无非是理念，不过是理念在外在化的形式中"③，所以黑格尔的自然哲学就是"研究理念的异化或者外在化的科学"。但是这种演绎是被动进行的，动植物只是被动执行着自然的逻辑规定，并没有意识也没所谓的自由与否，所以只能算作是"理念的异化"。黑格尔将这种偶然的逻辑学外化的过程，看作没有精神参与的过程。他认为，只有人类社会必然地进行着宇宙法则的演绎，人类的理性发展才真正体现了"理念的外化"。也就是，人类社会是理念的精神的外化，精神或理性的发展才被看作是理念运动的开端。进而，我们可以认为，"理性发展的标志是理念的内容在精神当中的沉淀，

---

① 黑格尔. 逻辑学：下卷［M］. 杨一之，译. 北京：商务印书馆，1976：537.
② 黑格尔. 哲学史讲演录：第四卷［M］. 贺麟，王太庆，译. 北京：商务印书馆，1978：352.
③ 黑格尔. 小逻辑［M］. 贺麟，译. 北京：商务印书馆，2015：59.

人类认识发展水平高低的标准就是理念的内容在我们精神中沉淀多少"①。所以在黑格尔看来，人类的发展史就是理念的运动史，只要我们掌握了精神发展的规则，也就掌握了人类历史运动的规律。

黑格尔通过论证自然界有其自身规定性，人类社会亦具有自身规定性，且它们都是理念的外化，并通过论证自我意识运动到"绝对精神"，使绝对精神成为事物本身，阐明了人的理性逻辑与事物所蕴含的逻辑学相同，它们所进行的就是辩证的运动过程。理性的逻辑思维过程，表明了理性思维自身具有能动性。黑格尔提出，虽然自我意识运动发展的过程是与理念内容逻辑相符合的，但由于自我意识发展阶段的不同，其能体现出的理念内容也不同。当绝对理念的内容在人类自我意识中完全演绎出来的时候，理念的内容完全沉淀在自我意识之中，自我意识就达到了"绝对精神"。而当自我意识发展到"绝对精神"就意味着理性能实现主客统一，理性能获得绝对知识。具体地说，理性的逻辑思维能使人类的意识达到一个更高的层次，自我意识可以不断地自我否定、自我发展，形成一个螺旋式的、圆圈式的上升，最后达到某一高度，也就是"绝对精神"。自我意识达到"绝对精神"时，人类的意识就不再停留在认识世界的层面了，而是可以提高到创造世界的层面。这是由于自我意识的辩证运动自为实现的，在这个过程中，自我意识通过对对象感性、知性的考察，以及理性对概念的考察，最终成为绝对精神，又实现绝对理念的全部内容回到自身之中。进而，黑格尔超越了知性思维下人类强行赋予事物概念内容的做法，论证了事物概念的内容在自我意识运动过程中的呈现，用辩证的理性思维完成了本质、现象、现实三方面的统一。

不同于以往哲学所实现的主客静态、知性的统一方式，黑格尔完成了

---

① 张笑笑．德国古典哲学自我意识的形上演进研究［M］．长春：吉林大学出版社，2023：152．

主客体在运动发展中的辩证统一。他通过论证理念在自然界和人类社会中"外化"为物质和精神的过程，完成了对于自然、社会、精神三者遵循相同的理性运动法则的探讨。黑格尔最终使得其思辨哲学成了一个有机的、辩证运动的整体。

第三节　德国古典哲学"自我意识"的理论实质

理性主义在寻求真理的过程中，要实现将理性本身的发展与其所衍生出关于精神发展和现实社会的各方面内容——知识、真理、道德、自由、历史等发展综合为一体。而德国古典哲学的理性主义，更是要求从形而上学的宏观视角，将理性活动与其他人类活动，如认识活动和实践活动、社会生活活动等综合起来，实现理性关于真理的认识、人类关于客观世界的改造。

一、终结了认识论的"二元论"问题

自从笛卡尔提出了"我思故我在"，以内在性为原则的主体性哲学就开始了迅速的发展，哲学家们开始回到"人"本身，从"人"出发，来探寻知识的奥秘。这是一种由内向外去寻找知识的确定性与必然性的方式，经验立场在这种方式下，注定了无法完成实现主客"统一"的任务。自康德开始，人类理性本身成了哲学的研究对象，哲学摆脱了经验立场，"我思"剥离了一切经验纷扰成了纯粹的"先验自我"。虽然，这使得人们解决了知识的确定性与必然性问题，实现了在主体中找到知识形成的必然形式，但却带来了另一个"物自体"问题。

康德通过论证"自我意识"的结构，阐明了"先验自我"不是经验的思维实体而是先于经验所形成的人类理性的认识纯形式，进而实现了对于

知识的确定性在主体内部的确证,且通过论证了人类对于经验现象的认识过程,部分地完成了主客统一。但康德却把"物自体"划分在了人类理性的认识能力之外。在康德看来,"自我意识"只具有感性、知性的认识能力,但"物自体"则是"理性"的认识对象,由于先验自我作为认识形式只能对经验现象形成知性范畴,并将其统觉综合为知识,而对于理性的认识对象,只能也按照这个法则,将其拉入知性范畴进行认识,就不可避免地只能形成"真理幻象"。当然,康德并没有完全放弃"物自体"领域,也没有坦然接受"自我意识"对于理性对象的无能为力,而是开辟了道德领域,作为人类理性的"自留地"。在道德领域,康德通过论证自我意识具有实践理性,能实现人类理性对于无限对象的掌握。实践理性的自由,使得"人"成为具有"善""道德"与"崇高"等美好品质的人,康德将这些作为"人之为人"的本质,将道德领域的自由看作是人不同于动物的"积极自由",并认为这是人类为自己制定规定性、形成道德法则的前提,是先验自我的重要意义。

但是,哲学家们对于康德遗留下的人类理性无法认识"物自体"的问题,十分介意。作为康德学生的费希特,从对"先验自我"的改造出发,重新确立了"自我意识"的认识范围和能力,进而实现了对于整个世界的认识,弥合了康德的"二元论"。不同于康德哲学中理论理性与实践理性的分裂,在费希特哲学中,理论自我与实践自我是交互的关系,它们都来自自我,因此自我可以看作是无限的活动。费希特用自我所设定的"非我"取代了一切客体,并用"绝对自我"统一了自我与非我,把一切都归到了自我之中。虽然费希特通过对于"绝对自我"的论证,实现了"主客统一",完成了他知识学体系的建构,但用他所提出的"绝对自我"原则所获得的知识明显不符合知识的本性。费希特将所有的一切囊括在了"自我"之中,虽然强调了自我意识的能动性与创造性,提升了人的主体性地位,但也创造了"唯我论"的巅峰。

费希特的知识学理论使得哲学家们意识到了完全从主体出发探讨知识的形成，很难逃脱"独断论"的尴尬，我们想要跳出这个怪圈，只能想办法论证自我意识本身具有客观性或客观内容。

谢林从两个方面对此进行了论证。一方面，谢林提出，知识绝对不能完全是主观的，也不能完全是客观的，其必须要脱离"存在论"走向"知识论"，只有这样才符合知识的本性。他认为，知识具有两方面内容，一是自然哲学，其是"绝对"由无意识到有意识的发展阶段，自然并不是完全"死"的物化自然，而是"僵化的理智"；二是先验哲学，其是"绝对"在人类自我意识中的演绎，是自然发展到绝对中的"最高次级"，是自我意识的发展阶段。据此，谢林用"绝对"统摄了自然哲学与先验哲学，创立了"绝对同一"的知识学体系。另一方面，谢林将"自我意识"看作了自然哲学与先验哲学的"会和点"、获得知识的关键。谢林论证了自我意识代表自然与精神的"绝对同一"，其本身既具有自然哲学的内容又表示先验哲学的内容，从主体的客观性维度实现了主客统一。

而黑格尔提出，自我意识本身是概念与客观性的统一，具有客观性的内容。当自我意识达到了"绝对精神"，可被称作为客观思想。黑格尔用辩证法，通过自我意识与理念的逻辑同构性，最终论证了主观与客观、思维与存在，形式与内容的真正统一，将谢林的"绝对同一"推进为"绝对理念"。用辩证法实现了自我意识与"绝对内容"的逻辑化，最终实现了思维与存在的辩证统一。由此，黑格尔终结了近代哲学以来的"思维与存在的关系"问题。

在德国古典哲学中，"自我意识"经历了从超越经验论立场但仍具有经验性的康德的"先验自我"，到费希特成为完全纯粹意识的"绝对自我"，再到谢林的知识学立场上逐渐将客观内容沉淀到自我之中的"自我意识"，最后到黑格尔完全实现概念与客观性的辩证统一于自身的"绝对精神"；主客关系由现象界中的主客统一逐步发展到现实与理念的辩证统一。

二、确立了理性的"辩证反思"思维方式

近代无论是经验论还是唯理论都是知性的思维方式，这与其经验立场直接相关。德国古典哲学由康德开始将哲学研究对象转向"理性"自身，用"先验自我"超越了"我思"的经验立场，从此哲学的思维方式也发生了根本性的变化。

德国古典哲学之前的思维方式是在经验立场基础上的"经验反思"，是与数学和自然科学一致的反思方式。这种思维方式的形成，主要是近代以来自然科学知识的突飞猛进，以及人类改造自然能力的增强，使得人们对于人主体性地位的重视，哲学家们也试图用科学的方法建构哲学体系，从人的主体性内部寻找外部知识的依据。但经验立场只能造成一种类似于"循环论证"的独断论，一开始就预设了依据，并以此为出发点进行反思，最终也只能是获得此依据。

康德虽然没有彻底改变与经验立场的近代哲学一样的知性思维方式，却脱离了从"经验反思经验"的循环论证。康德提出了我们之所以能实现认识，是因为我们具有"先验自我"的论点，这是一种先天的认识形式。先验自我具有"既分析又综合"的先验演绎的反思能力，先是能接收杂多的经验表象，之后能将这些表象拉入先验的知性范畴中，最终通过综合形成知识。先验自我是形成现象世界的先验根据，也是一切知识的最终来源。就这样，康德在对理性本身进行批判的基础上，将人类思维方式从单纯的形式逻辑提升到先验反思的知性思维方式，用"先验"超越了"经验"，这是哲学对于科学的第一次"超越"。

但是，由于康德的"先验自我"仍然离不开经验和表象，还没有达到对于纯粹自我的反思，所形成的这种"先验反思"的思维方式只能形成关于现象的知识，遗留下了人类理性无法认识"物自体"的问题。于是，费

希特将"智性直观"融入自我意识的能动性中，作为绝对自我的原始行动，使自我意识摆脱了康德哲学"先验反思"的经验性，达到了纯粹理性反思的高度。进而，人类思维实现了进入没有任何经验内容的纯粹理性领域，实现了对于意识本身进行反思。由此，费希特实现了将一切囊括在"绝对自我"之中，人类理性在此基础上获得了认识自由。但是，费希特并没有摆脱知性思维，以至于其建构的知识学体系只能是一种主观的知识学，且并没有充足的动力系统来支持人类理性实现对于知识的获得，因为费希特将知性范畴（形式逻辑）作为绝对自我（纯粹理性）自为产生以规定自身的运动方式，这并不符合逻辑。一方面，费希特用绝对自我的动力来自其自身内部自我与非我的矛盾和对立；另一方面，他将同一律、矛盾律和充足理由律作为属于自己体系的认识范畴——实在性、否定性与限制性等，并将其看作绝对自我内部完成自己的运动方式。显然，用知性范畴规定理性运动范式，并不能真正实现"绝对自我"的自为运动。但是，费希特这种纯粹理性反思的思维方式明显已经具有辩证思维的雏形，其为人类思维的进阶作出了重要贡献，在一定程度上启发了谢林与黑格尔。

谢林认为，费希特的"绝对自我"由于其内部具有自我与非我的对立，并不能算作是"绝对"，其也无法真正通过纯粹理性反思来实现对知识的获得，因为知识绝不能来源于主观。因此，谢林提出了应该以哲学特有的思维方式来实现对知识的获得。他提出，这种思维方式只能是自我意识的"理智直观"，因为知识只能是既不是主观又不是客观的"绝对同一"，所以知识的获得也要通过一种既不是主观也不是客观的"直观"获得。谢林认为，自我意识能发展到与直观的对象成为同一的东西。因为人类理性一旦开始直观活动，直观活动本身就会成为对象，我们就能实现在自我意识中洞悉绝对的内容。谢林提出，自我意识的"理智直观"是完全自由的活动，"感性直观"不能表现为它对象的产生，却能否定观念和实在的二元论。因为自我意识本身存在着主体和客体的对立，能将自己作为自己的对象。此时，理性脱离了经验不断流逝的表象对自我意识的束缚，哲学实现了由"绝对自我"向"绝对同一"的知识学转向，人类理性真正进入了知识学的思维方式。

但是，这种"绝对同一"的思维方式遭到了黑格尔的批判，黑格尔反对一切旧形而上学和科学所依赖的知性思维方式。他认为，哲学必须由依赖事物表象的思维方式提升到切入事物内容的"反思"思维方式，形成对事物本身的真理性认识，进展到辩证思维方式。

黑格尔提出，自我意识对于事物的表象所形成认识的过程，是直接性的、对象性的，这只是认识过程的第一步；而重要的是第二步，自我意识要透过表象达到对于事物内容的把握，这个过程需要另一种超越直观的"反思"认识方式，这是一种超越对于经验现象反复思考的、对于事物本身的"再思考"活动。于是，通过"反思"，我们获得的已经是关于事物本身内容的认识，而不再是关于事物经验表象的知识了。并且，这种关于事物内容的知识能沉淀在我们的主观意识中，虽然看似是被思维的主观形式认识到的，似乎具有主观维度，但实际上，我们通过反思所形成的是关于事物内容的"客观思想"，是关于事物概念本身的。我们可以认为，"反思"能让事物的客观内容进入主体的理性思维之中，能实现主客体在"内容"层面达成统一，然后通过思维呈现出来。显然，这种内容层面的"统一"完全超越了康德经验层面与费希特主观维度的统一，也超越了谢林基于"直观"的"绝对同一"。黑格尔的这种辩证思维方式以事物的内容本身作为思维对象，这是一种主体基于自我意识对于事物客观内容进行主动反思所形成的理性辩证思维方式。

在黑格尔的哲学中，"客观思想"就是被主体通过反思才可以把握到的事物本身的内容。与存在于主体之中的纯粹思维形式不同，黑格尔的辩证反思思维方式，使主观思维包含了客观内容于自身之中，这个过程是自我意识通过自身的辩证运动所形成的"反思"活动所实现的，思维由此具有了客观内容，能实现与事物客观内容的统一。由此，黑格尔超越了知性思维的对于经验表象而进行的"反复思考"的思维方式，确立起了能够通达事物内容本身、形成真理的辩证思维方式。

三、拓展了"自我意识"与历史观的关系

在康德看来，就个体而言，历史往往是没有目的的，但从人类物种的"整体"而言，却是有某种规律可循的，这为整个德国古典哲学的理性历史观的形成奠定了基础。

康德在《世界公民观点之下的普遍历史观念》中提出，人的行为和其他事物一样，都由自然规律决定。之所以如此，是因为自由意志决定行为，从整体上来讲，人类的自由意志会指导人的行为朝着一个方向前进，这可以看作是大自然隐秘的意图。虽然从个别主体的行为来看，似乎人们的选择是杂乱无章的，但从漫长的历史进程来看，我们总能揭示出人们的行为其实符合某种合规律的进程。虽然历史前进的规律进程表现得十分隐秘，但我们不得不承认它的确是随着人类原始禀赋的进化不断前进的。在康德看来，历史所体现的与形成的依据就是必然与自由的统一。也就是，先验自我如何克服必然本能，实现积极自由的过程，就是人类的发展过程，同时体现了人类历史的发展规律。

作为康德的学生，费希特大部分的哲学思想与康德相近，但费希特的历史观与康德是不同的。他认为，世界历史的本质就是个人的自我意识通过克服"经验自我"，提高到人类的自我意识，实现必然向自由的转化。在费希特哲学中，自我的"行动"是一个不断发展的过程，这便为费希特历史观的建构提供了理论前提。费希特将理性、自由与人类历史的发展紧密地联系在一起，把人类普遍自由与核心关系的建立作为其把握历史统一性的原则。费希特认为经验的多样性与理性的统一性是交织在一起的，它们辩证地发展着，影响着历史的发展。在这个过程中，由于有限自我在形

式是无限的,但内容上是有限的,这就意味着其要不断克服异己的东西以达到无限自由和纯粹;而费希特的"绝对自我"突破了康德的"先验自我",使"自我"由静态的先验结构变成了动态的先验活动,就使自由就成了有限自我行动的良心和不断完善自我的信仰。自我逐渐意识到只有当个人自由与社会自由的和谐一致,个人的自由成为社会全人类的自由,才能得到彻底的完成与实现绝对自由。所以,历史的进程就是自我意识不断发展的过程,克服经验走向纯粹,最终到达"绝对自我"的过程。尤其是早期的费希特认为,历史就是由自我与非我的相互作用所导致的无限的运动过程,且与人类道德发展密切相关。但晚期费希特的历史观表现出了浓重的宗教色彩,费希特晚年将自由的实现与社会生活割裂开来,他认为人类要通过理性的不断完善来走向自由,实践行为达不到绝对自由,自由成了先验中的、神圣的"信仰"。

谢林把自由看作是一种先验的自由意识,而构成人类历史的则是实实在在的现实生活。因此,在谢林看来,与人类自由意识的发展紧密相关的人类历史无法真正被理性所认识。但我们可以通过自然的发展规律来认识社会的发展规律,因为从内容上来讲,自然所具有的"必然性"与人所具有的"自由性"是"绝对同一"的,它们共同被"绝对"所统摄。谢林指出,人类在进行自由行动的同时也被必然性的规律所支配,历史发展的起点是必然性的自然界,发展的最高阶段,就是客观的自然与主观的自我的统一,人类就在共同的目标下实现了自由。也就是人类历史的根据和规律就与自然一样都是绝对理性,这个理性不是费希特的"绝对自我"所体现出的理论与实践相统一的那个"理性",而是能统一自然与自由、实现主客观"绝对同一"的理性。而"绝对"就是自然史与人类历史的统一。所以,当谢林无法论证"绝对"的内容是什么的同时,就意味着他无法看清人类历史的发展规律到底是什么。晚期的谢林走向了神秘主义,他认为对于人类历史的认识,我们只能依靠上帝的"天启"。

　　黑格尔通过对于自我意识的辩证运动的探究，通过对自由与"绝对精神"关系的探索，不仅论证了世界历史的进程与人类自由意识的发展相关，同时论证了自由是人类可以通过理性实现的，人类历史的发展规律是可以被认识的。

　　黑格尔认为，人们对于自由的追求这个目标在实现的过程中被掩盖在了人类的自我意识发展为绝对精神的过程中，所以，历史的进程也随之隐藏在了人类自我意识发展的过程中。世界历史在本质上是精神对于自由的追求，历史必然性背后的规律就是理念外化为精神并发展到"绝对精神"的运动过程，世界历史就是绝对精神"理性的狡计"。黑格尔认为，在以往的现实生活中，国家的法则只具有客观的外在性，并不具有"绝对"内容的内在逻辑性。实际上，人类"最高的自由"是与人类的自我意识发展密切相关的，当自我意识通过自我扬弃、自我返回、自我实现的"正、反、合"辩证运动的时候，就能实现"绝对精神"，而当自我意识发展到"绝对精神"时，主客观就能实现完全统一，这也意味着先验自由与现实自由也能实现完全统一。由此，人类就能通过自我意识认识到历史的发展规律。在黑格尔看来，在历史的发展过程中，不同历史阶段所呈现出的不同的民族精神都可以看作是理念的呈现，在历史的发展中每个民族都会呈现出不同的发展轨迹，也正是如此，人类历史才呈现出了不同的发展阶段。也就是，每个民族精神的发展都遵循着相同的辩证运动法则，它们都是由同一个理念所外化的，发展阶段不一样只不过是由于呈现出了不同的样态。

　　黑格尔使世界历史的内容在自我意识发展到"绝对精神"的过程中呈现出来，完成了德国古典哲学基于人类理性的思辨历史观的构建。

四、实现了"上帝人本化"

　　近代启蒙运动以来，人们专注于将异化给上帝的"本质"回收到自身手中，主体性哲学的发展受到了哲学家们普遍的关注，但经验立场不但没有办法实现人类理性对于知识真理体系的构建，反而造成了"知识论危机"，以至于德国古典哲学的任务除了构建真理知识体系，还要实现主体性由人性向神性的转变，以确保人类理性获得全面自由。

康德通过对先验自我结构与功能的分析实现了人类理性对于经验现象的认识，确证了知识的普遍必然性，提出了"人为自然立法"。可以说，康德实现了人类理性在自然界中的"上帝化"。在康德之前，虽然唯理派将人的主体性提高到了一定程度，但由于无法论证"我思"的来源问题，"上帝"仍旧是认识领域不可排除的实体存在；无论是笛卡尔、斯宾诺莎还是莱布尼茨，他们都无法否认上帝在人类理性实现主客统一中的作用。而康德虽然论证了人类理性在知性领域的能力，实现了主体与客体在现象界的统一，但没有上帝的帮忙，人类在理性领域仍旧无法实现"积极自由"，正是由于人类具有上帝所赋予的自由意志，才能实现为自己规定道德准则。所以，康德只实现了一定程度的理性自由，人的主体性提升之路仍要继续。

费希特提出了自我意识具有一种本原运动能力，费希特称最完满的自我意识的运动为"绝对自我"，这是由"自我设定自我""自我设定非我"和"自我与非我的统一"共同完成的"正、反、合"辩证运动，在这个过程中，自我意识实现了向绝对自我发展，是自我意识作用于理论和实践之后，最终又回归更高一级的"绝对自我"的过程。费希特通过论证自我意识的能动作用、绝对自我的辩证运动知性范畴，实现了绝对自我"创世"。他不仅取消了康德哲学中的"物自体"，还指明了理性获得绝对自由的途径，即剥离一切经验影响、实现对于纯粹理性的研究。虽然，看似费希特将人类理性能力提升到最高，但实际上费希特只是实现了主观意识中的"上帝化"。

从一定意义上讲，谢林才是使将人类理性实现跨越性发展的第一人，谢林实现了排除上帝的作用，使自我意识直接进入超验领域，对事物本身进行直观。在谢林看来，想要确证自我意识的能力与作用，必须先实现形而上学的"知识学"转向，因为知识无论是仅从主观方面获得还是只认可客观方面，都是不符合实际的。他用"绝对同一"理论实现了知识学的建构，自然哲学与先验哲学包含了客观与主观的全部知识，谢林论证了自然与人类理性在内容上的同一，并将自我意识看作是唯一可以实现认识这种"绝对"的内容的东西，因为只有自我意识可以实现"会和"自然哲学与先验哲学，因此通过"直观"就能实现获得绝对知识。至此，自我意识本身就作为主客同一的属性，人类理性被赋予了客观维度。

但是，这并不意味着谢林已经把上帝完全排除在自己哲学之外。无论在理论领域和实践领域，谢林对于"绝对"的内容都无法确切说明，只能依靠"上帝"的天启。所以，人类理性的发展仍具有很大空间张力。直到黑格尔通过辩证法消解了精神本体与自然本体的对立，并以概念为媒介，将自我意识的外部世界转化为自我内部的思维规定，使客观性与概念相统一，才真正实现了人类理性的无限自由。自我意识在实现对于真理认识的过程中，通过自身"正、反、合"的辩证运动，完全摆脱了经验立场和形式思维对于其自身的限制，实现了自身成为自己运动的自为动力。不仅如此，自我意识在认识对象的过程中还能实现发展自己、完善自己，并复归自己、认识自己，并将绝对理念的内容完全融入在自身之中。这并不是与谢林哲学一样的"绝对同一"过程，而是一个主客的辩证统一过程，也是客观的内容在主体之中的呈现过程，更是自我意识达到"绝对精神"的过程。由于"绝对精神"具有"绝对理念"的全部内容，此时主体就成了真正意义上的"理性上帝"。

黑格尔论证了思辨反思的辩证方式才是人类理性的运动方式，使得哲学成了能够获得关于事物本身内容的学科。人类理性经由论证已能获得客观思想，进而近代主体性形而上学宣告理性发展完结。随着以理性为根据的形而上学发展到了它的极致，哲学与宗教也实现了统一，人的主体性已能获得无限自由并达到"神"性。

第三章

马克思"自我意识"理论的直接思想来源：青年黑格尔派

在黑格尔看来，宗教的产生的原因要到与人间无关的超验世界去寻找。黑格尔用将信仰归于理性的方式，既批判了宗教，又给宗教找了一个合理的存在理由——既用理性替代了宗教的合理性，又将宗教看作理性的表达方式。他提出："理性是世界的灵魂，理性居住在世界中，理性构成世界的内在的、固有的、深邃的本性，或者说，理性是世界的共性。"① 但是，黑格尔哲学中的人的理性是抽象出来的人类的整体理性，是远离现实的精神幽灵，所以，黑格尔是用理性来解释宗教的，而青年黑格尔派是用"自我意识"来批判宗教的。甚至青年黑格尔派认为一切都能用宗教观念来代替，通过批判宗教进而实现批判现实社会中的一切。

第一节　青年黑格尔派"自我意识"
在宗教批判中的运用

在黑格尔哲学中，宗教和哲学都可以用来表达真理。对于黑格尔来

---

① 黑格尔. 小逻辑 [M]. 北京：商务印书馆，1980：80.

说，哲学就是"绝对精神"的完成过程，而宗教是作为现实的"表象"，是"绝对精神"在发展中的一个阶段。黑格尔认为，宗教这种形式限制了"绝对精神"的发展，但他对基督教并不是持完全否定的态度，而是采取一种辩证式的"扬弃"看法。但是，青年黑格尔派的成员们，包括鲍威尔、费尔巴哈、施特劳斯和施蒂纳等人，对于基督教的态度却与黑格尔并不一致，青年黑格尔派是坚定的宗教批判者。

一、鲍威尔哲学中"自我意识"对宗教意识的铲除

与黑格尔对基督教那种暧昧的态度不同，作为黑格尔的学生，鲍威尔对基督教持有一种完全否定的态度，他在给自己弟弟的信中明确地指出了自己对基督教的看法。他说："我已彻底完成了批判，使批判摆脱了任何肯定的因素。"① 也就是，黑格尔将他的辩证方式应用在了对待宗教的态度上，他对宗教采取了一种"扬弃"式的看法，而鲍威尔对于宗教（基督教）却是一种彻底的批判态度，鲍威尔借助"自我意识"理论，从人的本性方面、从社会现实方面、从国家发展方面、从历史现实方面，对基督耶稣、神迹的存在的合理性进行了彻底的否定。

对于黑格尔来说，"绝对精神"是哲学的精髓，黑格尔将宇宙中所有的"规定性"称为"绝对"，因此，无论是现实中的自然界还是人类社会都只不过是"绝对"的外化，这是一个自然意识如何向现实世界过渡的揭示；而"自我意识"认识"绝对"的过程就是"精神"，当"绝对"在人类的自我意识发展过程中实现了逻辑化，就意味着自我意识达到了"绝对精神"。在黑格尔看来，"绝对"和"精神"在内容上是同一的，只是"理念"的不同样态，主观与客观、绝对与精神，可以通过"自我意识"的运动而实现辩证统一。我们需要注意的是，鲍威尔同样是将自我意识作

---

① 鲍威尔．布鲁诺·鲍威尔和埃德加尔·鲍威尔 1839—1842 年通讯集 [M]．北京：商务印书馆，1844：133．

为"第一性"的存在，将人类历史和宗教起源都看作是自我意识发展的产物。鲍威尔提出，"实体只不过是瞬息即逝的火焰。而自我则在这火焰中焚除自己的有限性和局限性"①。他认为，"自我意识"具有一种发展的能动性，它具有一种普遍的力量，能限制自身，也能实现自身对这种限制的突破，进而实现向更高一阶段的发展，而这个过程，是在自我意识通过对不同客观实体的依托所实现的。鲍威尔提出，"自我意识一旦在一种形式、一种实体中得到实现，这种形式、这种实体就成为进一步发展的阻碍而必须由一种更高的形式取而代之"②。也就是，在自我的发展过程中，由于没有客观实体，只能依托一个客观实体，当自我意识实现这种依托，自我意识再发展，就会受到这种作为依托的客观实体的阻碍，自我意识想要发展到更高阶段的时候，就需要冲破原来所依托的实体形式，转而依托更高一级的实体形式，这就是自我意识的发展过程。自我意识正是通过这种运动形式，以求实现自身的发展，实现对于自身的认识、对万物的认识。

鲍威尔用"自我意识"的这种运动形式也可以来揭示宗教的发展过程。在宗教崇拜中，早期的自然崇拜，到血缘的家族崇拜，再到地域的民族精神崇拜等阶段，都可以看作是自我意识所依托的实体形式变化的过程，也是自我意识自身发展所经历的不同的过渡阶段。用鲍威尔的话说，"宗教关系只是自我意识的内在的自我关系，所有那些看来是独立于自我意识的力量，无论是实体还是绝对观念，都不过是被宗教所对象化了的自我意识的不同阶段"③。可见，鲍威尔是将宗教看作自我意识与自身的一种内在关系，也就是宗教的产生在鲍威尔看来是与人的自我意识相关的，与人本身相关，所以鲍威尔哲学中的"自我意识"实际上是一种与人的本性

① 鲍威尔. 对黑格尔、无神论者和反基督教者的末日的宣告。最后通牒 [M]. 北京：商务印书馆，1841，29.
② 戴维·麦克莱伦. 青年黑格尔派与马克思 [M]. 北京：商务印书馆，1982：151.
③ 鲍威尔. 对无神论者和反基督者黑格尔的最后审判 [M]. 北京：商务印书馆，1982：60.

相关的存在。因此，在鲍威尔看来，宗教是人"自我意识"所产生的一种独立于自身的力量，是自我意识的一种"异化"，由此所产生的关于宗教的一切，不论是教会、圣经等"实体"，还是宗教意识等"绝对观念"，都是自我意识异化发展的不同阶段的产物。所以宗教不过是人类理性发展的一个阶段性环节。

在黑格尔看来，"异化"是"绝对"的外化，或者说成是现实化。宗教，在黑格尔哲学中，就可以看作是"绝对"外化成的一种现实存在，或者是"绝对精神"异化的一个阶段性的过程，表现的是一种客观精神的"外化"，在这里我们可以看出，黑格尔认为宗教是在"绝对"的基础上产生的一种现实存在，他对宗教的态度是十分暧昧的。而在鲍威尔看来，所产生宗教的"异化"是自我意识的分裂，在这个过程中，人丧失了本性。也就是，宗教是人的本性脱离了自我意识之后所产生的，简单地说，宗教是自我意识发生分裂之后所产生的一种幻想物，这种幻想物将人的本性带去了其并不属于的彼岸、并不现实的天国，使其成了一种与现实的自我意识相对立的力量。因此，这种"异化"不仅与人的本性相关，同时和国家、社会也相关。鲍威尔曾对此做过具体的论述，他说："国家在未来的辩证的流动中，只要自我意识尚未体现在国家里面，国家与某一个别政府就绝不会是一个东西。"① 而基督教却"使人同世界的重大社会利益相隔绝"，"它消灭了人的社会存在，社会风俗和人类的内在联系"②。可见，在鲍威尔看来，自我意识一方面与国家发展相一致，另一方面与基督教相对抗。他认为，只有在国家中，自我意识的自由才能得以保障，在宗教中，自我意识只能是被最大程度地限制。

---

① 鲍威尔. 基督教国家［M］// 戴维·麦克莱伦. 青年黑格尔派与马克思. 北京：商务印书馆，1982：70.
② 鲍威尔. 被揭穿了的基督教［M］// 戴维·麦克莱伦. 青年黑格尔派与马克思. 北京：商务印书馆，1982：79.

　　鲍威尔也赞同黑格尔所说的宗教是一种表象，但这种赞同是站在否认基督教与现实世界相关的基础上的，也就是，鲍威尔完全否认了基督教与现实世界的关系。他认为，现实的人是以自我意识为本性的，但宗教与现实世界的人的自我意识无关。鲍威尔说："历史的耶稣基督的一切，通通属于表象世界，而且是基督教的表象世界，于是也就同属于现实世界的人没什么关系。"① 可见，鲍威尔对于基督教的态度从来不是温和的，在鲍威尔看来，宗教就不应该在现实中存在。不仅如此，他认为，历史上也根本没存在过耶稣基督，而"神迹"也不过是人类由于主观意识背离自我意识而进行的编造，他指出，"历史上的耶稣，如果真的存在，那他只能是这样一个人物：他使犹太意识的对立即神和人的分离溶化在他的自我意识中，而不让一种新的宗教分离和异化从这种溶化中产生"②。也就是，耶稣如果在历史上存在过，他也是一个阻碍人的自我意识自由发展的存在，是与人的本质相背离的存在，其实质还是在否定耶稣本人在历史上存在的可能性。因此，耶稣和"神迹"都不过是在特定的历史时期，是人类在理性还不完善的时候，在自我意识分裂了的情况下所进行的主观意识的一种虚构。

　　在鲍威尔哲学中，宗教与宗教相关的一切，都只不过是人的本性的异化所产生的由自我意识自身分裂而来的，却与自我意识对立的自我意识发展的一个阶段。这已经十分接近费尔巴哈的观点了。对此，我国著名的宗教学大家吕大吉先生也曾做过相关论述，吕大吉先生说："鲍威尔论证说，宗教本质是意识的一种分裂。自我意识把自己变成一个对象、一个想象的独立存在，一个与意识相对立的独立力量，甚至觉得自己在那个独立力量

---

　　① 鲍威尔．复类福音及约翰福音作者的福音史批判［M］//马克思主义来源研究论丛：第6辑．北京：人民出版社，1994：308.

　　② 鲍威尔．复类福音及约翰福音作者的福音史批判［M］//马克思主义来源研究论丛：第6辑．北京：人民出版社，1994：58.

面前微不足道而对之崇拜，这就是宗教意识……上帝是人创造出来的，然而是一个非人性的神。"① 吕大吉对鲍威尔的这种观点十分赞赏，甚至认为这能代表青年黑格尔派在宗教批判方面的最高成就，他进一步指出，"走到这一步，就达到了青年黑格尔派宗教批判运动的根本结论：宗教是人性的自我异化，神是人的创造"②。

综上，在鲍威尔看来，自我意识与基督教之间存在着与生俱来的矛盾，不可调和、始终对立。鲍威尔通过"自我意识"，从根本上清除了基督教存在的合理性，宗教意识在鲍威尔哲学中得到了彻底的铲除。

二、施特劳斯用"普遍信念"批判"神迹"

施特劳斯之所以对"神迹"进行批判，并以此来达到批判宗教的目的，在于他认为，耶稣在宗教中的地位十分重要，也是人们所崇拜的"人格神"的现实的化身。而耶稣之所以能成为"神"，是由于《四福音书》上记载了他诸多的超人的"神迹"，这些"神迹"的记载就如同凭证一样，就像是为了说明了耶稣的非一般才能，只有"上天打发来的"才有这种能力，因此，耶稣才能既是基督教的创立者又是上帝与人类沟通的使者。所以，想要进行宗教批判，必须解释清楚"神迹"的来源和存在的理性依据，一旦"神迹"不再神秘，耶稣也自然而然地成了人面前的人。

施特劳斯认为，"神迹"源自神话。神话不是一种无规律、无厘头的编造，而是人类原始精神和观念的一种表达，虽然神话最初产生于 18 世纪的古典文学，产生于作者本人的虚构，但虚构成为"神话"却是由于这些虚构能够"获得人们的信仰并进入到民众或宗教流传的传说中"。但神话用来解释神迹，是因为神话与"神迹"一样，都与历史无关，但却与历史中的"人"有关，在施特劳斯看来，"凡宗教团体认为其神圣起源的组成

---

① 吕大吉 . 西方宗教学说史 ［M］. 北京：中国社会科学出版社，1994：493.

② 吕大吉 . 西方宗教学说史 ［M］. 北京：中国社会科学出版社，1994：493.

部分是它的全体成员的感情和概念的绝对表现的每一非历史的故事，都是一种神话"①。可见，在施特劳斯哲学中，"人"重要的本质在于全体成员的共性的绝对表现，这种表现不是关于"人"别的东西，而是人的"类"情感和概念，这种人类本质的重要属性就是社会成员的一种"普遍信念"。当神话可以表达人的"类"情感和概念，能作为一种绝对表现的时候，那么，神话就已经被提升到了理性层面，神话不是一定要符合虚构原则，但是一定要符合当下社会人们的普遍信念，也就是符合大多数人的共同情感和信念的需要，进而可以被当作是一种普遍客观信念，于是，人们传播它、接受它，这有点类似于人们对于神迹的传播与接受，说得简单一点，它们都源自人们的普遍信念。"近代神话学科学的成就正在于它把神话的原始形式理解为不会由某一个人有意识的产物，尽管在起头它是由某一个人陈述的，但它之所以得到信仰，其理由正是因为这些个人仅是表达这种普遍信念的喉舌。"② 也就是，神迹虽然是某一个人虚构和写作，但它作为普遍信念的中介和载体时，也就真正地流传了下来。

所以，可以将耶稣的"神性"和《圣经》中的"神迹"，看作是当时的人们"照基督在他心里讲话的样式使基督讲话；照基督在他自己想象中生活行动的样式使他生活行动"③。也就是，只有在现实社会生活中真的需要具有超越当时的人类能力来拯救人类精神，从而帮助人们摆脱愁苦的现状，使耶稣的出现符合当时生活在底层社会的人们对于改变他们人生的"神"的期盼，并进一步当这样一种期盼成为一种迫切需要的"普遍信念"时，耶稣才会在人们信仰的王国中根深蒂固。在施特劳斯的哲学中，"神

---

① 大卫·弗里德里希·施特劳斯. 耶稣传：第一卷［M］. 吴永泉，译. 北京：商务印书馆，1981：222.

② 大卫·弗里德里希·施特劳斯. 耶稣传：第一卷［M］. 吴永泉，译. 北京：商务印书馆，1981：215.

③ 大卫·弗里德里希·施特劳斯. 耶稣传：第一卷［M］. 吴永泉，译. 北京：商务印书馆，1981：218.

迹"完全是编造的谎言，其能传播开来正如神话能流传下来一样，只是由于符合了当时社会人们的"普遍信念"。"耶稣"比起黑格尔哲学中的"概念"和"精神"，更像是一个历史中的平凡人。诚如施特劳斯所说："基督并不像黑格尔认为的那样是一种象征，是绝对观念发展的一个环节，他是——不管他过去实际是什么人——当时最懂得下层人民要求的天才个人。"① 施特劳斯不仅实现了用"普遍信念"对"神迹"的批判，更是完成了理性对信仰的批判。

施特劳斯将理性批判的原则引入了现实的宗教经典教义中，并由此对现实宗教展开了批判，将人类的"普遍信念"与现实的宗教联结了起来；他用普遍信念解释了神话和宗教信仰的客观存在，并将这种普遍信念与理性在概念和内容层面进行了同一性论证，进而解决了黑格尔哲学所遗留的理性与现实宗教之间的壁垒问题。

黑格尔将哲学与宗教进行抽象，用"绝对精神"统摄了它们，进而实现了在精神领域调和它们，完成了形而上学中的宗教与哲学的统一。但是，黑格尔的抽象调和注定了无法解决现实中的宗教与哲学、信仰与理性的矛盾。明显地，《圣经》中的"神迹"就无法与理性统一也无法与现实相符。

黑格尔曾在他的《哲学史讲演录》中对于宗教的起源这样描述，他说："在罗马世界的悲苦中，精神个性的一切美好、高尚的品质都被冷酷、粗暴的手扫荡尽了。在这种抽象的世界里，个人不得不用抽象的方式在他的内心中寻求现实世界中找不到的满足；他不得不逃避到思想的抽象中去，并把这些抽象当作实存的主体。——这就是说逃避到主体本身的内心自由中去。"② 显然，黑格尔将宗教作为人类思想的避难所，同时造成了宗

---

① B. A. 马利宁，B. H. 申卡鲁克. 黑格尔左派批判分析［M］. 北京：社会科学出版社，1987：64-65.
② 黑格尔. 哲学史讲演录：第三卷［M］. 北京：商务印书馆，1959：8.

教与现实、人类精神与现实的割裂。事实上，"自我意识"只有在代表人的"类"精神的时候才能真正与历史的发展相一致，所以黑格尔强调，"绝对精神"就是精神实体，能显示历史的发展。宗教作为由个体的思想需要所产生的、思想的抽象存在，即使能为主体本身的自由需要提供满足，也不能成为全体人类的历史发展过程中的必需品，充其量不过是"绝对精神"在某个特定历史阶段中所产生的精神实体。所以，"宗教"这个精神实体，在黑格尔哲学中不同于主观的意志、情感等主观精神，而是等同于政治、法律这种依据客观精神外化而来的客观现实。实际上，施特劳斯哲学中的"普遍信念"与黑格尔哲学中的"绝对精神"有着异曲同工之妙。马克思曾评价道："黑格尔的历史观的前提是抽象的或绝对的精神，这种精神正在以下面这种方式发展着：人类仅仅是这种精神的有意识或无意识的承担者。"① 而当这种无意识逐渐实现客观化，就会成为具有精神实体特征的"信念"。施特劳斯正是通过将基督教《圣经》中的"神迹"这种超理性的无意识，实体化为承载着人们当时社会生活中的"普遍信念"的"神话"，实现了对黑格尔"绝对精神"的改造。而这种改造，也要有一个前提条件，就是"神迹"和"神话"都要符合当时存在于人类历史中的理性精神。

施特劳斯认为，相信"理性"，自然地就会对"神迹"产生怀疑，进而否定"信仰"，这是教会无法容忍的；否定理性，选择对"神迹"和"信仰"的盲目崇拜，又与当下人们的科学观念背离。因此，以任何回避式的处理方式"把信仰和今日的科学调和起来都是不可能的"②，唯一的办法就是跳出黑格尔用概念说概念，把宗教作为表象包含在哲学概念中的方

---

① 中共中央马克思恩格斯列宁斯大林著作编译局．马克思恩格斯全集：第二卷［M］．北京：人民出版社，1957：108.

② 大卫·弗里德里希·施特劳斯．耶稣传：第一卷［M］．吴永泉，译．北京：商务印书馆，1981：43.

法，而是用"自我意识"的发展去说明基督教的历史，用历史主义的原则去解释"神迹"，才能促使理性与信仰"各归各位"。与鲍威尔相比，施特劳斯承认宗教具有存在的客观性，也相信宗教终有一天会消失，显然，其所持的是一种温和的宗教批判主义。

三、费尔巴哈将"上帝"还原为人的"自我意识"本质

实质上来说，鲍威尔的"宗教是自我意识的异化"和施特劳斯的"神迹是普遍信念的谎言"与黑格尔的"宗教是绝对精神的外化"其实并没有什么区别，鲍威尔和施特劳斯都没有走出理性思辨哲学的局限。真正从现实的角度，诠释了宗教与人之间的关系的是费尔巴哈。

费尔巴哈认为，哲学要想打破之前的桎梏，迎来新的发展，只能是通过重新定义"人"。他说："新哲学的基础，本身就不是别的东西，只是提高了的感觉实体——新哲学只是在理性中用理性来肯定每一个人——现实的人——在心中承认的东西。"① 因此，费尔巴哈将自己哲学的立足点确立在了"现实的人"，在他看来，"现实的人"是一种感性存在，而不是抽象的概念。费尔巴哈指出，"人的存在只归功于感性。理性、精神只能创造著作，但不能创造人"②。也就是，对于"人"来说，理念中存在着的、符合理性的并不是真正的存在，反之，感觉中存在着的、符合感性的才是真正的存在。可见，费尔巴哈强调的是由理性向感性复归，实际生活着的人。需要注意的是，费尔巴哈哲学中的"现实的人"，虽然是以自然为基础的现实存在中的人，不是以思维为基础的理性存在的人，但费尔巴哈并不是强调人的自然属性。费尔巴哈虽然承认人是从自然界中产生的，但他强调的只是要从人的感性方面确证人的本质，他认为，人的本质实际上要通过在文化的进步和历史的发展中、人与人的交往中、于他人和他物的比

---

① 费尔巴哈．费尔巴哈哲学著作选集：上卷［M］．北京：商务印书馆，1984：168.
② 费尔巴哈．费尔巴哈哲学著作选集：上卷［M］．北京：商务印书馆，1984：213.

较中来获得。费尔巴哈曾明确指出："直接从自然产生的人，只是纯粹的自然的本质，而不是人。人是人的作品。是文化、历史的产物。"① 也就是，人虽然是一种从自然中来的肉体存在，但人具有一种超越自然属性的感性，人的这种感性是理性的尺度，可以用来理解理性，所以人的本质是感性存在的人。正是由于人具有这种感性，所以能在人与人的交往中，形成人类自己的文化，发现人类自己的本质，用费尔巴哈自己的话说，就是"人之所以能够存在着，应归功于自然，而他之所以能够是人，却应当归功于人，没有了别的人，正如他在形体上一无所能一样，在精神上也是一无所能"②。且费尔巴哈称"人与人的交往，乃是真理性和普遍性最基本的原则和标准"③。可见，费尔巴哈哲学中人的本质具有社会属性，要在人与人的交往过程中才能被获得。

此外，费尔巴哈指出人的本质不仅是具有普遍感性的人、具有社会属性的人，更重要的，在于人具有"最高的力"。他说："一个完善的人，必定具有思维力、意志力和心力。思维力是认识之光，意志力是品性之能量，心力是爱。理性、爱、意志力，这就是完善性，这就是最高的力，这就是作为人的绝对本质。"④ 这种由"思维力""意志力"和"心力"所产生的"理智""意志力"和"爱"可以让人产生一种"完善性"，生成一种让人不断去实现"绝对本质"的"最高的力"。我们可以将这个过程看作费尔巴哈哲学中的"自我意识"的运动过程，这同时也体现了费尔巴哈哲学中的"人的本质"所具有的精神属性，正是这种精神属性，决定了人是高于动物的。费尔巴哈对于人的这种精神本质的阐述，主要是通过对宗教的批判来说明的。

---

① 费尔巴哈. 费尔巴哈哲学著作选集：上卷［M］. 北京：商务印书馆，1984：599-600.
② 费尔巴哈. 费尔巴哈哲学著作选集：上卷［M］. 北京：商务印书馆，1984：113.
③ 费尔巴哈. 费尔巴哈哲学著作选集：上卷［M］. 北京：商务印书馆，1984：173.
④ 费尔巴哈. 费尔巴哈哲学著作选集：上卷［M］. 北京：商务印书馆，1984：185.

在费尔巴哈看来，宗教的产生来源于人们的依赖感，具体地说，就是人们由于对自然中的某些现象和灾害依靠自身的力量无法控制，从而产生了某种恐惧，进而希望能够有一种超越自然力量的精神力量可以依赖。在自然宗教中，人们所崇拜的自然物其实可以看作一种中介和载体，人们真正崇拜的是自然物崇拜物背后所隐藏的超越自然物的精神实体。用费尔巴哈的话说，对自然宗教中的人们来说，他们实际上"使自然界神化了，同时也就是使自己神化了"①，所以在这种情况下，人们对于自然物的崇拜，实际上就是对人本身的一种希冀。而在基督教中，上帝成了一种纯粹的人格神，此时，"上帝是一种人类特有的对象，是一种人类的秘密"②，人们已经不需要通过任何中介和载体来表达对于人本身的崇拜了，人们直接将上帝人格化了，通过崇拜上帝实现的其实是对于人本身力量的崇拜和希冀。也就是，上帝所具有的"属神的本质之一切规定，都是属人的本质之规定"③，所以，上帝也可以看作是人本质最大化之后异化的结果。费尔巴哈说："人使他自己的本质对象化，然后，又使自己成为这个对象化了的、转化成为主体、人格的本质对象。这就是宗教的秘密。"④ 费尔巴哈提出，上帝的"全知""全能""全善"源自人的本质中的精神属性。正是由于人的精神属性，人才能进行精神上的交往，进而进行"内在生活"。由于动物没有这种"内在生活"的交往方式，进而无法产生理性，而能否进行"内在生活"就是人与动物的本质区别所在，宗教作为人所特有的意识，也是人类"内在生活"的一种方式，其产生的原因，也是由于人类具有的普遍精神属性——"理智""意志""爱"。在费尔巴哈看来，宗教就是人

---

① 费尔巴哈. 费尔巴哈哲学著作选集：下卷 [M]. 北京：生活·读书·新知三联书店，1959：693.
② 费尔巴哈. 费尔巴哈哲学著作选集：上卷 [M]. 北京：生活·读书·新知三联书店，1959：127.
③ 费尔巴哈. 费尔巴哈哲学著作选集：上卷 [M]. 北京：商务印书馆，1984：65.
④ 费尔巴哈. 费尔巴哈哲学著作选集：上卷 [M]. 北京：商务印书馆，1984：56.

与人类自身的"类本质"所进行交往而产生的，这种情况下作为"类本质"的"理智""意志""爱"，已经超越了个体所具有的"理智""意志""爱"，具有了无限性。因此，上帝所具有的"全知"的神性的来源就是人"类本质"中的"理智"的无限性，上帝所具有的"全能"的神性的来源就是人"类本质"中的"意志"的无限性，上帝所具有的"全善"的神性的来源就是人"类本质"中的"爱"的无限性。

其实，在人的本质中，费尔巴哈更加看重精神属性里面"理智"的作用，人能成为"自觉的感性存在物"，成为具有"无限的感性""自由的感性"的人，都是由于人具有理智，能在与他人的交往的"内在生活"中，摆脱受动性和限制性。费尔巴哈提出，自然界在时间上是第一位的，但是"理智"在地位上却是第一位的，也就是，人的本质属性中，比较重要的是人的精神属性。他指出，如果没有了"理智"，自然也只能是存在着的"无"。实质上，虽然费尔巴哈强调了社会生活中人与人的交往，但这种交往仍旧是一种基于精神的"内在交往"，实质上仍旧是强调人的"自我意识"的重要性。费尔巴哈认为，宗教就是人的精神属性的需要，是人的"类生活"的一种方式，宗教只是人认识到"人的本质"的一种方式。费尔巴哈提出人们能通过宗教而更加认识自己，他说："对象不外是真正的我，外在的灵魂，人的对象性的本质。通过这一对象人意识到他自己。"[1] 在费尔巴哈看来，上帝存在的作用，很重要的一个方面，就是说明人的本质是什么，此时，费尔巴哈哲学中的"上帝"与谢林哲学、黑格尔哲学中的"自我意识"的作用是一样的。在谢林哲学和黑格尔哲学中，自我意识的运动的过程就是主客观统一的过程，也是人认识自己的过程。费尔巴哈指出："上帝所是和所拥有的，恰好是人所不是和所未有的"[2]，正

---

① 费尔巴哈. 费尔巴哈哲学著作选集：下卷［M］. 北京：商务印书馆，1984：29.
② 费尔巴哈. 费尔巴哈全集：第九卷［M］. 北京：中国社会科学出版社，1994：102.

如"上帝的聪慧仅是以人的愚笨为基础,上帝的强权仅以人的软弱为基础"①。在费尔巴哈看来,宗教是与人的本质联系在一起的,是人与自身交往的一种"内在生活"的方式,是一种为了人发现自身缺陷、从而实现对自己本质的认识的需要。也就是,人由于具有"完善性"要去追求"绝对本质",其对于自身的不完满就使得"上帝"这种人格神出现了,人的本质属性最大化后异化给了"上帝",从而上帝具有了"神性",宗教俨然只是一种人们"内在生活"的一种需要。

因此,在费尔巴哈看来,宗教并没有神秘性,只不过是"人的本质的异化"。在这个过程中,对于人自身来说,能够实现将区别于自己的他人或他物的本质(上帝的神性)成为他自己的对象,进而在他人或者他物(宗教、上帝崇拜)中,完成对于自己的本质的认识。也正是在这个过程中,费尔巴哈完成了上帝的"神性"向人的本质的还原,实现了"上帝"向人"自我意识"的还原,而人最终将实现向人的"类本质"复归,成为"爱的联合体"。

四、施蒂纳"类"的自我意识向现实的个体意识还原

费尔巴哈的宗教批判与鲍威尔和施特劳斯的思想有着根本性的不同,他反对鲍威尔和施特劳斯将宗教的本质和"神"看作是"自我意识"的发展阶段或是"实体",认为宗教是"人的本质"的异化,来源于尘世中人的理性发展和"爱"的需求,将宗教从天上拉入了人间,而施蒂纳又以更为极端的方式扬弃了费尔巴哈。

在《唯一者和所有物》一书中,施蒂纳提出了"人是人的最高本质",现实存在的"我是高于一切的"②,除了这个"唯一者"的"我"之外,

---

① 费尔巴哈. 费尔巴哈全集:第九卷 [M]. 北京:中国社会科学出版社,1994:102.
② 麦克斯·施蒂纳. 唯一者及其所有物 [M]. 北京:商务印书馆,1989:5.

世界上没有其他事物是现实的。也就是，在施蒂纳看来，除了"我"这个最高的存在之外的一切都是虚幻的，"普遍"与"类"都不过是一种抽象，实质上只是对"我"本身的一种压制，甚至国家、社会、法律、道德也都成了施蒂纳要批判的对象；至于宗教，他要通过实现"类"的自我意识向现实的个体意识的还原，用"人"来代替"神"。

施蒂纳认为，虽然精神的我"只同存在于事物背后和上面的本质打交道，只同思想打交道"，但"一切尘世的事物必须在它面前遭到毁灭"，①才是真正的毁灭。这种精神性的"我"虽然是决定一切事物存在或是毁灭的存在，看似是一个"绝对"的、最高的存在，与费希特囊括一切的"绝对自我"非常相似，但施蒂纳更想表明的是"我"的一种"唯一性"。他提出，精神的"我"应该作为唯一能限制一切的存在，他强调的是作为唯一者存在的"我"、一种纯粹的"我"，而费希特的"自我"既能设定"自我"又能设定"非我"，说明其本身包含着"自我"与"非我"的矛盾，并不是完整的、纯粹的、唯一的。施蒂纳哲学中的现实的、唯一的"我"，指的是"只欲图发展自己，而不是发展人类观念、神的计划、天意、自由等等"，同时"不把自己看作是观念的工具或神的容器"也"不承认任何使命"的"我"本身。② 施蒂纳认为，"我"只有作为唯一者才有价值，"如果存在与使命之间，即在实际上的我与应该成为那样的我之间的紧张关系消失了"③，基督教等一切虚假幻象就会随之消失。他认为，如果实际存在的"我"是具有使命的、承载着人类理性发展或"神"的旨意的、具有"类"意义的"我"，人就会在这种使命下产生压力，从而，越来越不能实现"我"的自由和发展，并且与具有使命的、作为承载人类理性发展工具的"我"、具有普遍性的"类"的"我"背道而驰。也就

① 麦克斯·施蒂纳. 唯一者及其所有物 [M]. 北京：商务印书馆，1989：20.
② 麦克斯·施蒂纳. 唯一者及其所有物 [M]. 北京：商务印书馆，1989：407.
③ 麦克斯·施蒂纳. 唯一者及其所有物 [M]. 北京：商务印书馆，1989：406.

是，如果"我"不是唯一的、纯粹的，那么"我"就必然与"类"异化，作为"我"精神本质的"自我意识"也实现不了任何功能。

施蒂纳认为，虽然费尔巴哈将"神"的属性归结为"人的本质"，用人来对抗"神"，但他的思想并没有完全摆脱黑格尔哲学一贯具有的抽象性，他只是将人与"神"对立起来，这样做的最终结果也就是将"神"变成人。在施蒂纳看来，如果像费尔巴哈那样将人的"类本质"抽象出来使其异化为"神"，那么"人"也就是"神"的过去状态，人在异化过程中"登上了绝对高峰"，人与宗教的关系，就变成了人与他自己"最高本质的关系"。① 如果"神"只不过是人被异化后的结果，那么，对于"神"来说也不过是将其本质从"神性"变成了"人性"，而从这个本质的内容层面上来说并没有实现任何改变；对于人来说，费尔巴哈只停留在了关于抽象的人的本质的考察，虽然显示出了一定的人本主义意识，但由于他并没有将人看作是社会中的感性的人，最终也只不过是将人"剥去旧宗教的蛇皮之后，却又重新披上一层宗教的蛇皮"②。也就是，在施蒂纳看来，费尔巴哈的宗教批判并没有触碰到宗教的实质，因为人的本质实际上并没有脱离"神"。按照费尔巴哈的设想，宗教就代表了人本应具有的最高的本质，至于是被称为"超人""神"或是"上帝"，对于现实存在的人来说并没有实质的不同，其本身都只是代表了一种超出"我"自身的存在。如果将宗教作为人的本质的异化，进行宗教批判的目的就成了要使人代替"神"变成唯一的"神"，而问题在于，这样一来人与宗教的关系并没有根本性的改变，人们仍旧是需要一个神圣的存在。即使"神"让出了位置，也"并非是为我们，而是为人"③。此时，进行现实生活的人们对"神"的敬畏就会随之变为对"人"的敬畏，这种敬畏之心并不会消失，只不过是形

---

① 麦克斯·施蒂纳. 唯一者及其所有物 [M]. 北京：商务印书馆，1989：61.
② 麦克斯·施蒂纳. 唯一者及其所有物 [M]. 北京：商务印书馆，1989：51.
③ 麦克斯·施蒂纳. 唯一者及其所有物 [M]. 北京：商务印书馆，1989：165.

态发生了变化。所以，施蒂纳提出"我"应该是唯一的存在，"既非神也非人"①；宗教不过是一种由幽灵和怪影所组成的虚假幻象，并不应该凌驾于"我"之上，不仅是宗教，甚至其他一切神圣的、完满的观念和使"我"与自身相分离的使命感都应该被否定、被摧毁。

施蒂纳所设想的完美的人是唯一的"我"，这个"我"与"类"是有本质上区别的，强调的是一种个体的意识而不是"类"的自我意识；他甚至批判由"类"的自我意识所产生的一切，他认为将国家看作最高存在的政治自由主义、把社会看作最高存在的共产主义、把人看作最高存在的人道主义与把"神"看作最高存在的基督教一样的，都是在抽象的"自我意识"这种臆想物的基础上产生的，因此都是不真实的、虚假的。

第二节　青年黑格尔派"自我意识"
理论的社会批判价值

黑格尔的哲学与神学的样式可以说是如出一辙，就像马克思所说的，黑格尔哲学"不过是变成思想的并且通过思维加以阐明的宗教"②。青年黑格尔派可以看作是激进的黑格尔派，他们继承了黑格尔用理性解释宗教的方式，并通过"自我意识"理论进行了宗教批判。不同的是，他们对宗教采取了彻底的批判态度，甚至将人的本质从黑格尔哲学中的"纯思"领域带入人与人进行交往的社会生活中，实现了上帝的理性向人类的感性本质的转向，不仅打通了黑格尔哲学中的抽象的人向理性与现实的人转变的通道，还使宗教与现实中的人和国家、社会生活产生了联结。虽然青年黑格

---

① 麦克斯·施蒂纳. 唯一者及其所有物 [M]. 北京：商务印书馆，1989：199.
② 马克思.1844 年经济学哲学手稿 [M]. 北京：人民出版社，2000：96.

尔派的宗教批判思想由于依旧立足在人类"自我意识"的发展上，进而有着不彻底性，但他们将"自我意识"的发展、宗教的产生和现实社会生活联结起来的宗教批判方式，为马克思哲学思想的诞生奠定了理论基础。

一、黑格尔的"绝对理念"向人自身还原

黑格尔哲学的出发点是"纯思"，即"绝对理念"或"纯存在"。黑格尔哲学中的这种纯粹的思维规定本身就可以看作一种神学的样式，因为"绝对理念"的内容如果用哲学的概念去表达，其实是一种没有任何具体含义的"有"，这就相当于上帝创世之前的"无"，这和宗教式的神学形式是一致的。具体来说，就是"肯定（正）—否定（反）—否定之否定（合）"的辩证思维方式（绝对精神的运动方式），在基督教中对应的表现：上帝（圣父）—耶稣（圣子）—圣灵（圣父与圣子的统一体）；在黑格尔哲学中的内容（理念外化）则可以表现为：无限（实体）—扬弃有限（现实）—无限（包含有限在内的更好层次的无限）。因此，完全可以用宗教的形体来解释黑格尔哲学中"绝对精神"的发展和"绝对理念"的外化。

黑格尔本人在他的《法哲学原理》中将"艺术""宗教""哲学"视为"绝对精神"从低到高发展过程的三个阶段。在他看来，艺术、宗教和哲学都是将"绝对精神"作为自己的认识对象，"绝对精神"就相当于一种"普遍精神的定在的要素"，这种"普遍精神的定在的要素，在艺术中是直观和形象，在宗教中是感性和表象，在哲学中是纯自由思想"[1]。黑格尔用"绝对精神"将人的主体性提高到了主客体统一的自由高度，进而实现了"实体即主体"的论证，使人性达到了神性的高度，将"上帝"消解在了"绝对精神"中。至此，"神学由于获得了合理性而成了哲学，哲学

---

① 黑格尔. 法哲学原理 [M]. 北京：商务印书馆，1982：351.

则由于获得了神秘性而成了更为精致的神学"①，黑格尔哲学中的"绝对理念"和"绝对精神"随之也披上了神秘的面纱。黑格尔哲学之所以形成了这种神秘性，一方面是由于他想要通过对宗教的批判，借用宗教的神秘形式来阐明和提升人的主体性，实现人的理性向超验领域的迈进；另一方面是他想要用哲学揭示宗教的秘密。但黑格尔哲学既采用了宗教的"不可说"的一面，又要追求逻辑"可说"的一面，并由此造成了自身哲学的"神秘"，也因此造成了黑格尔对宗教暧昧不清的态度。

黑格尔通过"绝对精神"将上帝的神性由人的"自我意识"所取代，这的确使人的主体性上升到了最高点。但在黑格尔哲学中，"自我意识"是一种抽象的、人类整体的理性，是一种对现实的人性进行抽象和剥离而得到的，所以，黑格尔哲学最终虽然提升了人的主体性地位，却无法深入到现实中，改变社会生活中的人的现实处境；他抬高的也是理论上的人类的整体理性，进而造成了个别崇尚他理论的政府对个体人性的忽视。

鲍威尔作为黑格尔的学生，也并不是一开始就对宗教采取批判态度的，他是从 1839 年之后才开始对宗教进行批判，且留下了多部著作，如《普鲁士国家、教会》《对福音书作者批判》《末日的宣告》《使徒传批判》《保罗书批判》等。鲍威尔反对一切关于基督教的现实起源，他认为，基督教的教义和形式等等一切，都来源于"自我意识"，他指出，"我们无须隐讳，对福音历史的正确理解也是有其哲学基础的，也就是说，是以自我意识的哲学为依据的"②。鲍威尔认为，《四福音书》就是按照人的"自我意识"的内在精神属性所进行的编造，并且由于人的"自我意识"发展的阶段不同，《四福音书》的记载自然也呈现出了矛盾性。鲍威尔曾明确地说："宗教关系只是自我意识内在的自我关系，所有那些看起来是独立于

---

① 赵林 . 黑格尔的宗教哲学 [M]. 武汉：武汉大学出版社，2005：4.
② 鲍威尔 . 复类福音作者的福音史批判 [M]. 北京：人民出版社，1956：15.

自我意识的力量，无论是实体还是绝对观念，都不过是被宗教所对象化了的自我意识的不同阶段。"① 也就是，由于"自我意识"早期是一种以分散的、断片式的方式进行发展的，所以每一部《四福音书》都只是"自我意识"在某个具体阶段的表达，其所展现的不过是割裂式的人类的精神片段。于是《四福音书》就成了由没有统一的精神对象化后的产物，以至于基督教后来的教义不得不采取神秘的形式，用荒谬的故事来修复这种精神的断裂。不可避免地，各部《四福音书》的记载充满着逻辑上或内容上的冲突和矛盾。但无论哪部《四福音书》，在鲍威尔看来，都只不过是"古代人对自己的厌恶"的一种表达，其情节所表达的是"古代人由于其政治制度、艺术和科学的消失而引起的恐惧"②，反映了基督教产生的那个时代的精神。

即使基督教经历了古希腊哲学的改造，冲击了纯粹作为崇拜的"上帝"信仰，使人类理性和"上帝"之间产生了关联，但基督教本身却是"自我意识"发展的阻碍。因为在鲍威尔看来，基督教不仅仅只是由于"自我意识"的异化和分裂而产生的结果，基督教也和国家和社会生活中的个人利己主义相关。鲍威尔认为，社会中人与人之所以会产生联系，都是由于人们需要保障个人物质上的需要，国家则是保障个人利益和物质需要的联合体，也就是，国家是在保障个人利益的需要的基础上产生的，因此，国家产生的基础实际上是利己主义，国家与基督教的产生与这种利己主义原则的发展是一致的。在某个特定时间段，对于个人来说，市民社会的存在和物质生活的保障，由于人为战争或自然灾害等情况的发生，经常会受到威胁，这时人们就需要找到不同于现实生活总是变动无常的存在，

① 鲍威尔. 对无神论者和反基督者黑格尔的最后审判 [M]. 北京：商务印书馆，1982：151.

② 鲍威尔. 被揭穿了的基督教 [M]//戴维·麦克莱伦. 青年黑格尔派与马克思. 北京：商务印书馆，1982：58.

作为另一个"出口"，满足个人情感和物质上的需要，所以，在某些地域和国家，基督教的发展比"自我意识"的发展更加迅速、比国家的发展更加稳定。在这些国家，不仅"自我意识"的发展受到了更大程度的限制，国家和社会的发展也受到了阻碍，正如鲍威尔所指出的，基督教"使人同世界的重大社会利益相隔绝……同艺术和科学相隔绝，它消灭了人的社会存在，社会风俗和人类的内在联系，它使人变成孤独的彼此隔离的人，变成一个利己主义者，而且把人的一切目的都牺牲掉"①。因此，在鲍威尔看来，"以宗教为前提的国家还不是真正的国家"②。

鲍威尔是第一个用"自我意识"的分裂和异化这种观点，来理解宗教和国家、社会之间关系的哲学家。他将黑格尔宗教批判的对象从"纯思"领域的天国，转向了现实世界的宗教，虽然他依然采取了黑格尔通过理性去进行批判的方式，但却实现了黑格尔没有做到的，将人类理性与现实宗教进行了联结。

费尔巴哈则是通过分析宗教产生的根源、宗教与人的本质的关系，对包括基督教在内的一切宗教进行了批判。他通过对"自我意识"发展过程的论述，指出人类崇拜的实际上是人的本质。费尔巴哈认为，在自然属性之中，人之所以为人，不同于任何动物，是因为在人具有两种动物所不具备的属性：无限性和能动性。一是动物只能通过感觉器官对自然对象形成反射，人却能超越感官的束缚，实现对于感觉器官触及不到的对象的认识；二是人能通过认识自然实现对自然环境的改造，动物只能被动地服从自然定律，受自然环境的限制。所以在人与自然的关系中，透露出的人具有无限性和能动性的属性，归根结底还是由于人有"理智"。

---

① 鲍威尔. 被揭穿了的基督教［M］//戴维·麦克莱伦. 青年黑格尔派与马克思. 北京：商务印书馆，1982：112.

② 马克思. 论犹太人问题［M］//中共中央马克思恩格斯列宁斯大林著作编译局. 马克思恩格斯全集：第1卷. 北京：人民出版社，1957：423.

　　在社会属性方面，费尔巴哈认为，人是历史和文化的产物，人的本质是在人和人的交往过程中显现的，人是通过他人来逐步确认自己的本质的。也就是说，在费尔巴哈看来，人是社会的产物，受后天教育与环境的影响。马克思也曾深刻地指出："建立在人民的现实差别基础上的人与人的统一，从抽象的天上下降到现实的地上的人类概念，——如果不是社会的概念，那是什么呢！"① 因此，在费尔巴哈哲学中，人的本质从来不是单个人的本质，而是社会中的人类的本质，人的这种"类本质"要通过社会生活，在人与人的交往中才能获得。在精神属性方面，费尔巴哈认为人的本质之所以能在人与人的交往中体现，人能通过他人或他物来确证自己，是由于人具有自我意识，自我意识能使得人能与自己的"类"进行精神上的交往，产生"内在生活"。

　　这种"内在生活"对于人来说是一种"类生活"，不同于人与自然界之间的发生关系的"外在生活"，这种内在的"类生活"才是人类特有的生活方式，人在进行"类生活"的过程中，产生"爱"和对彼此的需要，进而实现自己的完善性，实现人之为人的本质；而宗教却是以个体形式和身份去面对上帝，强调个体的私密性和感受性。在宗教中，人们对他人的"爱"，也只是为了来生到彼岸世界去实现灵魂的解脱的一种手段，带有着功利性，说到底是一种"利己主义"，并不是人类自由选择的，也不是在"类生活"中那种出自普遍本性中的普遍的"爱"。因此，在费尔巴哈看来，宗教可以看作是使人背离人的本质的存在；而上帝，则是人为了实现自己的完善性，通过"自我意识"（"理智""意志"和"心"）将原本属于人的自然和精神属性最大化之后异化出去，最终成了一个"人格神"的结果。也就是，上帝"就是为人们所分有的，在世界历史过程中实现的那

---

　　① 中共中央马克思恩格斯列宁斯大林著作编译局．马克思恩格斯选集：第一卷［M］．北京：人民出版社，1995：96．

些人类特征的总体，这个总体是为了受限制的个人的方便而提纲挈领地概括出来的"①。于是，费尔巴哈将宗教产生的依据从抽象的人的整体理性转向了现实生活中的人的本质，实现了将上帝的理性与人的感性本质之间的联结。

可见，大多青年黑格尔派的代表人物虽然仍旧采用了黑格尔用理性批判宗教的哲学方式，但却通过将"自我意识"向人"类精神"的回归，将宗教与人性和社会生活之间的关系进行了联结，完成了将黑格尔哲学中的"绝对理念"和"绝对精神"向人的本质的回归。

二、宗教批判实现了对社会现实的批判

青年黑格尔派继承了黑格尔批判宗教的方式，但他们是在超越黑格尔理性思辨哲学的基础上继承的。黑格尔对宗教的批判并不能对现实的宗教和社会产生影响，他并不关注现实中的宗教和教义所记载的故事，他关注的只是在超验的理性领域中的"上帝"，不是现实社会生活中的"人格神"，因此黑格尔对宗教的态度可以说是暧昧的，他未曾想去动摇人们的信仰。但青年黑格尔派，尤其是代表人物施特劳斯，则是把宗教批判的矛头直指现实社会中的宗教，展现出了自己"无神论"的坚决态度，并用合乎逻辑的理性论证，给予了宗教沉重的一击，将对于宗教的批判延展到了对当时社会现实的批判。

施特劳斯通过将"神话"抬升到理性层面，并用"普遍信念"解释了宗教和"神迹"流传的原因，进而实现了将批判直接对准基督教的产生和发展过程。施特劳斯用理性的逻辑分析、解释了宗教的历史，对宗教的"神性"、耶稣本人、《圣经》中的"神迹"都进行了合乎历史与理性的说明，这对当时正统教会和神秘主义者们是一个毁灭性的打击。向来崇尚用

①　费尔巴哈. 费尔巴哈哲学著作选集：上卷［M］. 北京：商务印书馆，1984：133.

超自然主义的解释原则来维护自己特权的基督信仰者们,"神迹"对于他们来说就是维持基督神秘性和信仰的根基,一旦"神迹"成了人们编造的"神话",耶稣也就变成了一个普遍的人,他们信仰基督教的基础就被动摇了。

在黑格尔哲学中,上帝的存在是由于它符合理性的最高形式,是"绝对精神"的"表象",黑格尔是在思维领域对宗教进行的批判,是用理性实现了"三位一体"的说明,进而完成了对于"三位一体"的核心——"圣灵"的清除。而施特劳斯把圣灵在现实中的化身——"三位一体"中的"圣子"耶稣,作为自己的批判对象。耶稣具有"神"和"人"的双重性质,对于普信大众来说,耶稣是神;对于上帝来讲,他又是人。当施特劳斯把证明耶稣是神的"神迹"通过理性解释为"神话"之后,耶稣就被去除了"神"的那一面性质,仅仅成了一个历史中的真实人物。所以,施特劳斯的《耶稣传》一经出版,就引发了巨大的社会反响,遭到了信仰基督的人们的反对,他本人也因为"一定程度地动摇"了"建立在耶稣基础上的信仰",成了"基督教信仰的撒旦"①。

但是,施特劳斯的最终目的并不是反对人们有宗教信仰,而是为了明确地指出,耶稣之所以能成为"神"并承载人们的信仰,是因为耶稣能满足当时社会的人们想要得到"超人"来拯救的"普遍信念",也就是,人们内心有着迫切地改变当时生存现状的需要。人们形成信仰的基础来源于人类理性中的"普遍信念",耶稣和"神迹"存在的非理性的超自然因素被否定了,基督教成了人类历史发展过程中实存的、由于人类理性需要的产物。整个宗教领域不再神秘,反而成了理性可以解释的存在,施特劳斯

---

① HARRIS H. *David Friedrich Strauss and His Theology* [M]. Cambridge:Cambridge University Press, 1973:33.

提出，这是"为了以更高的方式重新建立信仰"①。他认为，耶稣就是一个类似于道德高尚的人类精神导师的人物，所以有学者评价施特劳斯，"他做的主要事情就是劝导群众通过提高道德素养和加强内心与上帝的联系回到对上帝的真正的信仰上来"②。也就是，施特劳斯提倡建立符合人性、符合理性的现代宗教。

旧的基督教过于沉迷"神迹"，注重宗教仪式，其实并不能算作是纯粹的精神信仰，反而会影响人们正常的社会交往形式，束缚人们的行为，进而造成对于人本性的压抑。部分政教合一的西方国家正是利用了宗教的这方面作用，用"神性"来统治人性，用牺牲人性的自由来达到维护国家稳定的表象。当施特劳斯将"神迹"和耶稣用理性的"普遍信念"进行阐述之后，人们对于宗教的信仰再也不是由于神的压力，这对于当时的德国社会是十分可贵的。施特劳斯基于"普遍信念"的宗教批判则让宗教走向更高阶段——人性宗教成为可能。在施特劳斯的时代，人们还无法获取政治上的自由，只能追求在宗教上获得自由，这种自由恰好能使人们弥补这种缺憾，也能促进人们争取政治上的解放，实现政治上的自由。所以施特劳斯说："我们德国人在政治上的自由，只能随着我们在精神上、道德上和宗教上的自我解放而增长。"③ 可见，施特劳斯宗教批判的现实意义是远远超出批判宗教本身的，他批判的矛头最终想要指向的是现实社会。虽然，施特劳斯对于宗教的批判，已经触及了现实社会人们的宗教信仰方面的问题，但遗憾的是，施特劳斯仍旧是用精神实体形式的理论作为批判"神迹"的武器，将"普遍信念"作为现实宗教存在的唯一解释，并未真

---

① HARRIS H. *David Friedrich Strauss and His Theology* [M]. Cambridge：Cambridge University Press，1973：33.

② 刘艳. 神学批判的终结与现实批判的开端：大卫·弗里德里希·施特劳斯《耶稣传》研究 [D]. 长春：吉林大学，2006：61.

③ 施特劳斯. 耶稣传：第1卷 [M]. 吴永泉，译. 北京：商务印书馆，1981：370.

的在现实中找到宗教存在的根据。可以说，施特劳斯的宗教批判在某种程度上虽然已经达到了通过批判宗教批判现实的意义，却没有指明实现人们政治自由的路径。

而同样作为青年黑格尔派代表人物的鲍威尔、费尔巴哈和施蒂纳与施特劳斯一样，在宗教与现实批判层面，也是应用了黑格尔哲学的批判方式，在思辨领域对宗教的起源和历史进行了分析。鲍威尔通过"自我意识"将宗教与人的理性和现实社会生活联系起来，费尔巴哈通过"人的本质"将宗教与现实生活中的"人"联系了起来，施蒂纳则是实现了"类"的自我意识向现实中个人意识的还原。虽然青年黑格尔派都从某一方面超越了黑格尔，同时，因为他们和黑格尔一样，都没有触碰到宗教产生的现实中生产和生活领域中的根本原因，进而并没有最终实现对于社会现实的变革，也没能得出现实宗教该何去何从的论断。可以说，青年黑格尔派仅仅在思想和理论上实现了依托宗教批判表达对社会现实的不满和批判。

三、青年黑格尔派"自我意识"理论的局限性分析

鲍威尔是以"批判哲学"著名的神学家。马克思曾对鲍威尔做过集中的批判并留下了一部著作——《神圣家族》，其也被称为"对批判的批判所做的批判"。在鲍威尔看来，基督教的起源完全没有现实根据，"自我意识"的分裂和阶段性发展才是基督教产生的根本原因。在对基督教的批判态度的坚决性这一点上，他超越了黑格尔。鲍威尔认为，《四福音书》和耶稣都不过是人们编造的，宗教的诞生和发展都是由于人们理性的需要，没有任何现实性。基督教的历史都源自人类"自我意识"早期发展的不完满和片段性，是人类"自我意识"的分裂而产生的谬误，与现实中正常发展的人类理性的"自我意识"并不相关。这就将宗教与人类理性的发展做了本质上的切割，形而上学用宗教和上帝指代理性的时代一去不复返了。

鲍威尔用"自我意识"来论证基督教的产生、发展，并用"自我意

识"来否定和清除基督教，虽然实现了人类理性与现实宗教的联结，但鲍威尔的"自我意识"和黑格尔的"绝对精神"并没有本质上的区别，甚至更接近费希特的"绝对自我"，有着"创世"的功能。鲍威尔曾在《基督教真相》中为自己哲学中的"自我意识"做过解释，他说："自我意识设定世界、设定差别，并且在它所创造的东西中创造自身，因为它重新扬弃了它的创造物同它自身的差别，因为它只是在创造活动中和运动中才是自己本身。"① 也就是，在鲍威尔看来，"自我意识"是一切现实事物的决定力量。鲍威尔哲学中"自我意识"的这种"创世"属性决定了他可以通过"自我意识"进行包括基督教在内的一切社会现实的批判，但同时也注定了这种批判的不彻底性。所以说鲍威尔哲学中的"自我意识"，从本质上来说，仍旧是纯粹的主观意识，其与黑格尔的"绝对精神"并没有本质上的区别。在鲍威尔看来，世界历史就是"自我意识"的发展史，同时宗教也是由于"自我意识"的分裂而产生的，"自我意识"是基督教产生和发展的依据，但是，基督教的精神并不能代表现实社会中的历史发展方向，基督教不仅是永远落后于"自我意识"的，而且还是"自我意识"发展的阻碍。当鲍威尔通过"自我意识"批判宗教的时候，"自我意识"的局限性注定了鲍威尔仍旧无法实现对于现实中的宗教的根本性批判，正如马克思所评价的，鲍威尔的宗教批判，仍旧"停留在黑格尔思辨的范围内"。

虽然，鲍威尔将"自我意识"提高到了制高点，将"自我意识的分裂"作为宗教产生的原因，为人类理性和宗教之间架起了桥梁，这也造成了他所进行的宗教批判的立足点依旧在人的主体性之内。虽然，他开拓出了宗教与现实的人之间的通路，却依旧无法提出如何在国家和社会生活中改变宗教的现实状况。

施特劳斯与鲍威尔一样，也是将黑格尔的哲学体系应用于神学，应用

---

① 古雷加. 德国古典哲学新论 [M]. 北京：中国社会科学出版社，1993：145.

了"三位一体"的理论，将宗教批判的对象转向了作为"圣子"的耶稣，并将黑格尔的"绝对精神"通过斯宾诺莎哲学实体化了，实现了用"普遍信念"批判"神迹"，进而达到了用理性对宗教和信仰的批判；但同时他与鲍威尔一样，也没有离开黑格尔哲学的思辨领域。在施特劳斯对于宗教批判的过程中，他始终坚持的是论证宗教与历史理性之间具有同一性，因为他要实现用"神话"来表达"神迹"，进而实现对于宗教的批判。而"普遍信念"来自当下社会人们的共同理性，符合历史的发展和人们的需要。这就使施特劳斯将宗教和人们的理性之间的矛盾和对立采取了忽略的态度，所以，他对于宗教的批判是不彻底的，只有将理性与宗教之间的对立作为不可调和的矛盾，才能确保宗教批判的彻底性。施特劳斯只是想要改变宗教现状，建立与人性相符合的"人性宗教"，并不是完全的否定和清除，在这一点上施特劳斯的态度和黑格尔是一致的，这也是他们的哲学立场所决定的。

所以，施特劳斯是通过"普遍信念"将当时人类理性的发展与现实中的宗教联系了起来，通过批判"神迹"现实了对于宗教的批判。不可否认的是，施特劳斯对于宗教的批判虽然与黑格尔和鲍威尔一样，也是依靠人类理性的"自我意识"，但却带有了历史发展的客观性，因为"普遍信念"的存在是有客观合理性的，这与鲍威尔和施蒂纳仅从主体性原则进行宗教批判的方式上的是不同的。但是，施特劳斯也并没有触及现实生活中的宗教产生的历史原因，对宗教的批判仍旧是在黑格尔的思辨哲学框架内所进行的批判，真正实现了历史观原则下对现实的宗教进行批判的只有马克思。

费尔巴哈指出，与宗教和国家相关的个人的利己主义与人类本质的"爱"之间的矛盾是可以调和的，也就是人类的感性本质和宗教之间有了沟通和转化的可能，这也造成了他对宗教的暧昧态度。费尔巴哈说："我对宗教的解释是在重新提出宗教的根本原则，而且是从自然的和本来的现代人的观念的起源出发来使宗教从它的现象中加以净化，这虽然是与它绝对矛盾的，但是肯定不是全部加以否定。"① 可以看出，费尔巴哈实际上是梦想着能将宗教进行改造，使其成为符合人类本质的存在，改变宗教利己主义的原则，使其真正满足人"类精神"的需要。费尔巴哈说："类并不仅仅是思想；它存在于感觉之中，存在于爱的潜能之中。灌输给我以爱的，正就是类。类之心，是一颗充满着爱的心。"② 而"爱不外乎意味着通过意念而实现的类之统一"③。在费尔巴哈看来，在人与人交往的社会生活中所产生的"爱"与个人的利己主义有着相互转化的可能，它们可以统一于"类"。由于人的本质是宗教所产生的依据，上帝是人的本质外化为"人格神"的结果，"基督作为爱之意识，就是类意识了"④。因此，费尔巴哈认为可以用"爱"的宗教来取代基督教，而基督本身作为"类"意识的象征则是无法消失的，也就是，人本身是宗教的根据，同时又对宗教有依赖心理，所以只能改变宗教的内容而无法清除宗教的形式。但是，无差别、无原则、无阶级的"爱"只不过是费尔巴哈的一种幻想而已，费尔巴哈的宗教思想仍然带有唯心主义色彩。宗教产生的问题不单单涉及人的"内在生活"中人与自身本质的分离，更与被费尔巴哈所忽略的人的"外在生活"中人与自身本质的分离有关，只有物质领域的异化消失，精神领域中的"爱"才不会成为人们的需求，只有首先解决现实世界的问题，宗教的问题才能真正得以解决。

所以，费尔巴哈虽然实现了将黑格尔哲学中抽象的人向感性的人的转向，将宗教与人的本质产生了关联，但是，费尔巴哈所理解的人的本质仍然是人的本质属性中的"理智"；虽然他强调人的本质是自然属性的感性

---

① 费尔巴哈.费尔巴哈哲学著作选集：下卷［M］.荣震华，王太庆，刘磊，译.北京：生活·读书·新知三联书店，1962：323.
② 费尔巴哈.基督教的本质［M］.北京：商务印书馆，1984：348.
③ 费尔巴哈.基督教的本质［M］.北京：商务印书馆，1984：348.
④ 费尔巴哈.基督教的本质［M］.北京：商务印书馆，1984：348.

的人,但他仍旧是将"理智"作为人不同于动物的根本属性;虽然费尔巴哈指出宗教的存在根据是社会中人与人的交往,但人生存与交往的根据是以自然为基础的感性的人的"爱"的需要,这种"爱"是一种"普爱"的类需要,而宗教源自个人的利己主义。可见,费尔巴哈所追求的"现实性"就仿佛笑话一般。

施蒂纳则通过将"类"的自我意识还原为个体的唯一的"我",进行了包括对于宗教在内的一切在自我意识的基础上产生物的批判,他称它们为虚假的幻觉和臆想物。施蒂纳认为,"自由"不论是"政治自由主义"还是"社会自由主义"或"人道自由主义",如果与"国家""社会""人类"一样都是抽象的,那么就和"精神""思想"和"观念""神"没什么不同,只有将"独自性""唯一性"作为"我"的根本特性,才能脱离抽象,使"我"成为真正的"自由人"而不是"社会人"。施蒂纳强调:"独自性就是我的全部本质和亲在,就是我自己。"① 这种"独自性"使个体成为"唯一者",因此"我"获得的自由对比其他青年黑格尔派成员等人追求的全体人类的抽象自由,更加彻底,并且具有创造性,这种创造性使人摆脱观念中的抽象性的思想并获得现实的自由,使"我"成为真正权利的所有者,获得来自自己授予的权利而不是靠"社会的意志"给予那种抽象的权利、精神。

施蒂纳认为,对于"自由主义者"来说,宗教是要人去寻求生命本身而不是面向人只作为"我"的幸福或快乐。"宗教人"承受着其他人的或大众的生命,这是一种与自我相对的寻求,对自我不是一种拥有,而是奉献,是应该成为生命,与现实的享乐、自由无关。明显,"宗教人"的生命变成了手段和工具。而只有"我"成为具有"独立性"的、"唯一性"的、权利和自由的"所有者","人"才能不再是概念或神性中的"人

---

① Max Stirner. Der Einzige und sein Eigentum [M]. Reclam, Ditzingen, 1981: 173.

类"，成为真正活在现实中的人。"我"为了追求个体自由而舍弃神的任务和使命，使"我"作为"唯一者"成了利己主义的代名词。虽然"我"为了拥有自由成了"唯一者"，并被表达为一种利己主义，但实际上施蒂纳所表达的内容只是个体作为现实中的人应具有的独立的个性，他批判"政治主义""社会主义"以及"人道主义"的抽象自由，也是想实现"现实与理想""自由的我与应然的我"以及"个体的生存与神圣的精神"对立的消除，所以，施蒂纳的"我"不是利己的，而是"博爱"的。对此，马克思有过评论，他说："德国哲学是从意识开始，因此，就不得不以道德哲学告终，于是各色英雄好汉都在道德哲学中为了真正的道德而各显神通。费尔巴哈为了人而爱人，圣布鲁诺爱人，因为人'值得爱'……而圣桑乔爱'每一个人'，它是用利己主义的意识去爱的，因为他高兴这样做……"①

　　总的来说，无论青年黑格尔派的哪位成员，都实现不了将宗教的批判转为政治的批判，即使施蒂纳的"我"和费尔巴哈的"类"成为同时期同派别哲学中关于主体性的两个极端；但无论是强调个体自由的施蒂纳还是强调大众自由的费尔巴哈，由于他们都没有跳出黑格尔的哲学范式，都是将意识作为"第一性"，"自我意识"的功能也一直延续的黑格尔，因此他们与黑格尔一样都无法实现现实中的自由。直到马克思改变了哲学的范式，使"自我意识"的功能发生了改变，最终才真正实现了现实中的人的解放。

---

① 中共中央马克思恩格斯列宁斯大林著作编译局. 马克思恩格斯选集：第 3 卷［M］. 北京：人民出版社，1995：426.

第三节　青年黑格尔派是黑格尔和马克思
"自我意识"理论的中介

　　19世纪40年代的德国还没有进入资本主义社会，马克思和恩格斯一直在为实现人的解放而奔走。无论是康德、费希特、谢林、黑格尔、青年黑格尔派，还是马克思、恩格斯，归根结底他们关注的都是人的"自由"问题。人类自由的实现，如何从理性领域发展到现实世界中这在当时是一个难以解决的问题，马克思的"博士论文"关于"原子"的探讨就是在探讨"自我意识"和"自由"。当代很多学者都认可马克思主义哲学之所以能实现向"实践"领域的转向是因为马克思重新定义人、重新发展"自我意识"理论，进而展开了多维度的关于马克思的"博士论文"的研究；而我们要讨论的是马克思"自我意识"理论的基础以及马克思的思想来源，这一切都要从对于德国古典哲学和青年黑格尔派的哲学思想研究中获得，在对"自由"和"自我意识"如何从理性领域到现实生活中发生作用的研究中实现，因此青年黑格尔派和宗教批判都成了研究工作中的重要环节。

　　无论是鲍威尔、施特劳斯还是施蒂纳、费尔巴哈，他们作为青年黑格尔派的成员，都将自己的哲学思想通过"自我意识"理论进行了清楚的阐述。虽然，鲍威尔、费尔巴哈、施特劳斯和施蒂纳对于宗教的批判并不彻底，都没有达到社会生活和生产关系层面，但是，他们对于之后的学者的影响是巨大的。众所周知，马克思是青年黑格尔派中的一员。作为通晓西方哲学史的哲学博士、黑格尔哲学精髓的继承者，马克思很多重大哲学思想的提出、对哲学理论的阐述，都是从对以往哲学的"批判"中而得来的。也可以说，马克思是在青年黑格尔派宗教批判思想的基础上，将宗教产生的原因与人类社会现实关联起来，实现了对于宗教本质的批判、对现实社会的批判，进而实现了将"自我意识"的内容引入现实社会生活中。

一、青年黑格尔派对黑格尔"自我意识"理论的批判性继承

黑格尔认为，"自我意识"既是精神自我运动发展的过程，也是"绝对"主体化的过程。对于主体来讲，自我意识的运动就是精神通过互动认识"绝对"的过程。因此，在黑格尔哲学中，人类历史就成了自我意识的运动史和发展史。在黑格尔看来，经验中的所有事物都是有限的，它们的存在方式就是在否定性的因素中不断建立肯定性的东西，但这种肯定性并不是完结，肯定只不过是否定的一个环节或过渡阶段，只有否定是永恒的，这种否定是一种辩证的否定，这种"作为否定的辩证法是一切有限物的最真实的本性，现实世界中一切有生命的运动和事业的推动原则"①，因此，事物总是呈现出有开端、有过程、有结局的有限性的发展状态。而当黑格尔用这种辩证视域考察历史的时候，他提出，事物的灭亡只是个体的灭亡，历史中的人类"精神"是不会随着事物发展中的否定性而消失的，精神只会不断冲破民族、地域、文化、宗教和艺术等形式的束缚，有个别不断向普遍发展，最终将形成"世界精神"。于是，人类历史的辩证法就和"自我意识"发展呈现出了正向相关，自我意识能发展为民族精神，隐藏在人类社会各民族的社会生活中，成为各民族实现自身发展的载体不断展现出其自身的发展状态，并不断重复否定的环节，且能打破地域和民族界限，向更高、更广阔、更普遍的人类精神发展，最终成为人类的普遍精神。黑格尔这种关于自我意识与历史发展相一致的思想、这种辩证法思想、这种历史与逻辑相统一的思想，被青年黑格尔派吸收过来，用在了对于宗教的批判中。

鲍威尔认为，黑格尔哲学中的"自我意识"作为主体的和精神的东

① 张盾. 马克思的六个经典问题 [M]. 北京：中国社会科学出版社，2009：61.

西，是唯一具有能动性的东西，是黑格尔哲学辩证法的动力，因此鲍威尔也将"自我意识"作为他哲学的核心。"自我意识"初期表现为分散的、个体的精神性存在，由于它自身的能动性，必将向更高的、更广阔的、更普遍的层次发展。由此，"自我意识"的发展过程就成了不断扬弃有限性和个体性的过程，而一切现象就成了"自我意识"借以实现自身的外在形式，当自我意识继续向前发展，这种外在形式就会成为一种桎梏，以至于最终沦落为自我意识批判和否定的对象；而自我意识最终要实现超脱个体成为"类"意识，也就是要进入社会领域。同样的，在自我意识的发展过程中，国家、社会、法、宗教、风俗等也将作为"形式"被自我意识所批判。最终，自我意识将发展成为一个绝对的、普遍的、统一的完整体，实现在人类历史发展中应有的价值作用。

由于鲍威尔将人类理性本身看作自我意识的本质，所以理性历史的生成需要自我意识本身具有历史生成性；又因为自我意识受到形式的制约，要在现实生活的他物中实现自身，而任何现实事物都是一种经验世界中的"暂时"，所以自我意识在现实世界中不可避免要被分裂开来。只有当其超脱这种"暂时"现象的约束，克服现实事物对它的阻碍和割裂，重新回复到自身完整的状态时，才能推动历史的进步，进而"批判"就成了自我意识发展自身的本质要求。鲍威尔哲学中的"自我意识"相当于黑格尔哲学中的"绝对精神"，只不过更加具有批判性，这种批判性更为彻底和自由。在自我意识于社会生活中的发展过程中，基督教却成了自我意识实现自由批判的最大障碍。

在鲍威尔看来，黑格尔的"否定"是不彻底的，是一种有所保留的批判，实际上是一种"扬弃"，但是自我意识与宗教之间的碰撞是不可避免的，要让"否定"成为真正的"批判"，必须用"批判"来直面宗教。因为"旧的神学和各种各样官方正统派的原则，是'不自由的原则'"，新的原则是自由的原则。批判能以最佳的方式表现这种原则"①。虽然，鲍威尔将黑格尔哲学中的"否定"发展为"批判"，但对黑格尔的辩证法仍旧是推崇的，只不过鲍威尔进一步发展了黑格尔的主观辩证法。黑格尔哲学中的"精神"与"概念"在鲍威尔哲学中都被看作"自我意识"，自我意识被鲍威尔当作唯一用来评判现实的准则。在黑格尔哲学中，自我意识的发展不是直接作用于现实的，因为现实世界只是精神的外化，也就是现实不是自我意识的批判对象；而在鲍威尔看来，现实世界是阻碍自我意识发展的现象形式，并不是自我意识的外化，是自我意识的对立面，可以被直接地否定。自我意识能冲破一切作为约束自身发展而存在的现象形式，当然能摧毁一切现实，所以，鲍威尔将宗教批判发展为对现实生活中与自我意识发展相对立的东西的批判。显然，鲍威尔继承了黑格尔关于"自我意识"、辩证法和历史主义等思想观点，但鲍威尔基于"自我意识"对于宗教所做的批判比起黑格尔却更加彻底和坚定。

黑格尔将辩证法用在了历史领域，由此，历史的主体指向了主体自身和其活动。基督教是历史中的现实存在，同样是"精神"自我发展的一个阶段，所以，基督教的生活就有了双重属性，一是现实尘世生活的一种生活方式，二是彼岸天国的精神生活；"精神"就被隔离在了两个世界，一是现实中的生活世界，二是意识中的信仰世界；随之，"自我意识"也产生了分裂。人类社会和精神发展的重要任务就是实现分裂的统一，当德国古典哲学试图用"精神"或概念把握这两个世界的对立或者统一时，就产生了哲学史上的"启蒙运动"，当黑格尔将辩证概念引入历史领域，哲学就开始逐步摆脱了纯粹形而上学的思辨，转向了人类的生活和事物。

在这一点上，施特劳斯、费尔巴哈和施蒂纳都继承了黑格尔的思想，他们也是从历史主义视角去批判宗教的。但是，和鲍威尔直接继承了黑格

---

① B. A. 马利宁，B. H. 申卡卢克. 黑格尔左派批判分析 [M]. 曾盛林，译. 北京：社会科学文献出版社，1987：173.

尔的主体性哲学原则，从"自我意识"本身出发的观点不同，施特劳斯是用"普遍信念"实现了现实生活与人类理性的沟通，进而摆脱了黑格尔哲学只在思维层面批判宗教的尴尬境地。施特劳斯将耶稣还原为历史中的平凡人，将《四福音书》中的"神迹"看作人的编造，如同人类编造的"神话"故事一般无异，能流传也不过是因为人类理性发展中的"普遍信念"；而这个"普遍信念"虽然来源于黑格尔哲学中的"精神"，但与黑格尔哲学中的与人实体无关的精神不同，是一种人的"类性"。施特劳斯可以说是完成了从黑格尔的"绝对精神"这种抽象的精神实体到"类"的连通，也就是他通过"普遍信念"批判宗教，进而实现了从黑格尔的纯粹理性思辨哲学到"人"的转向。费尔巴哈则是重新定义了"人的本质"，使人类理性与现实的宗教产生了勾连，这也就是为什么有学者说费尔巴哈是"以施特劳斯的宗教批判的结论作为自己的理论的出发点和前提"的，"施特劳斯通过对《四福音书》形成史的考证，特别是通过对上帝'人化'说的批判，不仅进一步开辟了从神通向人的道路，而且也预示了从'理念'向'类'的过渡"①。费尔巴哈将"类"作为自己哲学的主题，而施蒂纳则是将"类"还原为个体意识，强调对于"类"和"普遍性"的批判，认为它们都是一种抽象的虚幻，只会给个体带来无尽的痛苦和不自由；他认为要实现对宗教的批判，使宗教毁灭，人实现自由，只有保证个体的"我"是一个唯一的、纯粹的"我"，不代表任何"类"和"普遍"的理性完满、神圣观念的时候才能确保自我的实现，确保自我对一切在"类"的自我意识基础上产生的如宗教一般的虚无幻觉的消失和毁灭。

可见，青年黑格尔派虽然也是将"自我意识"理论用于宗教批判中，但他们对"自我意识"的定义与黑格尔不同，对宗教产生的原因也进行了不同的理解，可以说他们是对黑格尔哲学的一种批判性的继承。

---

① 侯才. 青年黑格尔派与马克思早期思想的发展［M］. 北京：中国社会科学出版社，1994：17.

二、马克思对黑格尔理性"自我意识"的实践论转向

马克思哲学结束了"古典哲学"，是德国古典哲学的根本质变，但马克思的思想（包括其人的本质概念和实践原则）并不是完全脱离德国古典哲学而产生的，马克思哲学是以对近代哲学以来的主体性哲学的立足点进行批判为基础的，马克思瓦解了意识的内在性，进而建构起了一种全新的、以改变世界为己任的哲学。

在黑格尔的思辨哲学中，自然界和人类社会是逻辑学在不同领域的演绎，黑格尔要实现的不仅是"思想与经验的一致"，还要达到"理性与现实的和解"。但马克思认为，黑格尔哲学运用的只是"抽象的、逻辑的、思辨的表达"，在精神领域的抽象过程实现的这一切，而他要在现实生活中实现这一切，最终使人真正与人的本质实现一致。由于黑格尔把精神作为第一性的存在，所要实现的是在哲学思维中使精神认识到自己的绝对性、现实性和永恒性，因此其不可避免地要面对主观与客观、存在和本质、个体和类之间的矛盾和斗争。将"自我意识"作为核心的主体性形而上学必将陷入这些问题，也就是将"自我意识"看作为绝对的，那么"自我意识"也就同时被当成了对象，但不可否认的是，这种对象是一种思想上的即"想象出来的存在物"，是非现实的、非感性的、抽象的东西。

马克思认为，如果自我意识既是认识的主体，又是认识的对象，就意味着对于作为主体的主体来说，根本没有真实的对象世界，它至多只是设定了对这个世界的思想。马克思说："一个存在物如果不是另一个存在物的对象，那么就要以没有任何一个对象性的存在物存在为前提。"① 所以，马克思的哲学立足点转变为"现实的存在物"。但马克思同时也承认，任何一个现实的、真实存在物必须以"人"为前提，否则它就不存在，或者

---

① 中共中央马克思恩格斯列宁斯大林著作编译局. 马克思恩格斯全集：第 3 卷 [M].
北京：人民出版社，2002：324.

只是我们想象中的、不真实的存在物,所以哲学的关键是如何定义"人"。马克思以人的本质为切入点,重新定义了自我概念,消解了黑格尔哲学的"理性"方面。

马克思认为哲学不仅要实现解释世界,还要能改变世界,也就是哲学不仅是认知上获得真理的工具,同时也要具有能改变世界的能动性、可操作性和现实性意义,因此马克思把哲学的视野和思维扩大到了现实社会,他把关注点放到了人们的现实生活中。高清海先生指出,"马克思从根本上超越了西方哲学还原论的本体论化的思维方式而确立了实践观点的思维方式,这种新的哲学思维方式把事物、现实、感性世界理解为人的历史实践中不断生成的存在"①。黑格尔哲学的"理念"是不断冲破其客观物质的外在形式,"精神"是不断突破其主观的精神形式,其辩证逻辑强调概念在认识过程中的变化;而马克思哲学的实践是不断突破生产力的外在形式,其辩证法则是真正地把概念放到实践领域中来,进而使思维对社会现实进行反思与指导,使哲学达到成为改变世界的工具的层面。

马克思指出:"人们按照自己的物质生产的发展建立相应的社会关系,正是这些人又按照自己的社会关系创造了相应的原理、观念和范畴。所以,这些观念、范畴也同它们所表现的关系一样,不是永恒的。它们是历史的暂时的产物。"② 马克思关于现实的人的劳动活动的辩证历史的理解是时代的产物,这个具有实践动力和意义的历史辩证法是马克思扬弃黑格尔思辨哲学所取得的重要成果。黑格尔站在绝对精神的立场上将人的本质归为意识,从而决定了黑格尔对人的自由解放之路只能停留在抽象层面,这种思辨唯心主义注定不能理解人的真正本质,只是为现存的国家和社会制

---

① 高云涌. 马克思辩证法:一种关系间性的思维方式 [J]. 天津社会科学, 2008 (3): 27-30.

② 中共中央马克思恩格斯列宁斯大林著作编译局. 马克思恩格斯全集:第 1 卷 [M]. 北京:人民出版社, 1979: 90-91.

度做辩护；而马克思哲学逆转了黑格尔的精神或理性支配人的活动的原则，强调人的意识作为理性是由物质生产和实践活动所决定的，确立了以"物质决定意识"为中心思想的实践哲学。正是通过这样一种重大的历史性转变，马克思消解了主体性形而上学的理性维度，扭转了理性和实践的关系，实现了以现实存在物的"人"为基础的哲学体系的构建，使哲学真正进入了人类社会的现实生活中，使人成了自由自觉地进行感性生产活动的人。

马克思指出，人作为自然的一部分，不只是理念的外化，而是具有感性意识的真实存在，当人只作为精神存在的时候难免会在对象中丧失自身，只有回归到社会实践中，回归到真正的现实生活中，使人成为社会的存在物，使社会成为对象的本质，才能避免人本质的丧失。也就是马克思所说的："意识在任何时候都只能是被意识到了的存在，而人们的存在就是他们的现实生活过程。"[①] 在马克思看来，世界上所有的现实存在物都是以"人"为根据而存在的：自然物是以人的认识本质为中介的对象化存在，而人工物（劳动产品）则是以人的实践本质为中介对象化的存在。只有人实现了"他自己的生活对他是对象"[②]，才能确立人真正的本质；而只有在实践活动中，"生活"才能成为人的"对象"，同时，人也能作为社会生活和生产关系的对象化而存在。也就是，实践活动能使"生活"作为人的对象，同时也能使人在"生活"中确证并表现自己。马克思认为，人在实践活动中使自身出现了"二重化"。这个二重化不是别的，就是指人在实践中既是活动的主体，同时又是主体的对象，只有在实践活动中，真正意义上的主体才得以形成。人的这种"二重化"能力，能使人"自己的生

---

① 中共中央马克思恩格斯列宁斯大林著作编译局．马克思恩格斯选集：第 1 卷 [M]．北京：人民出版社，2012：152.

② 中共中央马克思恩格斯列宁斯大林著作编译局．马克思恩格斯全集：第 42 卷 [M]．北京：人民出版社，1979：96

命活动本身变成自己的意志和意识的对象"①，此时他的生命活动才是真正有意识的，此时人既是"现实存在"，又能进行"感性活动"。

那么，在现实的实践活动中，马克思实现了人自身主体和客体的统一，而不是像以往的哲学只是论证了精神作用下的主客统一。马克思提出，人的本质要在社会生活和生产关系中实现，而人作为单独个体的存在时，即便所有人的合集也不能称之为"社会"，只有当人与人开始交往，并在交往过程中呈现出不同的关系形态时，社会才开始出现，也就是劳动实践促成了社会的形成和发展。所以，任何精神只是人们现实生活的一种反映，也就是人们头脑中的任何意识都来源于感性的现实生活，"不是意识决定生活，而是生活决定意识"②。马克思将作为理性的精神的第一性复归于人和人的实践活动，把人的本质建立在感性的对象性活动基础之上，至此，黑格尔抽象的精神的神秘性被马克思揭开了面纱。

马克思取消了主体性哲学的"理性"维度，把"人"放置在社会实践领域，确立了实践相较于理性的第一性的优先地位，使哲学立足于实践这一感性的对象性活动，使哲学回归到现实的社会之中，进而使人的理性能力能够冲破德国古典哲学的限制得以不断彰显，从而彻底解决思维与物质的关系问题，哲学不再是只在思维领域打转的学科了。

三、青年黑格尔派"自我意识"对社会现实的批判

马丁·路德的宗教改革之所以成功，也是由于人们想要从宗教对人性的压抑中、从宗教生活对社会生活的束缚中解脱出来。但是，宗教改革对《四福音书》和"神迹"的影响不大，最终未能触及信仰的基础，结果只是使人们对宗教的信仰不再是迫于政治和宗教的双重压力，将宗教生活从

---

① 马克思.1844年经济学哲学手稿［M］.北京：人民出版社，2000：96.
② 中共中央马克思恩格斯列宁斯大林著作编译局.马克思恩格斯选集：第1卷［M］.北京：人民出版社，2012：152.

政治生活中解脱出来，未能真正实现让信仰出自理性的自由。马克思也曾评价过马丁·路德引领的宗教改革的影响，称"他把肉体从锁链中解放出来，是因为他给人的心灵套上了锁链"①。而真正从心灵层面实现了宗教解放，进而通过宗教批判在不同程度上对社会现实进行了批判的是青年黑格尔派。

在鲍威尔看来，"自我意识"就是一切事物是否具有真理性的判断标准，但鲍威尔哲学中的"自我意识"与黑格尔哲学中的"绝对精神"并不是一模一样的定义和作用。在鲍威尔看来，"自我意识"具有自我发展性、整体性和统一性，这与黑格尔哲学中的"自我意识"所具有的性质所差无几，但在作用上却差别很大。鲍威尔将自我意识用于一切领域，当然包括社会现实。也就是，鲍威尔通过"自我意识"理论，将宗教从黑格尔哲学的思辨领域拉入到了现实领域。

鲍威尔将黑格尔的"绝对精神"还原为现实中的人的"自我意识"，他认为："从历史的角度来说，只有人的意识或自我意识才可以想象，只有它们才能在历史上起重要作用。"② 而黑格尔哲学中"绝对精神"外化的过程，在鲍威尔看来，就是"自我意识"自我展开、自我发展、自我实现的过程。"自我意识"最初表现为个体的、分散的，但由于其具有自我发展性，其必将发展到无限的、普遍的状态中去。进而，他将自我意识放置到人类社会领域时，则得到了自我意识为了向更高级的阶段发展必将批判一切阻碍自己发展的东西；国家、法律、宗教等作为自我意识借以实现自身的外在"形式"，对于自我意识来说没有什么不同，当基督教发展为神学，就成了自我意识发展的最大障碍，必将被自我意识所批判。当自我

① 大卫·弗里德里希·施特劳斯. 耶稣传：第一卷 [M]. 吴永泉，译. 北京：商务印书馆，1981：370.

② 兹维·罗森. 布鲁诺·鲍威尔和卡尔·马克思 [M]. 王瑾，等，译. 北京：中国人民大学出版社，1984：48.

意识进入现实事件，一方面由于受制于现实形式而被分裂，另一方面由于其具有整体性和统一性，自我意识必将从"碎片"的状态中走出，重新回复完整的状态，实现更好、更高级的统一，这种"统一"的过程就是自我意识冲破形式的阻碍达到最大的普遍性的过程，而冲破阻碍的方式就是"批判"。也就是，自我意识对于阻碍它发展的形式，所进行的是彻底的批判，它能冲破一切作为约束自身发展而存在的现象形式，包括一切社会现实。而在黑格尔哲学中，现实世界只是精神的外化，并不是自我意识的批判对象。显然，鲍威尔的自我意识更加具有社会现实性。但是，鲍威尔仍旧是在黑格尔的思辨哲学框架下对宗教进行批判，并没有真正通过宗教批判实现对社会现实的批判和变革。

与鲍威尔不同，施特劳斯是用"普遍信念"实现了对宗教的致命一击，直接摧毁了基督教信仰的现实根基，进而间接达到了对于现实世界批判的目的。施特劳斯提出要在历史事实中理解宗教，显然他继承了黑格尔的历史主义原则，他认为我们要在历史事实中寻求理性精神，只有这样，才能解释宗教的教义与圣经故事。施特劳斯通过对基督教的来源考察确定在了犹太民族的历史发展中，他在这段历史中努力寻找犹太民族的精神实体。施特劳斯实现了在历史事件中所体现出的实体精神去解释圣经、教义、"神迹"等来源。他指出，犹太民族之所以具有"弥赛亚"的精神信念，这与犹太民族长期遭受迫害的历史事实相关；而耶稣是历史上现实存在过的人，是一位类似道德导师的人物，并且从事过创建基督教的相关工作。这种"弥赛亚"信念是犹太民族在长期的受压迫的生活中形成的，当时的人们在现实生活中遭受到压迫并对"弥赛亚"确信无疑，具有了期待获救的"普遍信念"，按照黑格尔哲学的观念来说，这种"普遍信念"就相当于犹太民族在这个特定历史阶段的"绝对精神"。因此，早期《四福音书》的创作者们将犹太民族这种"普遍信念"通过神话的方式呈现出来，这是一种民族性的朴素情感，是一种全民族希望得到拯救的愿望。其中所创造的耶稣，实际上是将历史中存在的耶稣进行了神化，这虽然是一种虚构，但也是有历史根据的，只不过《四福音书》将耶稣创立基督教的历史活动无限夸大了，被创作为"神迹"。所以，基督教和《四福音书》都是"普遍信念"的现实化，"神迹"的流传也同样由于符合"普遍信念"的内在精神。由此，施特劳斯将基督教看作"普遍信念"的历史产物，实现了用"客观精神"对于基督教教义和历史的合理性说明，进而将批判直接指向了现实的基督教。但是，施特劳斯对于犹太民族的历史有着主观虚构性，不仅历史上并没有关于耶稣此人的任何记载，"弥赛亚"也并没有在《四福音书》时代就发展到整个犹太民族的普遍信念。因此，施特劳斯对于宗教的批判虽然由于动摇了现实宗教的信仰根基，但也并不彻底。

　　而费尔巴哈将历史主义和人性发展结合，通过"自我意识"实现了将神的"神性"还原为"人的本质"，进而实现了对社会现实的批判。费尔巴哈指出："如果像黑格尔学说那样把人对上帝的意识当作上帝的自我意识，那么，属人的意识自然地便是属于神的意识了。"① 因此，他提出黑格尔的"绝对精神"、鲍威尔的"自我意识"以及施特劳斯的"普遍信念"都可以还原为"人的本质"。在费尔巴哈看来，人和动物不同的是，人不仅具有"自我意识"，还具有"对象意识"。自我意识能将和人与和自己不同的一切外在物区分看来，并将它们作为对象，也就是，人由于有"自我意识"因而具有了对象意识，所以对象意识也是人类特有的意识，正是这种对象意识让人在人与人本质分离中，通过区别于自己的他人或他物中，发现自己的本质，也就是"自己的本质……作为另外的本质成为他的对象"②，这就是费尔巴哈哲学中的"异化"。在费尔巴哈看来，人的本质虽然是人精神属性的需要，但却属于人的自然本质，指的是全部人类的本

---

① 费尔巴哈. 基督教的本质 [M]. 北京：商务印书馆，1984：302.
② 费尔巴哈. 费尔巴哈哲学著作选集：下卷 [M]. 北京：商务印书馆，1984：38.

质，不能是个体的、个别的、有限的，应该是一种无限的、普遍的"类本质"。由于人类要发现自己的本质，就必须有个异己的对象来帮助我们实现认识，这个异己的对象也相应地能承载人类本质的无限事物，也就是，这个对象不可能存在于经验世界，那超验世界中能作为人的本质的异己对象的，就只能是上帝。从此，宗教就不再是理性领域的问题了，而是人的现实和感性存在的需要；上帝就成了人发现自己"类本质"的一面镜子。上帝产生的原因就在于说明人的"类本质"是什么，由此，费尔巴哈改变了宗教存在的根据，使宗教从黑格尔纯思的理性领域进入了现实世界的人类的自然和感性本质本身，进而实现了宗教存在的现实转向。但是，由于费尔巴哈将人类本质看作是"内在的、无声的类"，归根结底，仍旧是一种将现实中的人抽象所得的，也就是，费尔巴哈哲学中的人的本质由于没有现实性，并没有真正实现将宗教引入现实领域。

而超越了青年黑格尔派，真正实现宗教批判向现实领域转向的是马克思。马克思不仅重新定义了"人"，在实践中重新理解了人的主体性和现实性，同时将宗教批判的领域转向了现实中的人们的社会生活的物质生存生产实践中，实现了对青年黑格尔派宗教批判的实践转向。

四、马克思对青年黑格尔派宗教批判的实践转向

虽然，马克思认同费尔巴哈将人的自然属性作为最高存在的原则，同样是将人的自然属性分为能动性和对象性，但是，马克思提出决定人的这种属性的原因，是人具有感性物质活动的能力，能进行感性活动，这种能动性和对象性表明了人是有"自我意识"的存在物，并不是因为人有自我意识才表现出来两种属性。在马克思看来，"能动性"只有在人们改造自然的实践中才能真正得以展现，"对象性"只有通过人的改造性活动将客观世界改造为属人世界才能体现出来；"人的本质"只能通过人在对象性活动中，将客观事物和知识对象化才能实现。这就是马克思所说的："人

不仅仅是自然存在物，而且是人的自然存在物，就是说，是自在自为地存在着的存在物，因而是类存在物。他必须既在自己的存在中也在自己的知识中确证并表现自身。"① 马克思据此批判了费尔巴哈的人性观，指出人要将人的本质视为感性活动的对象，而不是感性的对象，并指出人类理性状态的"类存在"并不是费尔巴哈所认为的实现由"理智""意志""爱"组成的、具有完满性感性存在，而在于人能自由自在地进行生产活动。马克思说："生产生活本来就是类生活。这是产生生命的生活。一个种的全部特性、种的类特性就在于生命活动的性质，而人的类特性恰恰就是自由的自觉的活动。"② 所以，费尔巴哈哲学中具有精神性的"类关系"在马克思哲学中就成了具有现实性的"社会关系"。

在费尔巴哈看来，人作为"类存在物"，"人的本质只是包含在团体之中，包含在人与人的统一之中"③。也就是，个体必须进行交往才能满足"类"发展的需要，费尔巴哈哲学中的"类"是以人的自然属性为基础抽象而得的，费尔巴哈强调的人与人的交往是发生在"内在领域"的，因此个体的交往本身就只能是精神性的或抽象性的，而"统一性"也只是在抽象的社会中获得的，所以，当"统一性"只能表现为在理性方面的感性意志中的"爱情""友情"，以及实践方面的"法律"和"道德"等时，费尔巴哈哲学不可避免地远离了社会现实。因此，这遭到了马克思的抨击。马克思强调："社会是人同自然界的完成了的本质的统一，是自然界的真正复活，是人的实现了的自然主义和自然界的实现了的人道主义。"④ 人的本质应该是现实本质，不应该是精神的抽象本质；而社会不仅包括人与人的交往，更是指人与自然界的统一，所以只能到人同时与自然界和人都发

---

① 马克思 . 1844 年经济学哲学手稿 ［M］. 北京：人民出版社，2000：107.
② 中共中央马克思恩格斯列宁斯大林著作编译局 . 马克思恩格斯全集：第 42 卷 ［M］. 北京：人民出版社，1979：96.
③ 费尔巴哈 . 费尔巴哈哲学著作选集：上卷 ［M］. 北京：商务印书馆，1984：185.
④ 马克思 . 1844 年经济学哲学手稿 ［M］. 北京：人民出版社，2000：83.

生关系的生产实践中去寻找人的本质。在马克思看来，社会不是一个实体性概念，而是一个表示关系的概念，是"个人彼此发生的那些联系和关系的总和"，相应地，"人的本质"就是"一切社会关系的总和"①。宗教在费尔巴哈哲学中属于抽象的精神领域，而在马克思哲学中，由于其对"人的本质"的重新定义，宗教则进入了现实的物质生产领域。

马克思认为，宗教并不在黑格尔和青年黑格尔派所坚持的精神领域，因为宗教既不能像科学一样可以反映人与自然的关系，也不能像艺术一样可以反映人与自身的关系。也就是，人们通过宗教并不能获得真实的反映，也无法获得自己的本质，因为，宗教就不在人的真实的"类生活"中。当宗教表达人与自然的关系时，只是人对外界的一种虚假的反映；宗教表达人与自身关系时，只是人自身的一种主观臆造，实际上，宗教只是人类精神上的"麻醉剂"，宗教信仰实实在在就是一种精神上的"自欺"。所以，宗教不可能反映人与自然、人与自身的任何真实的关系，同时，宗教与理性的关系也是真实与虚假的关系，从理性中寻找宗教存在的任何理由都是枉然。在马克思哲学中，宗教与科学、理性与信仰无论从内容还是形式都是根本的、完全的对立状态。至此，马克思批判了以往一切从理性范围对宗教批判展开的批判，他从人与自然和社会的实践关系中宣布了宗教的无效，断定宗教只是主体内部的一种不真实的幻觉。在马克思之前，在理性中澄清宗教的非理性问题，将宗教批判归于纯思领域进行理论批判，是宗教批判的唯一方式，而马克思打开了宗教批判的新的大门。在马克思看来，当人与自然的"类"关系遭到破坏时，虚幻的宗教反映就会随之出现；对于宗教的批判并不是要实现对于宗教的批判和改造，而是要对产生宗教反映的、不符合人的"类关系"发展的社会现实进行批判和改革。

---

① 中共中央马克思恩格斯列宁斯大林著作编译局．马克思恩格斯全集：第 1 卷［M］．北京：人民出版社，1995：56.

综上，我们可以看到，马克思将宗教产生的根源放置在了人类生活真实的物质生产活动中，这都是由于马克思重新定义了"人"：马克思将人的本质从青年黑格尔派的"自我意识"转向了自由的生产实践活动，将社会则看作了人的全部关系的总和。由此，人的"类生活"就成了包括人与自然和人与自身的关系的、所有人的物质生产活动和精神活动的总和，而宗教由于不能正确反映人与自然的关系，也不能正确反映人与自己的关系，则被排除在了人的"类生活"之外。但是，人的现实生活中的的确确存在着宗教，那么，表明现实生活中出现的宗教只是一种虚假的、自欺的存在，其之所以能存在于现实中只是因为宗教存在的根据和根源在现实生活中，并且说明这种有宗教存在的现实生活还不是人类真正能实现本质的"类生活"；要实现对宗教的批判，只能先实现对于产生宗教的现实的批判，当实现了社会生活向"类生活"的完全复归，宗教的现实根据就自然而然地完全消除了，宗教也就不可能继续存在了。

至此，马克思的宗教批判完完全全超越了青年黑格尔派，实实在在地实现了实践转向。而在这个过程中，马克思哲学中的"自我意识"也有了与青年黑格尔派完全不同的定义和作用。

第四章

马克思对青年黑格尔派"自我意识"理论的批判

马克思颠覆了以往哲学家们的宗教批判思想，他认为宗教只是整个意识形态中的一部分，既不能单纯地将宗教作为理性的对立物，也不能从"自我意识"发展中探寻宗教的发展和解决办法。马克思说："只有当社会生活过程即物质生产过程的形态，作为自由联合的人的产物，处于人的有意识有计划的控制之下的时候，它才会把自己的神秘的纱幕揭掉。"① 他认为，宗教是人类物质生产领域中异化生产关系的产物，因此只能在"物质的生活关系"和"政治经济学"中解决宗教问题。马克思指出，"我们不想花力气去启发我们的聪明的哲学家，使他们懂得：如果他们把哲学、神学、实体和一切废物消融在'自我意识'中，如果他们把'人'从这些词句的统治下——而人从来没有受过这些词句的奴役——解放出来，那么'人'的'解放'也并没有前进一步；只有在现实的世界中并使用现实的手段才能实现真正的解放……"② 借此，马克思彻底将对宗教的批判转向了对于现实中的私有制的批判。

---

① 中共中央马克思恩格斯列宁斯大林著作编译局 . 马克思恩格斯全集：第 5 卷 ［M］. 北京：人民出版社，2009：97.

② 中共中央马克思恩格斯列宁斯大林著作编译局 . 马克思恩格斯全集：第 1 卷 ［M］. 北京：人民出版社，2009：526.

第一节 青年黑格尔派"自我意识"理论的缺陷

对于宗教产生的依据，马克思认为既不是黑格尔的"绝对精神"，也不是鲍威尔的"自我意识"、施特劳斯的"普遍信念"，或者费尔巴哈所认为的抽象的"类"，因为无论是黑格尔的"绝对精神"，还是鲍威尔的"自我意识"、施特劳斯的"普遍信念"、费尔巴哈的"人的本质"，都缺少了现实性。虽然，青年黑格尔派的哲学家们都对宗教进行了批判，但由于他们进行批判的工具缺少了现实性而使整个宗教批判也同宗教一样神秘。

一、鲍威尔"自我意识"的主体性抽象原则

鲍威尔作为黑格尔的学生，其"自我意识"就本质来说与黑格尔的"绝对精神"没有什么区别，都不过是"理性"的代名词。鲍威尔和黑格尔都认为"理性"决定着现实世界的规律。在鲍威尔看来，宗教也不过是由于"自我意识"阶段性的分裂发展所致，而宗教的批判和灭亡也同样要依靠理性的发展。因此，马克思才认为鲍威尔对于宗教的批判还只是继续停留在黑格尔思辨的范围内。

马克思认为，鲍威尔对于宗教的批判是源于一种"自我意识"的局限性；对于鲍威尔的"自我意识"，马克思认为费希特的"自我"与鲍威尔的"自我意识"是具有内在一致性的。费希特是为了弥合康德"先验自我"所造成的二元论而提出的"自我"理论。康德在提出"人为自然立法"的同时，也为人的理性划了界限，宣告了人类理性对"物自体"的无能为力，从此，德国古典哲学家们就为理性的自由而不断推进"自我意识"学说。费希特认为，所有的知识都可以看作是由一个"第一原理"而

产生的,也就是说,由一个可以作为原始根据的"第一原理"可以演绎出"全部知识学"。在费希特看来,我们的知识存在着一个统一的体系,而这个体系是完全由"自我"确定的,也就是,人们无法从外在的某一个客体作为起点演绎出全部知识学体系,只能由一个不证自明、无条件确定的"内在性"原则来作为初始根据,而"自我"就是费希特找到的唯一能自己设定自己、作为其他一切的原则,因为"一切意识经验的事实的理由根据就在于,在自我的一切设定以前,自我本身就先已设定了"①。费希特从逻辑的"同一律""矛盾律"与"充足理由律"演绎出了"自我设定自我""自我设定非我"与"自我和非我的统一",据此,费希特将"自我"作为确定自己、产生自己以及其他一切事物具有实在性的根据。但是,费希特哲学中"自我"本身的实在性却无法得到证实,正如康德所说:"纯粹的知识学只能是逻辑,逻辑由于它的原则,不是起源于认识材料,它作为纯粹的逻辑是由知识材料内容中抽象出来的,"因此,"企图从逻辑中找出现实客体,是徒劳的,因此是永远也无法实现的。"② 基于此,康德提出:"费希特的知识学是完全没有根据的体系。"③ 而鲍威尔对于"自我意识"与宗教关系的描述与费希特对"自我"与现实关系的描述是非常相似的。鲍威尔在《基督教真相》一书中写道:"'自我意识'设定世界、设定差别,并且在它所创造的东西中创造自身,因为它重新扬弃了它的创造物同它自身的差别,因为它只是在创造活动中和运动中才是它本身……"④ 甚至鲍威尔认为,"世界和历史的唯一力量是自我意识。历史除了是自我意识的变异和发展之外没有任何意义"⑤。显然,鲍威尔与费希特一样,认

---

① 费希特.全部知识学的基础 [M].王玖兴,译.北京:商务印书馆,1986:32.
② 古雷加.德国古典哲学新论 [M].中国社会科学出版社,1993:145.
③ 古雷加.德国古典哲学新论 [M].中国社会科学出版社,1993:145.
④ 马克思.1844 年经济学哲学手稿 [M].北京:人民出版社,2000:94.
⑤ 中共中央马克思恩格斯列宁斯大林著作编译局.马克思恩格斯全集:第 2 卷 [M].北京:人民出版社,1995:141–142.

为"自我意识"是一切现实事物的决定性依据。而这也构成了鲍威尔理论上的最大的问题，鲍威尔哲学中的"自我意识"并非来源于现实世界，但鲍威尔却用它作为依据批判现实世界，用一个虚构的主观之物去批判一个现实的客观之物，不仅在逻辑上站不住脚，显然也无法经受住历史和现实的验证。

鲍威尔将宗教看作"自我意识"与自身的关系，于是宗教产生的实质就成了"自我意识"的分裂物，这种"分裂"虽然主要是被鲍威尔用于解释宗教的产生和发展，但相应地，鲍威尔认为在"自我意识"与现实世界的关系也呈现出了对抗和否定，这一点也与费希特的"自我"本身所具有的对立和矛盾是相似的。费希特的"自我"经过发展和完善，最终会超越由"自我"所产生的"非我"，最终再复归到"自我"，在这个过程中，"自我"已经与"非我"统一成了"绝对自我"。正是由于"自我"本身设定了"自我"与"非我"，并通过"自我"与"非我"的运动，才完成了"自我"向"绝对自我"进化的过程，而这个过程也正是通过"自我"与"非我"的矛盾所推动的。鲍威尔的"自我意识"的发展则是由于"实体精神同周围环境的不断对立进行的"①。也就是，在鲍威尔看来，"自我意识"会一方面通过对现实的人的异化，另一方面通过对现实世界的否定，向更高级层面的"自我意识"复归。宗教的产生也是由于在"自我意识"发展过程中，由于理性的发展与人的本质的异化进而造成了"自我意识"的分裂而形成的现实问题。因此，鲍威尔对于尘世中的宗教问题的解决，就寄希望于理性领域所在的"自我意识"发生变革。但是，鲍威尔没有意识到，如果把宗教看作是人的本质的异化，就不能忽视异化产生的原因，异化的结果造成了现实世界中宗教的产生，那么，异化产生的原因也要回到现实的世界之中去寻找。相应地，人的本质异化的原因也要到

---

① 科尔纽. 马克思和恩格斯传［M］. 北京：生活·读书·新知三联书店，1963：32.

现实中去探寻。

于是，关于现实中的"人的本质"的异化如何成了宗教异化的原因，则成了费尔巴哈和马克思进行宗教批判的切入点：费尔巴哈从异化的角度，回到现实的人和世界中，进一步揭露宗教的本质；马克思则历史性地完成了对人的本质的异化在现实世界中的原因进行解释。也正是因马克思和费尔巴哈的努力，才进一步反映出了鲍威尔"自我意识"的主体抽象性，正如马克思所指出的那样，"宗教是人的本质在幻想中的实现，因为人的本质不具有真正的现实性。因此，反宗教的斗争间接地就是反对以宗教为精神抚慰的那个世界的斗争"①。可见，颠倒了现实世界与"自我意识"的关系，才是造成了鲍威尔将宗教和"自我意识"紧密联系起来的原因。也就是，鲍威尔的"自我意识"由于缺乏现实性，陷入了主体性和抽象性之中，进而无法将人的本质和宗教的本质真正揭示出来。

二、施特劳斯"普遍信念"的无历史性

施特劳斯论证了整个《四福音书》不过是一种独撰，是对于那个时代的人们所具有的一种"普遍信念"的神话式表达。在施特劳斯看来，由于《四福音书》中所表达出的精神与当时的时代精神是一致的，进而《四福音书》中的"神迹"就有了符合当时人类理性发展所需的客观依据，能表达出当时人们的"普遍信念"。施特劳斯这样大费周章地创造出"普遍信念"，看似是由于他完全继承了黑格尔的逻辑，即任何事物的产生和发展都要符合世界理性，历史的发展也不例外，但实际上并非如此。

"神迹"在施特劳斯看来就是早期基督教团体之中普遍存在的集体无意识具体化、客观化，因此才能具有精神实体的特质，成为"普遍信念"。这与黑格尔哲学中精神"外化"的过程逻辑相似，我们通常认为"普遍信

---

① 中共中央马克思恩格斯列宁斯大林著作编译局. 马克思恩格斯全集：第 1 卷 ［M］.
北京：人民出版社，1995：1-2.

念"与黑格尔的"绝对精神"类似，但通过分析可以发现，其实质上更符合斯宾诺莎哲学中的"实体"。施特劳斯认为，《四福音书》中的"神迹"、宗教团体众人的"无意识"和能体现当时人们理性精神的"普遍信念"是同一个东西：只有"神迹"符合当时宗教团体众人的"无意识"时，教徒才会相信；只有"神迹"符合"普遍信念"，基督教的历史和"神迹"才能被众人确信为人类的历史。这明显与斯宾诺莎哲学中的"三位一体"十分相似。斯宾诺莎认为，"神、神的理智、神的理智的对象乃是同一个东西"①。我们试想一下，施特劳斯哲学中的"神迹"是"神的理智的对象"，"无意识"是"神的理智"，那么"普遍信念"就是"神"。在斯宾诺莎的"三位一体"体系中，实体、自然、神是同一个东西，"神"相应地被实体化了，那么，在施特劳斯哲学中的"普遍信念"也同样被实体化了，成了能反映人类理性发展的历史精神。虽然，施特劳斯为"普遍信念"找到了依据，但这个"依据"本身是有局限性的，因为斯宾诺莎的"实体"本身就有局限性，进而施特劳斯对于宗教的批判也不可能是彻底的。斯宾诺莎的"实体"强调的是一种"同一性"，他对这种无差别"同一性"的坚持，最终只能让"实体"失去活力，也正因此，斯宾诺莎哲学中的"实体"成了一个永恒的存在，它始终是静止的，且缺乏自我能动性，这也是之后的众多哲学家对于斯宾诺莎哲学进行批判的切入点。在施特劳斯哲学中，"普遍信念"实体化之后成了一种精神参照物，它的稳定性和普遍性使得宗教中的"神迹"和人们理性发展中的集体"无意识"都处于平衡之中，并依照"普遍信念"发展的需求，完成了各自的发展，不论是"神迹"还是"无意识"都被客观化为精神，沉淀在了历史发展的人民精神中。而正是由于"普遍信念"缺少了能动性，基督教只要符合理性的发展就能成为一个永恒存在物，因此，施特劳斯对于宗教的批判态度是

---

① 斯宾诺莎 . 十六—十八世纪西欧各国哲学 [M]. 北京：商务印书馆，1975：280.

不彻底的。

施特劳斯一直强调对于《四福音书》的理解和批判要通过考察历史的发展、当时人们的理性和意识的发展状态，但实际上他对于宗教的批判缺少真正的历史原则，毕竟施特劳斯将历史看作是世界理性的外化，而这种类似于黑格尔唯心主义的历史观，却又缺乏了黑格尔哲学中最重要的东西。黑格尔哲学中的"绝对精神"既能作为动力，又能实现自我扬弃，但是施特劳斯哲学中的"普遍信念"却不具有这种能动性，"普遍信念"本身既不能自我运动，也不能规定自身，更类似于斯宾诺莎哲学中静态的"实体"。如此一来，宗教在施特劳斯哲学中，也就不可能是一个具有历史性、能自我产生、发展、消亡的存在物，进而施特劳斯对于宗教的批判也不可能和黑格尔一样秉持"历史与逻辑相统一"的批判原则。

施特劳斯始终是将非现实的"普遍信念"用实体化的形式在理论上对《四福音书》中的"神迹"来进行解释，并将这种非理性"神迹"作为现实世界中的宗教存在的唯一合理的依据。用一种非理性事物作为依据来论证某一事物存在的理性依据，这完全是一种理性的矛盾，体现出了施特劳斯的非逻辑性。如果按照施特劳斯所认为的，"普遍信念"是存在于世界某一地方的精神实体，但我们无法确定它的真正内涵，那么依据"普遍信念"而产生的"神迹"也就无法确认真伪，变得人人可以编造，就像恩格斯说的那样："按照施特劳斯含糊的神话论，人人都可以任意地把福音书的记述当做历史的记述……"①

在马克思看来，"批判"不是目的，而是一种手段，"批判"最重要的是要实现"揭露"事物的本质，因此，如果对一个事物所进行的批判已经将这一事物批判到了再不能"揭露"出什么，那么探究其"本质"已经没有任何意义了，于是批判也就变得没有意义了。正如鲍威尔所说："如果

---

① 中共中央马克思恩格斯列宁斯大林著作编译局. 马克思恩格斯全集：第 19 卷［M］. 北京：人民出版社，1995：328.

不加批判地在一个领域内假定有实体,即使是对个别的荒谬的论点而言,也是不彻底的。"① 施特劳斯是通过论证《四福音书》中的"神迹"是假的,以此实现对于现实中的宗教的批判的,但实际上他并没有真正达到"批判"的目的。马克思是在历史性原则的基础上,实现了对于现实中的宗教的批判,不仅在现实世界中找到了宗教存在的依据,并且依靠现实世界中人与人的社会和生产关系对宗教进行了批判。

马克思对于宗教的批判,完全克服了施特劳斯宗教批判的局限性,实现了对于宗教彻底的批判。而施特劳斯批判宗教的方式与马克思所秉持的"历史和逻辑相统一"的方法并不一样,所以他无法将宗教看作是一种意识形态的存在,也无法明确宗教的产生、发展、灭亡都是历史发展的过程。

三、费尔巴哈"类本质"的无现实性

要想对在现实世界中的宗教进行批判,只要让上帝不再是决定人的命运的存在就可以,所以首先要实现将现实中的人的本质作为上帝存在的依据,再将对宗教的批判转为对现实中的人的批判。无论是鲍威尔还是施特劳斯都无法彻底完成对于现实世界中的宗教的批判,归根结底在于鲍威尔的"自我意识"与施特劳斯的"普遍信念"都不能体现出现实中的人的本质。从本质上来说,鲍威尔的"自我意识"与黑格尔的"绝对精神"是相同的,鲍威尔哲学中"宗教是自我意识的异化"与黑格尔哲学中的"宗教是绝对精神的外化"说的是同一个逻辑,施特劳斯的"普遍信念"只是一种关于人类理性发展的设想。而"是谁不是用'人的意义'(好像除了是人之外还有什么其他的意义似的!)而是用'人'本身来代替包括'无限

---

① 中共中央马克思恩格斯列宁斯大林著作编译局.马克思恩格斯全集:第2卷[M].北京:人民出版社,1995:174.

的自我意识'在内的破烂货呢？是费尔巴哈，而且仅仅是费尔巴哈"①。

费尔巴哈认为，人具有三种属性，一是自然属性，二是社会属性，三是精神属性。在费尔巴哈看来，人既要与动物一样有肉体性质受环境限制，同时有动物所没有的能动性和无限性，动物只能无条件服从自然安排，但人的理性可以使人摆脱动物的限制性，因为人具有一种动物所无法具有的"自由的感性"，可以冲破动物的感觉对象，跳脱出动物感官所能限制的界限，这是人在与他人的交往过程中形成的，也可以看作是在人类历史中自然形成的，所以，"理智"可以算作是人的自然属性；同时，人在与他人的交往过程中，不断认识自己、认识世界，促使人成了他自身的作品，因此费尔巴哈哲学中的"人"是与他人关系紧密的、社会中的"人"。在这一点上，马克思与他的观点一致。马克思在给费尔巴哈的信中写道："建立在人们的现实差别基础上的人与人的统一，从抽象的天上下降到现实的地上的人类概念，——如果不是社会的概念，那是什么呢！"②费尔巴哈哲学中的人的本质是一种"类本质"，费尔巴哈关注的是人与人之间所具有的普遍性的东西，这种关系是普遍存在于人与人之间的"道德""意志"和"爱"，是人与人之间的"类关系"。

费尔巴哈认为，人在超越动物性方面，除了具有"理智"这种自然属性之外，还因为人具有"自我意识"这种精神属性；"自我意识"使人将作为主体的自己与自己之外的客观存在分开，同时也使人自身发生了肉体（自然）和精神的二重化，进而才产生了人的双重生活，既能用肉体之身开展"外在生活"，同时也能通过精神开展人与人之间的"内在生活"。宗教其实就是人们的一种内在生活方式，是人同自己"类本质"的交往。在

---

① 中共中央马克思恩格斯列宁斯大林著作编译局. 马克思恩格斯全集：第2卷［M］. 北京：人民出版社，1995：118.

② 中共中央马克思恩格斯列宁斯大林著作编译局. 马克思恩格斯全集：第27卷［M］. 北京：人民出版社，1995：450.

费尔巴哈看来，动物正是由于没有这种内在生活方式，才无法产生理智，而理智的无限性就是"全知"，这种"全知"正是上帝的本质。费尔巴哈认为，由于"人使他自己的本质对象化，然后，又使自己成为这个对象化了的、转化成为主体、人格的本质对象。这就是宗教的秘密"①。

从费尔巴哈将人的本质分为三种属性来看，费尔巴哈哲学中的人的本质虽然被强调为一种"类本质"，但其也是一种抽象的本质，人的现实性在费尔巴哈看来是一种在人与人之间的交往过程中产生的感觉属性，如"道德""意志""爱"等等。由此，费尔巴哈将对宗教的批判与人的感觉属性联系了起来，这种人的本质属性的无现实性，也造成了费尔巴哈据此提出的宗教批判的无现实性。

费尔巴哈认为，完全与人内心相关的本质只有"意志"，因为意志是唯一只依靠人内心的自律和自觉就能实现自身的圆满的属性，而一旦当人在"内在生活"中发现自身的道德意识有缺陷时，就会由于自己和人的本质属性相背离而产生痛苦，这种痛苦就需要用"爱"来抚慰，而上帝就是用来弥补这种人类的这种痛苦的，因为"爱就是上帝本身，除了爱以外，就没有上帝。……爱，是上帝与人、精神与自然的真正统一"②。由此，费尔巴哈从人自身的属性出发找到了上帝的存在依据，论证了宗教不过是人们获得爱的一种途径，其本身并没有什么神秘性。费尔巴哈据此展开了对于现实社会中的宗教的批判，人的类本性所需要的爱是人与人之间的普遍的"爱"，而基督教的"博爱"却是源自人类自私的利己之爱，因为对于基督教的信仰是个体由个人身份进行的，他们对于上帝的爱也不过是为了来世能得到上帝的拯救，进而获得圆满。由众人的利己之爱所形成的宗教，自然也是利己主义的宗教。其实人们所追求的也不过是一种抽象的"爱"，这种利己的、为了来世而不得不对上帝产生的爱，虽然来自现实，

---

① 费尔巴哈. 费尔巴哈哲学著作选集：上卷［M］. 北京：商务印书馆，1984：56.
② 费尔巴哈. 费尔巴哈哲学著作选集：下卷［M］. 北京：商务印书馆，1984：76.

但缺乏了现实性，也无任何历史性。进而上帝的"博爱"，也不过是一种理想中的爱，充满着人们的希冀。由于人的"普爱"需要所产生的宗教，或许是好的，但是这种上帝所在的天国在人间是无法在现实世界中实现的，就如同费尔巴哈所设想的"不分性别、不分等级地相互拥抱"① 的爱一样，都是不现实的。

马克思认为，要解决现实世界中的宗教问题，费尔巴哈哲学中不现实的唯心主义思想是一定要摒弃的。在马克思看来，费尔巴哈所认为的人在"内在生活"中人与自身本质的分离、人精神属性中缺乏的爱，都不是宗教产生的真正原因；反而是费尔巴哈所提到的人在"外在生活"中所产生，即在人的物质生活中所产生的人与自身"人的本质"的分离，才是宗教产生的原因。因此，只要物质领域的异化消失，宗教的一切就会消亡。可见，马克思与费尔巴哈对于宗教批判的态度的截然不同，归根结底是由于马克思与费尔巴哈对于"人的本质"的定义不同。

四、施蒂纳个体唯一性的"我"的利己主义

在《德意志意识形态》中，马克思对施蒂纳进行了大篇幅的批判，他认为对于施蒂纳的批判不应该将基于理性的自我意识为基础的哲学家的观点作为出发点，也不能将个人放置在世界、社会、国家的对立面去理解。

马克思批判了施蒂纳这种将人设定为纯粹的"我"的观点。主要是由于施蒂纳的这种唯一的、纯粹的"我"是脱离了社会关系的个体，虽然施蒂纳反对将个人作为虚构的主体来理解，强调个人自立的、自由的和独一无二的本质，但他却缺少了一个最重要的关于人的本质的思想，那就是，人的本质是在人与人的相互关系中形成的。他认为，"它把宗教的人假设为全部历史起点的原人，它在自己的想象中用宗教的幻想生产代替生活资

---

① 中共中央马克思恩格斯列宁斯大林著作编译局. 马克思恩格斯选集：第4卷［M］. 北京：人民出版社，1995：240.

料和生活本身的现实生产"①，实际上也是一种"宗教观点"。这种离开了客观的历史、人与人之间的关系，谈论个体的"我"和"类"的自我意识的观点，本身就具有施蒂纳所认为的、应被批判和扬弃的抽象性。

施蒂纳哲学中的唯一的和纯粹的"我"指的是以个人的发展和自由为前提的个体，而不是以所有人的理性发展和神圣观念发展为前提的抽象的"类"。之前的德国古典哲学家和青年黑格尔派的其他成员都是将人类理性作为"第一性"，而这种作为"第一性"的人类理性是一种普遍的、观念的存在，黑格尔更是将其进一步抽象为"类"。施蒂纳认为，对于个体来说，"类"是一种高于自身本质的存在，个体与"类"之间有着极大的距离。他提出，如果个体将人类的自由、理性、观念作为自己的本质，而不是将个体的"我"作为本质，那么个体就会因为承担过度的责任、承载超过自己能力可以负荷的期望，进而陷入虚无的幻觉中，个体越是向着"类"的自由、"普遍"理性和"神圣信念"前进就越会与自由相背而驰，被宗教这种虚假的幻觉欺骗。但是，如果个体就只是纯粹的"我"，抛开一切"普遍"和"神圣观念"，实现与"类"无关，就不会有这种问题，一切如宗教般的虚假的臆想物也就会被彻底毁灭。马克思认为，施蒂纳的这种思想实际上是把人的本质建立在了个体特性上的利己主义，这是与人的本质相背离的，也同样是一种抽象。

在马克思看来，施蒂纳将个人与社会分开、将个人利益绝对化的观点是错误的，即使在人类社会的历史发展过程中，个人利益与普遍利益有时的确会有着难以调和的矛盾，也不能仅从作为个体的"我"出发寻找原因和解决办法。个人利益在发展为共同利益的过程中，经常是先发展为阶级利益，而个人利益发展到阶级利益的过程总是要通过个人意志向他所意愿的相反的方向发展而实现的；当共同利益一旦超越了个人利益真正获得实

---

① 麦克斯·施蒂纳. 唯一者及其所有物 [M]. 北京：商务印书馆，1989：94.

现的时候，共同利益就脱离了单独的个人获得了独立性，进而成了普遍利益，而一旦社会的普遍利益形成之后，又会与真正以个体生存的个体的利益发生矛盾。社会利益是所有个人利益的总和，但在资本主义社会中，社会的普遍利益的增长总能以牺牲个人利益为代价，通过个人的异化来实现。资本家为了追求利益，只按照资本和价值行为安排劳动者进行生产、对产品进行分配；而无产阶级劳动者由于不占有生产资料，不得不出卖自己的劳动力以换取生存所需，其劳动所得不归自己所有和分配，也不体现自己的价值和创造性，只是按照价值规律进行生产，所以资本主义社会中作为单独的个人的行为都被"异化"了，此时个人与社会的关系、个人利益与社会普遍利益的关系都发生了矛盾。由于人在生产过程中形成了社会关系，这种关系虽然由人与人之间的交往形成，却与个人的意志和行为无关，只与资本主义私有制的生产力发展相关。因此，马克思才说，虽然宗教批判是一切批判的前提，但实际上对于宗教的批判已经结束了。

德国的宗教批判运动，经过由施特劳斯开始，经鲍威尔到费尔巴哈的宗教批判，已经取得了足以动摇基督教在社会发展中人们的信仰，部分实现了宗教批判的目的。怀疑和批判在哲学中多是作为一种方式，最终目的是得到肯定和普遍性的答案，但是"从施特劳斯到施蒂纳的整个德国哲学批判都局限于对宗教观念的批判"①，所以并没有形成能解决宗教问题的具有普遍性的答案。马克思认为，施蒂纳忽略了个体与物质生产和交换的关系，个体是不能作为完全独立的人存在的，因为人的生存需要生产和交换，而进行生产和交换的过程就会自然而然地产生分工，人和人之间的交往是不可避免的。也就是，人与人之间必然会产生关系，这种关系来源于生产过程由生产力所决定，而人的特性和本质不取决于意识，是由社会存在所决定的。马克思提出，"每个个人和每一代所遇到的现成的东西生产

---

① 中共中央马克思恩格斯列宁斯大林著作编译局. 马克思恩格斯选集：第 3 卷 ［M］. 北京：人民出版社，1995：21.

力和社会交往形成的总和,是哲学家们想象为'实体'和'人的本质'的东西的现实基础,是他们神化了的并与之斗争的东西的现实基础,这种基础尽管遭到以'自我意识'和'唯一者'的身份出现的哲学家们的反抗,但它对人们发展所起的作用和影响却丝毫也不因此而受到干扰"①。

马克思在《德意志意识形态》中分析了青年黑格尔派成员们的主要问题,他认为由于青年黑格尔派的思想都来源于黑格尔,但是按照黑格尔的哲学体系,"观念、思想、概念生产、规定和支配人们的现实生活、他们的物质世界、他们的现实关系"②,"概念的自我规定"决定了一切、"自我意识"决定了历史的发展,因此,青年黑格尔派认为,作为人的枷锁的宗教也是"观念"和"意识"的阶段性产物,只要用"自我意识"的批判或利己主义来实现对现存意识的批判,就能实现对于现实的宗教的批判,使人得到解放。

可以说,包括强调脱离一切社会关系只与他自己有关系的"唯一者"的施蒂纳在内的青年黑格尔派成员们的思想,在一定程度上作为"反面教材"影响了马克思。马克思认为要真正实现对于现实的批判,必将先要将"人"作为一种现实的人,而不是"观念"的人来看待。

第二节 马克思对费尔巴哈"人的本质" 理论的超越

费尔巴哈将宗教和人的自然属性联系起来,而不是像其他的青年黑格

---

① 中共中央马克思恩格斯列宁斯大林著作编译局．马克思恩格斯选集：第 1 卷［M］.
　北京：人民出版社，1995：92.
② 中共中央马克思恩格斯列宁斯大林著作编译局．马克思恩格斯选集：第 3 卷［M］.
　北京：人民出版社，1995：16.

尔派的成员们一样只把宗教看作符合人的理性发展而产生的东西，由此，宗教的问题变成了如何符合人类的自然属性的问题。这显然是一种唯物主义的方式，但费尔巴哈的这种"唯物主义"并不彻底，因为他仍旧受困于旧的本体论的思维方式，依然将人定义为"内在的、无声的类"，费尔巴哈哲学中的"人"是没有现实性的。因此，马克思认为，只有对费尔巴哈哲学中的"人的本质"进行变革，才能从根本上变革费尔巴哈哲学中人与宗教的关系，找到宗教存在的现实依据，实现将宗教批判转为对现实的批判。

一、将以自然为属性的人改造为以感性活动为属性的人

费尔巴哈将人的"理智"视为人的自然属性，是人"类本性"的一种，这种"类本性"决定了人类除了具有与动物相同的"受动性"之外，也具有能动性，只不过这种"能动性"同样源于人的自然属性。相应地，人的主体性和能动性也就成了费尔巴哈哲学中人的"类本性"。但是，费尔巴哈只将这种唯物主义的立场用在了对于人类"理智"来源的考察上，当涉及"理智"与自然和意识的本原关系时，费尔巴哈还是选择了主张思维活动是第一性的逻辑原则。费尔巴哈指出，"在理智看来，理智自己就是一切实在性之准则。——一切无理智的、自相矛盾的东西，都是虚无"①。正是由于费尔巴哈没有将现实的活动作为考察人类理性和行动活动的依据，只是将由人类的"理智"展开的理论活动看作了人的本质的活动，以至于在费尔巴哈哲学中"人的本质"脱离了现实。一旦没有了现实的基础，费尔巴哈哲学中的"人的本质"所体现出的也不过是一种朴素的唯物主义。

马克思赞同费尔巴哈的这种唯物主义的原则，但又不完全赞同。相同

---

① 费尔巴哈.基督教的本质 [M].北京：商务印书馆，1997：72.

的是，马克思也将人的自然存在作为第一性。马克思提出："人作为自然存在物，而且作为有生命的自然存在物，一方面具有自然力、生命力，是能动的自然存在物；这些力量作为天赋和才能、作为欲望存在于人身上；另一方面，人作为自然的、肉体的、感性的、对象性的存在物……"① 不同的是，马克思认为，人作为类存在物，更是由于人是一种自然的对象性存在，也就是，"（人）他必须既在自己的存在中也在自己的知识中确证并表现自身"②；而这种对象性"是表现和确证他本质力量所不可缺少的、重要的对象"③。进一步讲，对象性决定了人要通过对自然界和现实世界的改造来确证自己的本质，改造后的自然界或现实世界会成为人的本质的"外化物"。于是，在人们改造自然和社会的实践活动中，人通过对实践活动的对象进行物质性改造，将"人的本质"通过能作为"主体客体化"载体的东西最终呈现出来。所以，马克思对费尔巴哈哲学中"人的本质"属性中的"受动性"进行了改造，他用"对象性"来表现人的本质，这种"对象性"使人成了具有自我意识的存在物，而这种自我意识的产生则是由于人能进行感性的物质活动。

在马克思哲学中，感性的物质活动是一种有意识的、自由的活动。"有意识"指的是人所进行的生产活动并不像动物为了满足生存一样是不得不进行的本能活动，动物"只生产它自己或它的幼仔所直接需要的东西"④，"而人甚至不受肉体需要的支配也进行生产，并且只有不受这种需要的支配时才进行真正的生产"⑤。人所进行的活动是有目的、有计划的生产活动，对象是整个自然界，经过人的这种实践活动，整个被改造过的自然界都成了人的"作品"、人本质的"外化物"，而整个活动就是一种感性

---

① 马克思.1844 年经济学哲学手稿 [M].北京：人民出版社，2000：105.
② 马克思.1844 年经济学哲学手稿 [M].北京：人民出版社，2000：107.
③ 马克思.1844 年经济学哲学手稿 [M].北京：人民出版社，2000：106.
④ 马克思.1844 年经济学哲学手稿 [M].北京：人民出版社，2000：96.
⑤ 马克思.1844 年经济学哲学手稿 [M].北京：人民出版社，2000：97.

的物质性活动，经过人的改造后，自然界具有了人的"类"属性，成了"属人世界"，而由人的感性的物质活动所构成的生活本身也成了人的"类生活"。至此，马克思将费尔巴哈没有区分的自然界和属人世界分开来，实现了"类"的对象的变革。"自由的"则是人所特有的本质属性，也是人的"类生活"的内在条件。在马克思看来，"人的本质"是通过能自由生产而实现的，人在实践活动中"懂得怎样处处都把内在的尺度运用到对象上去"①，人能按照"类"的标准去设计和创造不同于自在自然的"属人世界"。而在属人的世界中，人可以自由地用任意的尺度去进行生产，此时，人们对自然界的改造活动就成了人"类本质"的外化活动。这种自由的活动是一种真正的感性物质活动，在这个过程中，人所进行的生产所产生的产品不仅能满足肉体生存的需要，还能满足精神的需求。因为，人与动物不同，不仅能按照自己的尺度去创造产品还能按照"美的规律来建造"产品，更能按照任何一种尺度去进行生产。这种"自由性"是人能创造出属人世界的根本原因所在，也是人所生产的产品能满足人类物质和精神享受的需要的原因，因为在这个过程中，人能实现将人的本质与生产所产生的成果相一致，因此，人能实现"在他所创造的对象中直观自身"②。

在这个意义上，马克思认为，人的"类生活"就是一种需要人靠自己的实践活动去创造的生活；人的理性则是在人后天的生产和生活实践活动中形成的，因为"自然界、无论是客观的还是主观的，都不是直接同人的存在物相适合地存在着"③。所以，在马克思看来，人的能动性不是对自然认识时所使用的理智能动性，而是能对自然进行改造的实践能动性，这种自由的能动性将人视为感性活动的对象，而不是像费尔巴哈一样"把人只

---

① 马克思.1844年经济学哲学手稿［M］.北京：人民出版社，2000：97.
② 马克思.1844年经济学哲学手稿［M］.北京：人民出版社，2000：97.
③ 马克思.1844年经济学哲学手稿［M］.北京：人民出版社，2000：107.

看做'感性的对象',而不是'感性的活动'……"①

二、变革精神性的"类关系"为现实性的"社会关系"

黑格尔在《小逻辑》中把人的生命看作是"普遍性和个体性的统一",因此,人生命的过程就成了克服"束缚其自身的直接性"、将人的个体性从"自在存在"提升到"自为存在"的过程②,人在这个过程中不断地挣脱束缚使自己朝着最理想的存在状态发展,成为真正的理性"类存在"。在黑格尔哲学中,"普遍性"是一种逻辑指向性,但这只是个体努力的一个方向,却不是实际可以实现的存在方式。

费尔巴哈与黑格尔一样,他也将"类存在"看作是人生存的理想状态,但不一样的是,费尔巴哈将"类"看作是由"理智""意志"和"爱"等构成的,个体通过"类"的发展来完善自身进而实现对自己不完满性的否定,借此实现自己的本质。费尔巴哈认为:"人的本质只是包含在团体之中,包含在人与人的统一之中。"③ 可见,他所认为的人的"类本质"要在个体与"类"的关系中才能实现,而社会在这种"关系"中就是一种必须存在的中介,为人的"类本质"的实现提供爱情、友情、道德、法律等一系列途径和手段。但是费尔巴哈与黑格尔一样不能使人的本质达到完满,从而真正实现人的类本质。这是因为费尔巴哈虽然意识到了人的本质要在社会关系中实现,但费尔巴哈把这种关系解读为一种抽象的"爱",无论是男女之爱、人和人之间的友情关系、道德关系还是法律关系,都是人在生活领域中的精神状态,无论是爱情、友情还是道德、法律,都是一种精神性的交往,不能完全被人自己所掌握,也不可能完全实

---

① 中共中央马克思恩格斯列宁斯大林著作编译局.马克思恩格斯全集:第 3 卷［M］.北京:人民出版社,1960:50.
② 黑格尔.小逻辑［M］.贺麟,译.北京:商务印书馆,1980:404-409.
③ 费尔巴哈.费尔巴哈哲学著作选集:上卷［M］.北京:商务印书馆,1984:185.

现人的本质。所以，费尔巴哈虽然承认人和人的关系中存在"类关系"，但在费尔巴哈哲学中，这种"类关系"不可能实现自由，因为他并没有在社会生产领域中去寻找，离开物质生产所形成的人与人的关系，无非是一种抽象的、空洞的"类关系"。

马克思认为，只有现实的关系才能促使人实现人的"类本质"。在马克思看来，人的本质是在改造自然的过程中形成的，在人改造自然的过程中能生产出既能满足人们物质需要又能满足人精神需求的产品，这些产品就是人的本质的"外化物"。同时，人在改造自然的过程中必将和其他人发生这样或那样的关系，因为改造自然的活动不可能是个体的单独行为，这是一种有目的、有计划的实践活动，因此必然产生一种有组织的、有现实性的生产过程，而人们在这个生产过程中所形成的关系才能真正展现出人的本质，这种生产关系就成了人的"类关系"。马克思提出："生命的生产，无论是通过劳动而达到的自己生命的生产，或是通过生育而达到的他人生命的生产，就立即表现为双重关系：一方面是自然的关系，另一方面是社会关系……"①"类关系"产生于人与人之间相互作用的生产关系中，表现为一种人类生命所特有的社会关系。由于自然生命的普遍性是一种肉体的自然属性，所以人的本质并不能在自然生命的关系中去寻找；人在改造自然的物质生产活动中才能产生独属于人类的"理智"，进而，人的本质就要到人改造自然的实践活动中去寻找。马克思提出："社会不是由个人构成，而是表示这些个人彼此发生的那些联系和关系的总和。"② 显然，社会是一个关系概念，不是抽象的个体与个体的简单相加，而是人与人关系的集合，因此，人也就成了一种关系存在物，那么，在费尔巴哈哲学中

---

① 中共中央马克思恩格斯列宁斯大林著作编译局. 马克思恩格斯选集：第 4 卷［M］. 北京：人民出版社，1995：532.

② 中共中央马克思恩格斯列宁斯大林著作编译局. 马克思恩格斯全集：第 46 卷［M］. 北京：人民出版社，1980：320.

所提出的"类存在"在马克思哲学中就应该发生在社会中。马克思提出，社会"即处于社会关系中的人本身"①，那么，"人的本质不是单人所固有的抽象物，在其现实性上，它是一切社会关系的总和"②。由此，马克思认为，人的本质只能在能形成人的本质的社会中去寻找才能获得，他一方面将费尔巴哈哲学中"人的本质"引入了社会现实中，另一方面将费尔巴哈哲学中精神的、空洞的"类关系"直接转变为了现实性的、物质性的"社会关系"。

在马克思以前，哲学家们多是在精神领域中寻找人的本质，作为德国古典哲学的集大成者的黑格尔对于人的"类存在""类关系"的理解也总是被困在理念中，人的本质不可避免地就成了理念中的空洞概念。费尔巴哈虽然将人的"理智"属性归结为自然属性，但由于他仍旧将理智作为第一性，肉体也就依然只能在无声的直观世界中找到存在的意义。直到马克思将人的本质归结为感性的物质活动，才使得本来在费尔巴哈哲学中只关注精神的"类关系"融入了物质性的内容，进而实现了将"类关系"发生的领域从人内心的精神世界转到了物质世界。而当马克思实现了将人的"类关系"从生活领域转到了生产领域，马克思哲学的一切理论基础和之前的哲学就都不一样了，马克思彻底颠覆了青年黑格尔派的宗教批判理论，宗教存在的根据也由理性领域向物质生产领域发生了转向。

三、将宗教驱逐出人的真正的"类生活"

费尔巴哈认为，宗教能弥补人的精神方面的缺陷，是人特有的内在生活的形式；而在马克思看来，人特有的精神的内在生活的问题靠宗教是无

---

① 中共中央马克思恩格斯列宁斯大林著作编译局. 马克思恩格斯全集：第46卷［M］. 北京：人民出版社，1980：226.

② 中共中央马克思恩格斯列宁斯大林著作编译局. 马克思恩格斯选集：第1卷［M］. 北京：人民出版社，1995：56.

法解决的；非要说宗教和人类的精神相关，它也不过是人类精神上的自欺。马克思认为，人最真实的状态是作为"类"存在物，"类关系"是当人作为类存在物的时候人与自然的最本真的关系。如果宗教表现的是一种真实的关系，那么，宗教要么能表达人与自然之间的关系，要么是"精神领域"的对象。

在马克思看来，宗教是丝毫没有真实性的。一方面，宗教是对自然界中的神秘现象、社会历史的虚幻故事的反映，无论是对于自然存在物的崇拜，还是对于历史事件中"神迹"的信仰，它们的基础就已经违背了人类所生活的真实世界，所以宗教也只能是一种对于现实的虚幻的反映；另一方面，宗教作为对虚幻现实的反映，但并不是人的主观上的想象，而是一种精神上的自欺，人们明明知道天国和彼岸世界只是一种幻象和虚构，但人们还是选择相信它、信仰它，所以宗教只是一种自欺欺人的存在。

马克思将人的本质从理性中解脱出来，将"感性的物质活动"作为人与动物的最本质区别，自然界除了是理性精神的对象，更重要的是感性的活动的对象，人类不仅能从中获得理性知识，也能从中得到感官的享受。马克思认为这种由感官得到的精神上的享受才是人作为"类"特有的内在的生存方式，而宗教并不能为人带来这种精神上的享受，也就是，宗教并不在"精神领域"。

马克思将宗教从传统的理性中摆脱出来，将在之前哲学家们思维中的宗教放在了人与自然、人的类关系中去考察，重新确立了宗教批判的视角。由于宗教反映的对象和主体都不具备真实性，它既无法满足人"类生存"的存在意义，也不能反映人作为"类生活"中的人与自然的真实关系，因此，宗教是被马克思排除在人的类关系之外的。也就是，马克思认为，一旦人处于正常的类生活，宗教就不可能存在，只有当人与自然的关系没有被破坏，人与自然是实践的关系，人能在对自然的实践中实现人的类本质，人才算是处于正常的类生活，在这种情况下宗教是没有存在的基础和意义的。相反，当人与自然的关系被打破之后，人的实践活动已经没了"类存在"的意义，人与人之间也体现不出真正的类关系，此时人类社会历史中就自然地出现了宗教，它只是作为一种人类历史上特殊时期的、特有的社会现象。马克思是将宗教与"异化"联系起来得到的宗教与类生活的关系的。在马克思看来，人类生产实践中的异化是对象化的一种特殊的方式，"异化"不是在人类开始进行感性的物质活动时就有的，而是当人的感性的物质活动中的"类"关系被破坏后出现的。实际上，异化与作为"类存在"的人来说本来是没有关系的，只是一种人类历史发展到一定时期的产物，只是一种在私有制的生产关系中与不具有人的"类本质"的劳动者同时产生的。

所以，从人的"类存在""类本质""类关系""类生活"来讲，宗教不是精神的需求，而是劳动异化的结果。马克思将"异化"引入生产实践，将"类存在""类本质""类关系""类生活"与宗教联系起来共同分析，认为宗教是被排除在类生活之外。

马克思提出："在宗教中，人的幻想、人的头脑和人的心灵的自主活动对个人发生作用不取决于他个人，就是说，是作为某种异己的活动，神灵的或魔鬼的活动发生作用，同样，工人的活动也不是他的自主活动。他的活动属于别人，这种活动是他自身的丧失。"① 也就是，宗教发生的根据不是人的意识，而是异化后的人的社会生活。当工人进行的是异化劳动时，他所进行的就不是自由自觉的活动，他在实践中创造的越多，他本人失去的就越多，他就与自己的本质离得越远，此时，宗教便成了人们社会生活的历史阶段的产物。看似是在宗教与人的内在生活存在着对立关系，经过马克思的论证，实际上却是生产领域中劳动产品与劳动者的对立；看似是上帝对人心灵的束缚，实际上是私有财产和物质产品对人肉体的束

---

① 中共中央马克思恩格斯列宁斯大林著作编译局. 马克思恩格斯选集：第 1 卷 [M].
　　北京：人民出版社，1995：44.

缚；看似是人信奉基督教、在精神中崇拜上帝，实际上是人对社会生产生活中的金钱和物品的执着追求，"拜物教"就是由此产生的。

可见，在马克思看来，人的真正的类生活中是不应该存在宗教的。具体地说，宗教作为现实社会生活中存在的现象，其形成的根据要在现实的社会生活中才能找到，而私有制生产关系下形成基督教的现实社会并不是人类真正的类生活，并且是与人的"类生活"相对立的。因此，宗教是要被批判、要实现变革的。而只有宗教现实依据被消除，才能实现社会向真正的类生活的复归。

第三节　马克思对青年黑格尔派"自我意识"理论批判的实质

青年黑格尔派的哲学家们是基于"自我意识"进行宗教批判的，无论是鲍威尔、施特劳斯还是费尔巴哈，都希望能将宗教批判与现实联系起来，但由于他们的哲学是以理性为"第一性"的，"自我意识"被看作是把人与动物的区别开来的标志，因此，宗教批判也只是在理性范围内进行的，并没有超越黑格尔哲学的逻辑范畴。只有马克思用人的感性的物质活动彰显了人的主体性，否定了几千年来西方唯心主义哲学家们所认为的人的本质是"人的理性动物"这一观点，用感性的物质活动作为人与动物的根本区别，提出"个人把自己和动物区别开来的第一个历史行动不在于他们有思想，而在于他们开始生产自己的生活资料"①。

---

① 中共中央马克思恩格斯列宁斯大林著作编译局. 马克思恩格斯选集：第 1 卷 [M].
北京：人民出版社，1995：67.

马克思通过重新定义"人",真正实现了将理性放置在了社会生产生活中,人的理性不再是现实世界"第一性"的了。在马克思看来,理性(自我意识)是在自然和环境共同作用下产生和发展的,他说:"可以根据意识、宗教或随便别的什么来区别人和动物。当人开始生产自己的生活资料的时候,这一步是由他们的肉体组织所决定的,人本身就开始把自己和动物区别开来。"① 进而,青年黑格派没有实现的将宗教批判与现实联系起来的愿望,最终由马克思实现了。哲学真正进入了现实生活。

一、为宗教存在找到现实根据

当青年黑格尔派的成员们对宗教的批判离开了人的实践活动、离开了人的社会关系,将理性作为宗教存在的最根本原因,宗教批判就被禁锢在了思维领域,所以,对于宗教的理论批判就成了宗教批判的唯一形式。当哲学家认为宗教与理性不可调和的时候,就会将宗教批判的目标定位为消灭宗教,如鲍威尔;当哲学家认为宗教与理性可以调和的时候,就会将宗教批判的目标定位为改造宗教,如施特劳斯。但是无论是如鲍威尔一般的宗教批判的激进派,还是如施特劳斯一样的宗教批判的温和派,都没有认识到宗教的本质和宗教存在的根本原因。

理性不能解释宗教的全部,正如马克思所认为的那样,宗教是一种虚幻的反映,一旦在人与自然之间的"类关系"发生的过程中人的本质背离了感性的物质活动,就会产生对宗教的需求。所以,靠思维改造出一个符合理性的宗教是不可能实现的,只要对产生宗教的社会现实进行改造进而使人与自然的关系符合"类关系"、使人的本质得到实现,宗教自然就没有了存在的理由。

马克思提出,人最理想的真实存在状态就是人的"类存在","人是类

---

① 中共中央马克思恩格斯列宁斯大林著作编译局. 马克思恩格斯选集:第 1 卷 [M]. 北京:人民出版社, 1995:67.

存在物，不仅因为人在实践上和理论上都把类——自身的类以及其他物的类——当作自己的对象"①。在这个状态下，人所发生的关系就是最真实、最理想的"类关系"，人也能在这个状态下实现"人的本质"。费尔巴哈将宗教看作"人的本质的异化"，他将人理解为抽象的、以自然为基础的"类"的集合；宗教作为人的本质的异化也就是人自己精神类本质的异化的结果，当人与自身的精神交流能在宗教中获得，并在这个过程中逐渐实现自己的本质，宗教就成了人与自己本质的中介，能满足人们精神上的需要、弥补自身精神上的缺陷，进而消除异化，实现人的本质的复归。马克思也用"异化"来探讨宗教存在的根源问题，但马克思将人的本质作为感性的物质活动，表现为人有意识、有目的地改造自然的生产实践活动，活动的目的就是通过对自然的改造制造出人们生活和精神所需的产品，这种劳动产品可以被人们自己所占有和支配，人们也借此实现自己的"类存在"。所以，马克思认为，人的生命本质上就是一种社会关系，且这种社会关系实际上是一种生产关系。

于是，当人们不能按照自己的目的进行生产，不能自由地创造产品，也不能任意占有或消费产品时，产品本身对于人来说就成了异己的存在物，也就是人的本质的异化物。而这种情况的发生，则是由于私有制的存在，私有制使人不能拥有自己的劳动产品，造成了"劳动异化"的产生，只能产生不属于劳动者个人的私有财产，私有财产是"物质的、直接感性的"，"私有财产的运动——生产和消费——是以往全部生产的运动的感性表现，也就是说，是人的实现或现实"②。私有财产造成了劳动者的贫困，却为资本家带来了富足的物质生活，使大量的社会财富都集中在了少数的资本家手里，而社会大部分都是贫穷的无产阶级劳动者。这种劳动产品不

---

① 中共中央马克思恩格斯列宁斯大林著作编译局．马克思恩格斯全集：第42卷［M］．北京：人民出版社，1979：95.

② 中共中央马克思恩格斯列宁斯大林著作编译局．马克思恩格斯全集：第42卷［M］．北京：人民出版社，1979：121.

能归劳动者所有、被劳动者自由支配的痛苦，是人们物质上和精神上的双重痛苦。正如马克思所说，劳动者"他在自己的劳动中不是肯定自己，而是否定自己，不是感到幸福，而是感到不幸，不是自由地发挥自己的体力和智力，而是使自己的肉体受折磨、精神遭摧残"①。费尔巴哈认为，精神上的痛苦源于人"类本质"的缺乏，宗教就是人内在生活中精神类本质异化的产物。实际上，按照马克思的理论，人痛苦的根源则是自身的"类本质"在劳动异化中的丧失，宗教就是人的外在社会生产活动中类本质异化的产物。

在马克思看来，宗教与异化后的人类生产活动相关，只是人类进行生产和生活活动的副产品，人们在进行私有制生产的过程中，会自然地形成人与自然、人与社会、人与人自身的关系，这些关系的性质都取决于生产的性质。在私有制情况下，异化后的人的劳动产品就可以看作私有财产，也就是说，私有财产成了人劳动异化后的生命活动的全部体现，现实的人的本质都被"物化"为了私有财产，而这些财产并不属于劳动者本身，只属于资本家。由于这种异化了的劳动仍属于生产活动，此时人与人所产生的社会关系实质上就是生产关系，这种生产关系必然也会受到生产活动规律的支配。除此之外，马克思指出："宗教、家庭、国家、法、道德、科学、艺术等等，都不过是生产的一些特殊的方式，并且受生产的普遍规律的支配。"② 也就是，宗教、家庭、国家、法、道德、科学、艺术等都是私有财产生产活动下的必然结果。马克思没有继续在人的意识中寻找宗教产生的原因，而是认为宗教产生在人的本质的异化的社会生产活动中，也就是，人在私有财产的生产活动中会丧失人的本质，进而宗教作为"生产的一些特殊的方式"只不过是人们生产关系的发展过程中的阶段性产物。

---

① 中共中央马克思恩格斯列宁斯大林著作编译局．马克思恩格斯全集：第 42 卷 [M]．北京：人民出版社，1979：93.

② 中共中央马克思恩格斯列宁斯大林著作编译局．马克思恩格斯全集：第 42 卷 [M]．北京：人民出版社，1979：121.

恩格斯的话很好地揭示了马克思的宗教观与以往哲学家宗教观的不同，他说："直接的物质的生产资料的生产，从而一个民族或一个时代的一定的经济发展阶段，便构成基础，人们的国家设施、法的观点、艺术以至宗教观念，就是从这个基础上发展起来的，因而，也必须由这个基础来解释，而不是像过去那样做的相反。"①

二、用"劳动异化"揭示宗教的神秘

虽然按照理性的分析我们能确信，一旦宗教的神秘性消失，人们信仰宗教的基础就会消失，但这里有一个前提，即宗教神秘性的基础一定要在现实生活中寻找，不能简单地把人们对于宗教的信仰看作理性的原因，否则就如同近代哲学一样，所有的一切都会成为人类理性"不证自明"的游戏。

康德将上帝限制在了知性界限之外，宗教的神秘就因为不可知论被回避了；黑格尔通过"绝对意识"坚持试图用理性来消除宗教的神秘；鲍威尔和施特劳斯都是用"自我意识"和历史来揭露现实中宗教的神秘性，宗教的神秘、《四福音书》中的"神迹"就都称为人主观的编造；费尔巴哈虽然用人本质的异化来解释宗教，但人的本质在费尔巴哈看来是精神性的，因此其宗教批判的基础本身就具有神秘性。无论是德国古典哲学对宗教的批判，还是青年黑格尔派对宗教的批判，都是源于理性"第一性"的思维方式，而在本就神秘的"理性"中解释宗教的神秘，只能是徒劳无功的。正如马克思所说的那样，对于宗教的批判，既不能从宗教的神秘现象本身来解释，也不能从人类理性精神的发展来揭示宗教产生的基础，而是要从人的物质生产领域中去寻找宗教的根源。在马克思看来，"宗教本身既无本质也无王国"②，宗教不具有现实内容，因此其本身并没有什么秘

---

① 中共中央马克思恩格斯列宁斯大林著作编译局. 马克思恩格斯选集：第3卷 [M].
北京：人民出版社，1995：776.

② 中共中央马克思恩格斯列宁斯大林著作编译局. 马克思恩格斯全集：第3卷 [M].
北京：人民出版社，1960：170.

密，那些教义不过是人为编造的。简单地说，宗教只是用来麻痹人民的存在，对于来世和彼岸的美好幻想可以转移人们对于现实的绝望，甚至会成为一种对人们反抗现实痛苦来源的精神麻痹品。对于宗教的"本质"，马克思认为只能到物质中去寻找，因为宗教作为一种人类主观虚幻的反映，它的基础不会在人真正的本质中，而是在"世俗基础"中，"世俗基础使自己从自身中分离出去，并在云霄中固定为一个独立王国"①，所以宗教中的天国与现实中的国家十分相似，就仿佛是从国家中分裂出去的，因此想要说明宗教，也就只能先到"世俗基础"中去了解其自身的矛盾。

马克思将宗教与现实生活联系起来的关键就是在社会物质生产领域中探寻宗教的"秘密"，马克思一改之前哲学家们的思维方式，将宗教与"世俗基础"联系起来，人们对于宗教中上帝的崇拜，在现实中正对应了人们对于商品的崇尚。在精神生活中人们崇拜宗教，在现实生活中人们崇尚物质和金钱。所以，精神中的"拜神教"就对应了现实中的"拜物教"。"上帝"和"神"看似是人们的精神压力使得人们信奉的，实际上是人们真实生活中的"物质"压力使得人们对宗教产生了需求，人们对物质和金钱的欲望和求之不得才是压力的来源。

实际上，这种人们生活中的物质压力，产生于人们的生产领域。具体来说，马克思将"异化"放置在生产领域，通过劳动异化来解释生产领域的秘密，并试图用"商品"阐释宗教的秘密。马克思提出，一旦劳动产品成为商品时，人们进行劳动生产的性质就改变了，他说："一旦当作商品出现，它就成了一个可以感觉而又超于感觉的东西。"② 劳动生产出的商品应该是要满足劳动者本身的需求，才是符合劳动生产本身的性质的，这个时候劳动者才能获得人之为人的本质；而当劳动者生产出的产品只是作为商品，是专门为了满足他人的需要而进行的生产，也就是，虽然是劳动者

① 中共中央马克思恩格斯列宁斯大林著作编译局. 马克思恩格斯选集：第1卷［M］. 北京：人民出版社，1995：55.

② 马克思. 资本论：第1卷［M］. 北京：人民出版社，1953：46.

自身通过劳动生产获得的产品，实际上这个产品却是劳动者以与他自身的本质相分离为代价，以不能自由进行劳动生产、消费、支配自己所生产的产品为代价获得的，此时这个产品就是商品，具有神秘性，这种"物化"虽然不能作为劳动者本质的对象化存在，却能说明宗教产生的原因，因为商品就是"拜物教"的源头。马克思认为，宗教的神秘性无法用理性解释。只有靠商品形式去理解宗教形式，将神学问题、宗教问题世俗化，才能突破对宗教批判的狭隘性。

所以，宗教看似是人精神中的需要，实际是人物质生活的需要；看似是人对天国的幻象的向往，实际上的人们对现实人的"类存在"和"类本质"的向往；看似是对自然和上帝的崇拜，实际上是对社会与人之间的"类关系"被破坏的不满。可见，宗教是一种虚幻的形式，实际上是社会现实的反映。

商品形式与宗教形式类似，商品也是劳动产品的一种形式，马克思认为，"商品形式在人们面前把人们本身劳动的社会性质反映成劳动产品本身的物的性质，反映成这些物的天然的社会属性，从而把生产者同总劳动的社会关系反映生产者之外的物与物之间的社会关系"①。也就是，劳动本身是具有社会性质的，是一种实践，劳动本身是人的"类存在"，但一旦劳动产品成了商品，本来应该作为物的性质存在的劳动产品，不仅具有作为"物"天然就有的社会属性，还反映出了当时人类社会的社会性质和人与人之间的关系。简单地说，当劳动产品变成商品，本来应该是由生产者和总劳动之间产生的"类关系"，被反映成了与生产者本身无关的、单纯的物与物的关系。由此，马克思揭示了商品的秘密，将宗教的批判与社会现实紧密联系了起来。

---

① 中共中央马克思恩格斯列宁斯大林著作编译局. 马克思恩格斯选集：第 2 卷［M］. 北京：人民出版社，1995：138.

三、将对宗教的批判转为对社会意识形态的批判

人们对于一些现象的幻想和想象符合当时的生产力水平，就自然而然地被接受，并成了一种特殊的社会现象。由于自然宗教产生于低下的生产力，其构造也与当时人们的生产关系相适应，因此，自然宗教的存在是与当时的社会生产力发展水平不相矛盾的，其与氏族宗教一样成了一种早期的、带有民族性质的社会现象存在。而当私有制产生之后，自然宗教变成了宗教神学，人们则开始试图用理性来解释宗教，之所以要解释宗教，论证上帝存在，重新建构宗教神学，是由于它要符合已经被异化了的社会关系。由于宗教没有实质和内容，只是单纯作为生产关系的表现形式，正常情况下是符合生产力的发展水平的，而在资本主义国家的现实社会中，当生产力与生产关系发生矛盾时，宗教就成了一种阻碍生产力发展的物质力量。

马克思要批判的不是自然宗教而是宗教神学，正是因为宗教神学与自然宗教和氏族宗教不同，它所反映的不是真实的"类关系"，只是被异化了的人与人之间的社会关系。以往的宗教批判没有看到这一点，将批判自然宗教的方式用于了对当时资本主义社会中宗教神学的批判，用理性来进行批判，无论是从"自我意识"的发展作为视角，还是以"人的本质"的异化作为手段，都无法触及宗教的实质，宗教的神秘性与理性无关，宗教与现实的冲突也不是认识领域的问题，而是由社会生产和生产关系之间的矛盾所造成的社会现实问题。简单地说，宗教就是私有制下社会意识形态的一个组成部分。

"意识形态"一词最早是由法国哲学和经济学家特拉西提出的，它用来指"实现人类拯救理性化的社会行动纲领"①。在马克思的《〈政治经济学批判〉导言》和《〈政治经济学批判〉序言》中多次被提及，被用来分

---

① 万斌，金利安．马克思恩格斯宗教理论探要［M］．北京：社会科学文献出版社，2006：137．

析社会结构。马克思认为，社会是人们各种社会关系的集合，在社会中的这些不同的社会关系中，由人们的生产活动所形成的生产关系是最根本的，马克思指出，"生产关系总合起来就构成所谓的社会关系，构成所谓社会，并且构成一个处于一定历史发展阶段上的社会，具有独特特征的社会"①。无论是物质生产关系还是物质生产关系的经济结构，都是构成人与人之间一切社会关系的基础，在不同的生产关系之上会形成不同的社会关系，由于物质生活的生产关系制约了法律、道德这种社会生活关系，决定了国家、政治、宗教、艺术、哲学等精神生活关系，所以，我们可以将全部的物质生产关系作为社会存在，而它所决定和制约的法律、道德、宗教、艺术、哲学等则是物质生产关系的外在表现形式，是作为意识形态对社会存在的反映。因此，看似存在于精神领域的道德、政治、艺术、宗教等却不是以人的意识为转移的对象。用马克思的话来说，就是"生产的经济条件方面所发生的物质的、可以用自然科学的精确性指明的变革"与法律的、政治的、宗教的、艺术的或哲学的。简言之，意识形态的形式之间的关系是，人们能清楚地感受到或在自然科学的实证下认识到物质的、现实的变革力量，却想要借以意识形态转化这种冲突和变革，这是徒劳无功的②。人们能通过物质生产的关系的变革来推动如道德、政治、艺术、宗教等领域的变革，却不能颠倒过来，妄图用意识领域的变革来实现现实世界的社会关系的变革。因为，"不是人们的意识决定人们的存在，相反，是人们的社会存在决定人们的意识"③。

在马克思看来，无论社会存在还是经济基础，都是社会物质生产关系的总和，社会存在对应社会的意识形态，也就是意识形态是社会存在的一

---

① 中共中央马克思恩格斯列宁斯大林著作编译局. 马克思恩格斯选集：第 1 卷 ［M］. 北京：人民出版社，1995：345.

② 中共中央马克思恩格斯列宁斯大林著作编译局. 马克思恩格斯选集：第 2 卷 ［M］. 北京：人民出版社，1995：32.

③ 中共中央马克思恩格斯列宁斯大林著作编译局. 马克思恩格斯选集：第 2 卷 ［M］. 北京：人民出版社，1995：32.

种反映形式，而经济基础对应上层建筑，也就是意识形态和上层建筑实际内容上来说是同一的，"随着经济基础的变革，全部庞大的上层建筑也或慢或快地发生变革"①。显然，宗教属于意识形态的一种形式，也不过是对社会存在的一种反映，表现为人类精神生活的一部分。究其本质，是由于人们为了转化劳动异化后的压力、为了缓解被私有制剥夺"类本质"的痛苦，而产生的一种对于虚幻世界的美好愿望。宗教与其他由社会生产关系所产生的意识形态一样，它的产生和消亡是由社会物质生产关系决定的，离开物质生产关系谈论宗教是没有意义的，因为离开了物质前提，意识形态的历史和发展都无从谈起。

马克思哲学中的宗教具有普遍性的意义，也就是，他将宗教归结为意识形态受社会物质生产关系的制约，这种宗教、意识形态、物质生产活动之间的关系是具有普遍性的，任何具体的、即使是最具有特殊民族色彩的宗教形式，都能在他们自己所处的生产关系中找到存在的依据。马克思将宗教批判从基督教发展到了一切普遍意义上的宗教，宗教批判的对象扩展了，宗教批判也就具有了科学上的普遍指导意义，马克思的宗教观就成了科学的宗教观。

马克思将之前的唯心主义哲学整个颠倒了过来，法律、政治、宗教、艺术或哲学等，都属于由社会关系所产生的社会意识形态。至此，人们的自由再不能只在意识领域、理性层面去寻找了。同样，在马克思看来，从近代哲学开始人们引以为傲的、人之为人的"自我意识"，也不过是社会存在的反映，受生产力和社会关系的制约。

---

① 中共中央马克思恩格斯列宁斯大林著作编译局．马克思恩格斯选集：第2卷［M］．北京：人民出版社，1995：33．

第五章

马克思"自我意识"理论在实践中确立与发展

自柏拉图以来，直至康德、黑格尔、青年黑格尔派的西方的唯心主义哲学家们都是在人的理性维度，从人的思维主体性角度来说明外在世界，他们的哲学出发点要么是思维的对象，要么是对象的思维，以至于他们的哲学要么是以物来否定思维的真实性，要么是以思维否定物的真实性，可见，"唯心主义是不知道现实的、感性的活动本身的"①。而从前的西方唯物主义哲学家们（包括费尔巴哈），也没有认识到要从人的本质出发，去理解人的"类生活"。诚如马克思指出的那样，"对对象、现实、感性，只是从客体或者直观的形式去理解，而不是把它们当作感性的人的活动，当作实践去理解，不是从主体方面去理解"②。

在马克思将"异化"概念引入对于生产过程的分析中后，"人的感性物质活动"就被"实践""生产活动""客观物质活动"的说法代替了。马克思将"实践"看作人真实的社会生活，人只有通过"实践"才能不断发展、完善，展现自己的主体性，"实践"在马克思哲学中就是人的本质。

---

① 中共中央马克思恩格斯列宁斯大林著作编译局. 马克思恩格斯选集：第 1 卷 [M].
北京：人民出版社，1995：54.
② 中共中央马克思恩格斯列宁斯大林著作编译局. 马克思恩格斯选集：第 1 卷 [M].
北京：人民出版社，1995：54.

第一节 马克思 "自我意识" 理论的确立过程考察

与之前的哲学家们在本体性的思维层面中、在经验中、在观念中、在人的认识形式中、在理性中获得的人之为人的主体性特征的 "自我意识" 不同，马克思认为人的 "自我意识" 是通过实践、在实践过程中确立的。实际上，马克思对于自我意识的认识由于其对于人的本质的认识的变化，经历了一个明显的发展过程。

一、自我意识的理论雏形:《1844 年经济学哲学手稿》中的类本质理论

《1844 年经济学哲学手稿》自 1932 年发表以来，得到了哲学界与社会运动组织的极大关注，其中的 "类本质" 理论成了大家关注的焦点，很多学者将其作为理解《1844 年经济学哲学手稿》这部著作的关键。由于马克思对于人的本质的理解，使马克思超越了经济学的领域，从人学、哲学的方向引申出了人最终要实现人的本质的复归，那么克服人的本质的异化就成了必须前提，即必须批判私有制，走共产主义道路。于是，马克思通过将人的本质与社会现实、劳动异化、自由与共产主义等思想联系起来，发展了他的唯物主义思想，进而，马克思哲学中的自我意识理论也发生了变化。

黑格尔将自我意识看作意识从感觉、知觉、感性最终发展到绝对精神的辩证的运动过程，并通过自我意识 "肯定—否定—否定之否定" 的辩证运动，论证了自然界与人类社会即精神的外化，而自我意识最终能实现主客统一，获得绝对理念。马克思在其 "博士论文" 中对于自我意识的理解与黑格尔极其相似，他将自我意识作为自由的根基和物质的本原，认为自

由和物质就是自我意识的外化，显然，此时的马克思哲学还带有唯心主义思想。但在《1844 年经济学哲学手稿》中，马克思对于自我意识理论的理解发生了变化。马克思将自我意识与人的本质联系起来，从人与自然的关系、人与社会的关系、人与人的关系三个方面，重新论证了人的本质；提出了人类获得自我意识的途径应该是依据现实世界、具体而感性的人，而不是意识或精神的发展、抽象的个体的主体概念，其应是一种具有社会性的类本质，但这种"类本质"与费尔巴哈哲学中的"类"也有很大不同。

马克思将自然看作人的无机身体，但其并不是强调人具有自然属性，而是强调人的肉体存在与精神发展都与自然相关。马克思在《1844 年经济学哲学手稿》中指出："所谓人的肉体生活和精神生活同自然界相联系，不外是说自然界同自身相联系，因为人是自然界的一部分。"① 因为人的生存、生活、生产都离不开自然，即人所需要的一切生活资源、生产资料均来自自然；并且，不仅人的肉体存在要依靠自然提供能源，人的精神生活即自我意识也是在人与自然发生关系的过程中和生产劳动过程中，逐步发展形成的。马克思进一步指出："一方面，人具有自然力、生命力，是能动的自然存在物……另一方面，人作为自然的、肉体的、感性的、对象性的存在物，同动植物一样，是受动的、受制约的和受限制的存在物。"② 显然，马克思对于人的理解是从两方面进行的：一是马克思认为人具有能动性、创造性，能有意识地进行劳动和改造客观世界与主观世界；二是人作为一种自然存在物，也不可避免地受自然法则的制约。从这一点来说，人与动物、植物并没有什么不同。由此，我们可以清楚地理解到，马克思所认为的人与动物的根本不同在于人能有意识地进行活动。这个活动不是一种意识活动，而是人与自然的关系的反映。马克思强调的是其能形成人与

① 中共中央马克思恩格斯列宁斯大林著作编译局．马克思恩格斯选集：第 1 卷［M］．北京：人民出版社，1995：55.
② 马克思．1844 年经济学哲学手稿［M］．北京：人民出版社，2018：103.

社会的关系。因为人只有在社会生活中，才能不仅展现出自然的特殊作用，同时显示出人作为自然界的存在对于他人和自然的作用。用马克思自己的话来说："自然界的人的本质只有对社会的人来说才是存在的；因为只有在社会中，自然界对人来说才是人与人联系的纽带，才是他为别人的存在和别人为他的存在。"① 马克思对于人的本质的理解，奠定了马克思对于人与自然关系的认识理解，成了马克思产生"人的意识的产生都是在社会生活和生产实践的基础上形成的"思想前提。显然，这与黑格尔将劳动和生活都看作是"绝对精神"的产物有着根本不同。

所以，我们认为，马克思对于人与社会的关系、人与人的关系的理解才是打开马克思哲学中"人的本质"秘密大门的钥匙。这与费尔巴哈将人理解为感性的、具有自然属性的人有着本质区别。

费尔巴哈将客观事物视为一种直观的结果，"人的存在"也是如此，因此人的感觉与动物的感觉获得方式与结果都是一样的。客观存在物成了绝对的主宰，人的活动、活动结果或者说人的现实生活与人的存在方式没有了直接关系，"社会的人"也是感性的和直观的存在。费尔巴哈哲学中的"类本质"从而变成了单纯抽象的、感性的人的生活状态，人被放大了"自然本质"，远离了现实生活中的人。正如马克思指出的，"一个存在物如果在自身之外没有对象，就不是对象性的存在物"②。试想，如果"人"都不能被作为对象性的存在物又如何能实现对于"人的本质"的正确认识呢？

在费尔巴哈看来，个体之间是相互孤立的存在，因此对于人的理解就侧重于将人看作为具有抽象性的个体，虽然其也从"类本质"出发去理解人，但其是抽象出的"类本质"，是从感性的认识对象中获得的类本质，而不是从实实在在的社会生活中获得的。显然，这种人与人的统一更多的

---

① 马克思.1844年经济学哲学手稿［M］.北京：人民出版社，2018：79.
② 马克思.1844年经济学哲学手稿［M］.北京：人民出版社，2018：103.

是强调一种自然属性，而无法关联到社会现实，即使其看到了是由于人的本质的异化才产生了宗教和上帝，却无法从根本上分析并回应这个问题，且造成了费尔巴哈无法论证人如何获得自己的类本质的逻辑体系，提出用直观获得的非理性方式。诚然，德国古典哲学就已经论证了"直观"是一种对象性活动，在这个过程中，人能通过意识的功能展开对象性的活动，但人的本质是一种在动态的发展状态下呈现出的人的存在的状态，在这个过程中人通过与其他自然物互动确证自己，这不单单是一种意识互动，更是一种实践互动。因此，马克思批判了费尔巴哈，马克思提出："有意识的生命活动才将人与动物的生命活动直接区分开来。正是由于这一点，人才是类存在物。"① 而所谓的"有意识的生命活动"，在马克思看来，就是对象性活动，这也直接区分了费尔巴哈的"对象性直观"。马克思在《1844年经济学哲学手稿》中明确指出："个体是社会存在物。因此，他的生命表现，即使不采取共同的、同他人一起完成的生命表现这种直接形式，也是社会生活的表现和确证。"② 因此，人的本质不能从单独的个体去理解，而是要从人在社会生活中的状态去理解，因为个体无论以何种形式生存，其都是社会存在物，不能独自存活，其会或多或少地与他人发生关系，且社会生活正是在人与人的交往过程中产生并形成的，这绝不是在意识的发展过程中产生的。

马克思通过探讨人类改造对象的活动过程，进一步实现了对于"类本质"的认识。马克思在《1844年经济学哲学手稿》中提出："正是在改造对象世界的过程中，人才真正地证明自己是类存在物，这种生产是人的能动的类活动。"③ 马克思认为，人能够在意识的指导下，以自身的需求为目

① 中共中央马克思恩格斯列宁斯大林著作编译局. 马克思恩格斯选集：第1卷 [M].
北京：人民出版社，1995：55.
② 马克思. 1844年经济学哲学手稿 [M]. 北京：人民出版社，2018：80
③ 马克思. 1844年经济学哲学手稿 [M]. 北京：人民出版社，2018：54.

的，对外界自然进行改造，改造后的自然就成了"人化自然"，也就是自然成了人的意识的外化。但是，在这个过程中所实现的"人化自然"并不单纯是意识作用的结果，因为意识并不能直接转化为自然存在，其只是一种抽象物，所以意识和现实之间需要一个中介，而能将抽象物转化为现实的只有实践，实践作为一种客观实在的活动，不仅能体现人与人之间的关系，也是一种对象性活动，既能将意识作为对象也能将自然作为对象，实现意识转化为外界自然，这是意识的普遍性特征，也是实践的普遍性特征，进而它们的互动形成了人之为人的普遍性特征，即人具有的普遍性表现在人把整个自然作为自己生命活动的对象，因此人才是类存在物。所以，"自我意识"在马克思哲学中不再是单纯的意识，而是实践的前奏。

马克思所强调的"现实的人"不仅是感性的还是能够从事生产实践的人，所以，他是从人的劳动着手探讨人的类本质，不单单是从人的社会本质更是从人与人之间的关系来理解"类"。

马克思认为，能反映人的本质的活动的前提是与自由的自我意识相对应的自由自觉的实践活动。他明确指出："一个种的整体特性、种的类特性就在于生命活动的性质而自由的有意识的活动恰恰就是人的类特性。"①显然，如果劳动的过程并没有能动性、创造性、自由的意识活动的参与，并不具有改造对象的意义，人类所进行的只是机械性的劳动，那么人劳动所生产出的产品越多，其丧失的自己的本质也就越多，人与机器并没有确切的不同，劳动失去了原本的意义，成了人类异化的力量。在资本主义社会中的劳动者，由于不占有生活资料和生产资料，不得不出卖自己的劳动力换取生活所需，谈不上自由；资本家都被货币和价值规律支配，只追逐利益，也无自由可言。这种情况下，人们基本谈不上实现"人的本质"。但是，正是在这个过程中，劳动造就了人类历史长河中的重要组成部

①　马克思.1844年经济学哲学手稿［M］.北京：人民出版社，2018：53.

分——工业文明，所以异化劳动虽然使人与人的本质相背离，却不妨碍历史的前进脚步，人类历史的形成绝不是依靠"大自然的一项隐秘的计划"和绝对精神"理性的狡计"，与人类理性和道德发展都没有关系，人类历史的形成正是在劳动过程中实现的。而要实现人本质的复归，唯一的方式就是消除私有制，走共产主义道路，依靠劳动登上人类历史的新阶梯。

但我们需要注意的是，虽然马克思强调了客观存在物的重要性，强调了自然、社会、劳动的重要性，强调生产活动才是人们的现实生活，是人们的生存状态。但是，马克思并没有否认人主观能动性的重要性。

马克思认为，人的"类本质"的形成重要的一点是意识的能动活动，在《1844年经济学哲学手稿》中，马克思指出："通过实践创造对象世界，改造无机界，人证明自己是有意识的类存在物。"① 所以，马克思并不是进入唯物主义思想的时期就不谈论意识的能动作用，也不是抛弃了自我意识理论，放弃了人的主体性地位，而是使人的能力由"意识领域"转向了"实践领域"。即人能通过实践改造客观世界，这里的"实践"指的是人类能够按照任何"种"的尺度去行动，而不是只能在必然性规律的限制下按照某种限制性的物种规定性去行动，且"人"是唯一能实现"美"并将自己的内在尺度用于其他客观事物的"类"，能有意识、有目的地去改造客观事物。所以，人才是区别于动物的"类存在物"。所以，马克思是通过"实践"和"类本质"理论更加突出了意识能动性的作用，他是用另一种不同于德国古典哲学的方式，提升了人的主体性地位。

自《1844年经济学哲学手稿》发表以来，马克思的唯物主义思想愈发成熟；但马克思的思想不是突然转变的，马克思是通过对黑格尔与费尔巴哈等人的哲学思想的批判，重新确定了人的本质理论，他将人的对象性活动理论作为基础，将劳动异化理论、人的本质理论与自我意识的发展相联

① 马克思.1844年经济学哲学手稿［M］.北京：人民出版社，2018：53.

系，实现了对于以往哲学家的超越。

马克思的《1844 年经济学哲学手稿》与接下来的《德意志意识形态》《资本论》，通过论证自我意识是主观对于现实世界的客观反映的过程，真正实现了使哲学与现实的社会生活和人们的日常生活相关。

二、自我意识的理论成熟形态：《德意志意识形态》中的意识形态理论

不可否认，马克思作为青年黑格尔派的一员，不仅接受了黑格尔辩证法的思想，也受到了黑格尔"绝对精神"思想的影响，这点在他的"博士论文"中尤其明显，但《德意志意识形态》的发表，表明了马克思哲学与黑格尔哲学、青年黑格尔派哲学彻底划清了界限。其实在"博士论文"里，马克思就已经显示出了自己对于自由的探讨来源于对现实社会的思考，而在《德意志意识形态》中，马克思更是明确批判了德国哲学家们的思想与当时的德国社会现实之间的撕裂，他指出："这些哲学家们没有一个想到要提出关于德国哲学和德国现实之间的联系问题，关于他们所做的批判和他们自身的物质环境之间的联系问题。"①

德国古典哲学经康德、费希特、谢林发展到黑格尔，哲学家们力图通过对自我意识结构、功能等方面的探讨，将自我意识由一种"先验自我"的认识形式、"绝对自我"的辩证认识范畴、"绝对同一"的静态思辨结构发展到"绝对精神"的动态辩证理念，论证了客观精神可以完全沉淀于人的主观意识之中，完成了人类的意识由经验层面向超越层面的转变，实现了人类的思维由知性向理性的超越，最终达成了人类理性启蒙的历史使命和时代任务。但也正因此，德国古典哲学过度重视理性与意识，切断了现实世界对于意识层面的影响，以至于全盘接受黑格尔思想的青年黑格尔派

---

① 中共中央马克思恩格斯列宁斯大林著作编译局．马克思恩格斯选集：第 1 卷［M］．北京：人民出版社，1995：145.

哲学家们即使想通过对宗教的批判来实现对社会现实的批判，也不过是徒劳一场。如果不改变这种以"意识第一性"为世界观的思维方式，哲学将永远无法实现改变现实世界的宏远理想。

在《德意志意识形态》中，马克思提出："意识在任何时候都只能是被意识到了的存在，而人们的存在就是他们的实际生活过程。"[①] 显然，马克思认为，对于人来说，意识必须要有一个"存在"本身作为依据，而人们的存在方式就是现实日常生活，所以是人们的日常实际生活决定了人们意识的产生。也就是，"社会存在决定社会意识"。用马克思的话来解释，"那些发展着自己的物质生产和物质交往的人们，在改变着自己的这个现实的同时也改变着自己的思维和思维的产物。不是意识决定生活，而是生活决定意识"[②]。马克思"生活是存在，其决定意识"的观点，表明了其彻底摆脱了德国古典哲学"意识第一性"的世界观，转向了唯物主义世界观。至此，哲学的功能实现了转变，马克思哲学有了改变世界的可能。

在马克思看来，社会生活决定了人们的生产、生活和交往状态，在进行着生产和交往过程中的人们，在改造客观世界的同时也在改造着主观世界，人们思维的形成、意识的产生都是在社会生活、生产过程中实现的，都源于社会存在本身。这不是单独适用于解释个体的意识与客观事物存在本身的关系，其具有一种普遍性，同样适用于解释社会意识的形成。唯一不同的是，国家与群体的社会意识可上升到意识形态层面，意识形态往往代表着统治阶级的利益价值取向，所以可能会有虚假性和隐蔽性。在《德意志意识形态》中，马克思指出，意识形态可以被认为是披着真理面纱的社会谬误。也就是统治阶级为了维护自己的利益和统治地位，会把自己的

---

① 中共中央马克思恩格斯列宁斯大林著作编译局 . 马克思恩格斯选集：第 1 卷 ［M］. 北京：人民出版社，1995：72.

② 中共中央马克思恩格斯列宁斯大林著作编译局 . 马克思恩格斯选集：第 1 卷 ［M］. 北京：人民出版社，1995：73.

价值取向掩盖在意识形态之下灌输给公民，借以掩盖现实真相，使包装好的虚假意识取代人们可形成的真实的意识，使人们认为虚假意识所反映的歪曲的现实世界才是真实的现实世界，这种"颠倒性"的反映形式可以麻痹群众。社会存在决定社会意识，上层建筑决定意识形态，宗教属于意识形态，并不是单纯的对社会现实的反映，而是产生于社会现实。这才是马克思对于黑格尔与青年黑格尔派的伟大超越，马克思真正实现了哲学与现实世界相关、主体意识与客观世界相统一。

虽然马克思仍旧强调"主体性"的重要性，但与黑格尔和青年黑格尔派哲学家们不同的是，马克思是通过论证社会存在就是现实的人的社会生产、生活活动，社会存在是社会意识产生的依据、社会意识是社会存在的反映说明了社会意识的客观实在性。也就是，自我意识不仅能上升到普遍层面、社会层面，同时受上层建筑的影响，且能反作用于社会存在。

尽管人与自然、人与社会、人与人之间的关系是一种客观现实存在，不以人的意志为转移，但我们也要承认，社会意识对于社会存在的反作用，如果不能正确地反映社会存在就会形成对社会存在的虚假反映，就会反过来影响人们对于现实生活和实际交往过程的判断，进而影响人们的价值观，而价值观决定了人们的行为选择和政治态度，从而使人们形成不同的意志与行动。所以，马克思反复强调"人"是"现实的个人"，不是抽象的、概念的"人"，是会在生产和生活的实践过程中，受到现实社会影响意识、行为能发生改变的活动主体。在《德意志意识形态》中，马克思提出，他们"是从事活动的，进行物质生产的，因而是在一定的物质的、不受他们任意支配的界限、前提和条件下能动地表现自己的"①。

而主体的活动有两个目的，基本和首要的目的是维持生命存在，高级和最终的目的是实现自由而全面发展。也就是"现实的人"要在生产和生

---

① 中共中央马克思恩格斯列宁斯大林著作编译局. 马克思恩格斯选集：第1卷［M］.
北京：人民出版社，1995：72.

活的过程中实现主观与客观的统一的同时，还要实现必然与自由的统一。而如何站在唯物主义的立场面对必然与自由的矛盾，使人们意识到自由的美，就成了马克思的理论难题。

马克思提出，主体的活动首先要满足自身的生存需要，也就是个人吃、喝、穿、住的需要，虽然资本主义社会中的无产阶级无法充分获得自由，所进行的都是最低级的主体活动，但是我们不能单纯地将工业及世界市场看作"非人的活动"，因为站在人类历史发展的角度上来看，工业发展和资本主义社会是人类历史的必然环节，因此无产阶级的活动可以看作历史进程中具有必然性意义的人类实践活动。此时，我们需要的不是从经验或直观出发去认识这个时代的发展与无产阶级的境遇，也不是从纯粹的精神现象出发来理解人们此时的意识形成，而是从一种"普遍利益"的原则出发，站在历史发展的视角看到阶级利益与普遍利益的辩证关系，借此理解社会存在，即人们生活的现实状态。马克思写道："这个阶级（无产阶级）和整个社会亲如手足，打成一片，不分彼此，它被看作和被认为是社会的普遍代表；在这瞬间，这个阶级本身的要求和权利真正成了社会本身的权利和要求，它真正是社会理性和社会的心脏。"① 虽然，无产阶级与资本主义社会的统治阶级的根本利益不同，但整个社会的利益与无产阶级的利益是基本一致的。因为无产阶级是社会的基本构成，统治阶级是少数，不代表整个社会的普遍利益，只有无产阶级才是社会普遍利益的代表，所以无产阶级具有强大的社会力量，无产阶级的利益、权利、要求就成了全社会的利益、权利、要求。也就是，无产阶级的意识形态具有普遍意义，当无产阶级形成的时候就预示了资产阶级的消亡和人类历史的发展方向。

随着历史的发展，愈来愈一无所有、规模庞大的无产阶级想要生存，

---

① 中共中央马克思恩格斯列宁斯大林著作编译局. 马克思恩格斯选集：第 1 卷［M］. 北京：人民出版社，1995：12.

必须创造一种崭新的实践形式，开启新的生活状态，借以摆脱"自我意识"丧失的境地。时代的发展，要求作为劳动阶级的无产阶级要通过掌握文化和技能，以实现生产率的提高；而接受教育之后的无产阶级，必将不满"自我意识"被剥削，进而成为最彻底的革命阶级。由于无产阶级是被剥削最深的阶级，注定了其只能最后实现被解放的命运。所以，无产阶级想要摆脱自己被剥削的命运、获得解放，虽然直接方式是摆脱雇佣劳动关系、消除社会分工，但根本方式和具体途径则是推翻私有制，实现全人类的解放。

马克思通过将"颠倒了"的社会存在与社会意识的关系"正立"过来，明确了其唯物主义世界观的形成。他一方面强调了现实生活的实在性，另一方面强调"个体的活动"的能动性，最终论证了无产阶级的利益与全人类最普遍利益的一致性，阐明了无产阶级的历史使命，揭示了无产阶级只有解放全人类才能最终解放自己、重新占有自己的类本质，而这一切也是无产阶级形成真实的意识形态的基础。

三、自我意识的理论运用：《资本论》中的"资本拜物教"理论

通常人们将共同崇拜某种自然存在物或人为创造物的组织叫作拜物教。在拜物教组织中的人们，将自己人之为人的本质异化给崇拜物，主动丧失自我意识与自由，以求获得某种庇护与祝福或心灵上的安宁。显然，这种崇拜物对于崇拜者来说是一种异己的力量，而崇拜者本身则表现为崇拜物的奴隶。马克思《资本论》中的"资本拜物教"力量与其相似，不同的是，人们是被动地丧失自我意识，在不知不觉中进行着异化劳动。

马克思指出，在资本主义社会中，人与人的关系被掩盖在了物与物的关系之下，这就是商品拜物教形成的主要原因。商品存在于社会生活的各个方面，其看似平凡，却影响了整个资本主义社会的运作，因为商品在资本主义社会中是作为资本存在的，而资本具有巨大创造力，其本身就能创

造出资产阶级社会，进而影响人们的意识形态，形成资本逻辑，渗透到人们社会生活中各个领域，影响着经济生活的同时，还影响着人们的文化生活与政治生活。

在资本主义社会，由于生产资料不归劳动者所有，劳动者只能靠出卖劳动力来换取生活资料，所以劳动产品也不归劳动者所有，全社会的生产都是为了以物易物，"物支配人"成了一种普遍的存在，人们被动地生活在这种形态之下，并认为这种"颠倒了"的社会生活、生产关系是一种正常的社会关系。也就是马克思所说的："商品形式在人们面前把人们本身劳动的社会性质反映成劳动产品本身的物的性质，反映成这些物的天然的社会属性，从而把生产者从总劳动的社会关系反映成存在于生产者之外的物与物之间的社会关系。"①

马克思指出，资本起源于商品的生产和交换过程，商品的流通形式用公式可以表达为两种，一种是 W—G—W（商品—货币—商品），在这种形式下，交换的目的在于获取商品的使用价值，也就是"为买而卖"；另一种是 G—W—G（货币—商品—货币），这种形式的目的在于获取价值增值，也就是"为卖而买"，这里的"在运动中通过这后一种流通形式的货币转化为资本，成为资本，而且自在地，即按它的使命来说已经是资本"②，也就是 G—W—G′（货币—商品—货币+余额），就是指在流通领域内，资本的总公式。在这个公式中，我们可以明确的是，货币实现了增值，但究竟为什么货币能实现增值呢？既然资本总公式"其中的 $G′ = G + \Delta G$，即等于原预付货币额加上一个增值额。我们把这个增值额或超过原价值的余额叫作剩余价值。可见，原预付价值不仅在流通中保存了下来，而

---

① 中共中央马克思恩格斯列宁斯大林著作编译局. 马克思恩格斯选集：第 1 卷 [M]. 北京：人民出版社，1995：175.

② 中共中央马克思恩格斯列宁斯大林著作编译局. 马克思恩格斯全集：第 42 卷 [M]. 北京：人民出版社，2016：142.

且在流通中改变了自己的价值量，加上了一个剩余价值，或者说增值正是这种运动使价值转化为资本"①。那么，我们可以认为，在流通领域中，货币可以自行增值吗？像资本家宣称的那样，是他们本来所具有的资本本身实现了资本增值吗？

马克思认为，商品流通过程中，我们遵循的是等价交换的原则。也就是，在商品的流通过程中所进行的买卖关系，必须是大体公平的，否则就无法完成自愿交换这个过程。但是，一旦进行等价交换，就意味着这个过程不会多出财富来。事实上，有少数人在商品买卖过程中确实实现了"贱买贵卖"，积累了财富。但我们应注意到，总体上社会财富在这个过程中是大致平衡的，毕竟"一个国家的整个资本家阶级不能靠欺骗自己来发财致富"②。所以，ΔG 的 G' 是不会自行增值的。那么，在流通领域中资本物可以自行增值，就一个假象而已。其是资本拜物教之所以产生的一个假象。

那么究竟货币的增值发生在哪个阶段呢？马克思就是通过回答这个问题，确证了剩余价值的存在，揭示了资本主义剥削的秘密。马克思指出，我们在交换过程中，承载着交换价值的是商品本身，因为商品具有价值与使用价值的双重属性，而我们交换的意义在于，一方放弃商品的使用价值获得商品的价值，而另一方用商品的价值换取商品的使用价值。而我们之所以能实现不同物品之间的交换，在于即使是不同的商品，它们形成的过程中都凝结着相同的劳动本身，这种劳动指的是一种抽象的劳动，即劳动者生产商品时所付出的体力或脑力劳动，并不是狭隘地抓住生产不同的劳动产品所用的具体劳动不同来看待这个交换过程。按照马克思的话来说，

---

① 中共中央马克思恩格斯列宁斯大林著作编译局.马克思恩格斯全集：第42卷［M］.北京：人民出版社，2016：137.

② 中共中央马克思恩格斯列宁斯大林著作编译局.马克思恩格斯全集：第42卷［M］.北京：人民出版社，2016：151.

即商品"它的使用价值本身具有成为交换价值源泉的独特属性，因此，它的实际消费本身就是劳动将来存在的对象化，从而是价值的创造。货币占有者在市场上找到了这样一种独特的商品，这就是劳动能力或劳动力"①。也就是，劳动力才是劳动产品转化为商品的关键，而商品的价值则是从劳动力付出多少、是复杂劳动还是简单劳动、具体劳动者生产的产品与社会生产所必需的一般的劳动时间的关系的比例来衡量的。

在这个过程中，劳动者实现了用劳动力换取工资，以便换取生活资料满足自己的生活所需。劳动者丧失生产资料，资本主义社会产生，就是商品拜物教产生的具体历史原因。劳动者不占有生产资料，且其本身具有自由，能决定是否出卖自己的劳动力，同时"劳动力占有者没有可能出卖有自己的劳动对象化在内的商品，而不得不把只存在于他的活的身体中的劳动力本身当作商品出卖"②。于是，形成了资本主义的雇佣关系。资本家购买了劳动者的劳动力，付出了一定的资本作为其雇佣的劳动者的工资。正是这种劳动力的消费过程造就了商品和剩余价值的生产过程，从这个方面来说，因为资本家付给劳动者的工资远远少于劳动者所创造的价值，这个不对等的交换过程十分隐蔽而神秘，因为其不是商品的流通领域，不遵循等价交换的原则，只受市场价值规律的影响。从另一个方面来说，一旦垄断形成，这种看似不以人的意志为转移而形成的价值规律，其性质将发生根本变化。马克思明确地说："劳动力的消费过程，同时就是商品和剩余价值的生产过程。劳动力的消费，像任何其他商品的消费一样，是在市场以外，或者说在流通领域以外进行的。"③

---

① 中共中央马克思恩格斯列宁斯大林著作编译局.马克思恩格斯全集：第 42 卷 [M].北京：人民出版社，2016：156.
② 中共中央马克思恩格斯列宁斯大林著作编译局.马克思恩格斯全集：第 42 卷 [M].北京：人民出版社，2016：157.
③ 中共中央马克思恩格斯列宁斯大林著作编译局.马克思恩格斯全集：第 42 卷 [M].北京：人民出版社，2016：165.

　　马克思将由劳动者创造的、本应归劳动者所拥有，却以货币的形式无偿地被资本家占为己有了的那部分价值，称为剩余价值。在资本主义国家，资本家的目的就是更多地占有剩余价值，这与奴隶制度下奴隶主无偿地占有奴隶所创造的价值并没有本质上的不同。只不过资本主义社会中的这种对剩余价值的占有，被掩盖在了雇佣劳动的关系下。即通过预付资本所形成的货币关系，成了资本家无偿占有雇佣工人劳动的最好掩护。

　　为了占有更多的剩余价值，资本家从生产和分配方面双重剥削劳动者，"其实，分工和私有制是相等的表达方式，对同一件事情，一个是就活动而言，另一个是就活动的产品而言"①。所以雇佣工人所进行的劳动越多，看似其工资获得的越多，实际上其进行的无代价的劳动也越多。令马克思更痛心的是，劳动者长期在这种无偿劳动过程中，在货币和商品的掩盖下，逐渐成了商品拜物教的一员，无产阶级完全接受了资产阶级所创造的将商品、货币和资本关系的事物化颠倒状态误识为天然物性，丧失了独立的自我意识，将资本家为了维护自己的利益所创造的虚假和歪曲的意识形态当作自己本应具有的社会意识，其据此构建了自己主观的"物化"意识，且认为这是一种天然和永恒的意识形态，并由此支撑起了资本主义生产方式。

　　马克思说："资本不是物，而是一定的社会的、属于一定历史社会形态的生产关系，后者体现在一个物上，并赋予这个物以独特的社会性质。"② 也就是，资本是一种社会关系。显然，资本主义雇佣关系会随着资本主义的消失而一起消失，其只不过是历史长河中的一个过程和人类历史发展中的一个环节。当我们在进行真正的生产过程中，必将回归到正常的

---

① 中共中央马克思恩格斯列宁斯大林著作编译局．马克思恩格斯文集：第 1 卷 [M]．北京：人民出版社，2009：535.

② 中共中央马克思恩格斯列宁斯大林著作编译局．马克思恩格斯文集：第 7 卷 [M]．北京：人民出版社，2009：922.

劳动状态，因为劳动者和生产不会一直处于分离的状态，"二者在彼此分离的情况下只在可能性上是生产因素。凡要进行生产，它们就必须结合起来"①。当这种资本主义生产关系消失的时候，奴役和支配人类的外部性力量就会随之消失，而那时就是人的"类本质"实现复归的时候，就是新的时代诞生的时候。

第二节　马克思"自我意识"理论的建构逻辑

德国古典哲学"从意识出发，把意识看作是有生命的个人"②，将人的主体性放置在了意识领域，用思辨观念实现自身的本质，这使得德国古典哲学中的"人"始终活动在观念概念中；而青年黑格尔派，无论是鲍威尔也好，费尔巴哈也罢，并没有完全超出黑格尔的思维框架，也就是，青年黑格尔派哲学中的"人"仍旧是抽象的、以精神为本质属性的，以至于青年黑格尔从"自我意识"出发的宗教批判，仍旧没能触及社会现实。马克思则是通过批判德国古典哲学的"自我意识"，赋予主体性能进行有目的、有计划劳动的能力，人能在对自然和社会的改造活动中实现自身的本质；马克思通过对青年黑格尔派哲学的反思，将感性的物质活动作为人的本质，用"类关系"将宗教批判引入了现实领域，用"劳动异化"将宗教批判与世俗基础等社会政治和经济问题联系了起来。这一切都是由于马克思将之前仅存在于意识中的"自我意识"放置在了现实中，在实践中重新确立起了"自我意识"。

---

① 中共中央马克思恩格斯列宁斯大林著作编译局．马克思恩格斯文集：第6卷 [M]．北京：人民出版社，2009：44.

② 中共中央马克思恩格斯列宁斯大林著作编译局．马克思恩格斯选集：第1卷 [M]．北京：人民出版社，1995：525.

一、"自我意识"产生的根基：人类的实践活动

在黑格尔哲学中，自我意识同对象的关系，是通过意识和对象的相互作用得以表现的，自我意识通过其自身的运动来实现有限与无限的统一，最终成为绝对精神，指向人类认识和改造现实的活动；但这种活动不是马克思所说的实践，而是思辨性、形而上学地对"人"与"类"的抽象反映。马克思认为，虽然"可以根据意识、宗教或随便别的什么来区别人和动物，一旦当人们自己开始生产他们所必需的生活资料的时候（这一步是由他们的肉体组织所决定的），他们就开始把自己和动物区别开来"①。至此，人与动物的最大区别不再是理性的"自我意识"，而是生活和生产实践活动。

"自我意识"在鲍威尔哲学中是一种形而上学的概念，这与德国古典哲学中的"自我"并无不同。在鲍威尔看来，自我意识是至高无上的存在，一切事物都起源于自我意识，一切事物的解释都依赖于自我意识，显然这仍旧是费希特的"自我创世说"；鲍威尔将世界看作自我意识的异化，将宗教看作自我意识发展阶段的产物，相应地，人类历史和社会生活也就成了理性发展的外化，因此，鲍威尔的"自我意识"理论被看作是源自黑格尔的哲学体系。费尔巴哈将人的精神作为自然属性，是一种唯物主义，但由于他强调精神仍旧是第一性，因此是半截子的唯物主义，以至于对"人"的理解、对"自我意识"的理解仍旧是在主观范畴中，马克思在《关于费尔巴哈的提纲》中批判费尔巴哈"对事物、现实、感性，只是从客观的或者直观的形式去理解，而不是把它们当作人的感性活动，当作实

---

① 中共中央马克思恩格斯列宁斯大林著作编译局．马克思恩格斯全集：第3卷［M］．北京：人民出版社，1960：24.

践去理解"①，因此对象就成了与主体活动无关的存在物。自马克思将"感性的物质活动"作为人的本质之后，人的主体性的活动才跳出了理性的束缚，"自我意识"才不再仅被框在黑格尔的体系中。

在马克思看来，事物是与人的实践活动相关的存在，外部世界作为人实践和认识的对象，不是自动成为主体的客观化存在的。他在《德意志意识形态》中提出，纯粹的自然并不是人的对象，人只把自我意识能够达到的东西当成自己的对象。在1859年《政治经济学批判》的序言中，马克思再次说明，作为自我意识的对象的东西不是别的，对自我意识来说就是对立面的自己，是否定的自己，表明的不过是自己和自己的一种关系，也就是当人具备了感觉和思维事物的能力，人的实践能力和认识水平完善时，便能按照自己的"尺度"整合、处理对象世界与自身的关系，完成对于客体的主体化改造，此时对象即成了自我意识自身，因此马克思所说，"正是在改造对象世界中，人才真正地证明自己是类存在物"②，"自我意识"也可以说就是在人类改造客体的实践生产活动中产生的。

马克思哲学中的"自我意识"与黑格尔哲学中的"自我意识"一样，具有二重性，但他们的二重性却又不同，黑格尔哲学中的自我意识二重性指的是主客二重性，马克思是指自我在现实中的二重性。马克思哲学中的"人"是"自然存在物""社会存在物""有意识的存在物"，更是这三种存在的统一，这种统一只能在人所特有的实践活动中才能形成，所以实践活动则成了人特有的生命活动，人通过劳动实践形成了人类社会，创造了自己的历史，"整个世界的历史不外是人通过人的劳动而诞生的过程"③。

---

① 中共中央马克思恩格斯列宁斯大林著作编译局. 马克思恩格斯选集：第1卷［M］. 北京：人民出版社，1995：6.

② 中共中央马克思恩格斯列宁斯大林著作编译局. 马克思恩格斯全集：第42卷［M］. 北京：人民出版社，1979：97.

③ 中共中央马克思恩格斯列宁斯大林著作编译局. 马克思恩格斯全集：第42卷［M］. 北京：人民出版社，1979：31.

现实中的自我意识的二重性就是指人在劳动异化过程中被二重化了，不仅人同自然相异化了，也同自己的类相异化了，人的类本质变成了异己的力量，成了维持他个人进行生产、维持生存的手段，此时，类生活与个人生活也相异化了。当人同自身相异化时，就表示人同他人也处于一种对立状态，人在实践活动中，不仅能实现确证自身，也会否定自身；而自我意识则能通过实践活动克服意识中和现实中的自我异化，重新实现自身的统一。所以，马克思哲学中的"自我意识"的二重性指的就是人的现实的二重性，产生的原因就是人们要在现实生活中面对人与人、人与自然、个体与类的矛盾。

马克思通过将"实践"引入人与人的关系中，成为人与"自我意识"的中介，以此来实现主体与客体能动的统一，这种在人的实践活动基础上所实现的统一才是现实中人与自然、人与人、人与社会的统一。实践作为人的本质，表示人感性的客观物质活动，因此可将"实践"看作马克思实践活动的基础内容和本质规定。所以，在实践基础上重新审视人与世界的关系，才能阐明感性的现实对于历史的影响、理论的概念对于抽象现实的解释。在马克思看来，自然与社会生活是一个有机整体，实践则是联系社会生活中不同层面和不同阶段的中介，人现实的、感性的实践活动才是"自我意识"产生的基础。在人进行生产和实践的过程中，当人的认识能力和实践能力得到极大提高，主体性得到充分的发展时，人就会获得更多改造客观世界的能力。

而在社会财富逐渐积累为私有资本为导向的资本主义制度下，人与自身相异化，成了获得货币的工具、"物"的奴隶。在商品社会中，人、生产资料、商品一样，都不过是交换价值的表现形式而已，此时，"自我意识"的异化表现为私有制的生产关系。

二、"自我意识"的异化归因：私有制的生产关系

马克思认为，"异化"让人与人的本质相分离，从而构成了人的主体

丰富程度的阻碍，但归根到底这不是"意识"的问题，而是"物质"的问题。恩格斯曾明确指出，"在目前的资产阶级社会中，人们就像受某种异己力量的支配一样，受自己所创造的经济关系、受自己所生产的生产资料的支配"①。

"在《精神现象学》中，人被称为'意识'"②，所以，自我意识就是具备主动认识能力的个人。鉴于"自我意识"是从"绝对"到"绝对精神"的实现手段，"自我意识"因自身具备反思能力，通过弥合现象与真理而通达"绝对精神"，实现自身融入"绝对精神"之中。至此，"自我意识"可以看作"绝对理念"的雏形，黑格尔思辨辩证法的前提就是"自我意识"。他对现实世界的理解和把握完全停留在概念和逻辑的层面，颠倒了个人与外在世界的主客关系。马克思站在知性视角尖锐地批判黑格尔思辨辩证法的抽象前提和出发点"自我意识"。马克思指出，"我们不是从人们所说的、所设想的、所想象的东西出发，也不是从口头说的、思考出来的、设想出来的、想象出来的人出发，去理解有血有肉的人。我们的出发点是从事实际活动的人，而且从他们的现实生活过程中还可以描绘出这一生活过程在意识形态上的反射和反响的发展"③。人是关注在现实中活生生的、从事实际活动的人，主体所从事的实际活动可以"通过经验来确认的、与物质前提相联系"④；"自我意识通过自己的外化所能设定的只是物性，即只是抽象物、抽象的物，而不是现实的物"⑤。这里马克思区分了

① 中共中央马克思恩格斯列宁斯大林著作编译局. 马克思恩格斯选集：第 4 卷［M］. 北京：人民出版社，2012：250.
② 科耶夫. 黑格尔导读［M］. 姜志辉，译. 南京：译林出版社，2005：686.
③ 中共中央马克思恩格斯列宁斯大林著作编译局. 马克思恩格斯文集：第 1 卷［M］. 北京：人民出版社，2009：525.
④ 中共中央马克思恩格斯列宁斯大林著作编译局. 马克思恩格斯文集：第 1 卷［M］. 北京：人民出版社，2009：525.
⑤ 中共中央马克思恩格斯列宁斯大林著作编译局. 马克思恩格斯文集：第 1 卷［M］. 北京：人民出版社，2009：208.

"自我意识"设定的"物性"和"现实的物",前者是"自我意识"通过外化所得到的对象化的抽象物,后者是"从事实际活动的人"通过现实的实践活动所获得的现实的物。

费尔巴哈作为唯物主义的代表人物之一,虽然抛弃了德国古典哲学带来的人类"理性巅峰",但他却从另一个维度上抬高了人的主体性。他提出,人的自然本质才是最重要的,在宗教领域人们所崇拜的"神"只不过是一种"人的本质"的异化的结果。费尔巴哈说:"上帝乃是纯粹的、绝对的、摆脱了一切自然界限的人格性:他原本就是属人的个体所仅仅应当是的、将要是的。所以,对上帝的信仰,就是人对他自己的本质之无限性及真理性的信仰。属神的本质就是属人的本质,并且,是处于其绝对的自由与无限性之中的主观的属人的本质。"① 马克思和恩格斯赞同费尔巴哈把宗教的本质归结于人的本质,但是他们认为费尔巴哈"还有最主要的事情没有做",在《关于费尔巴哈的提纲》中马克思指出:"费尔巴哈做的工作就是把宗教世界归结于它的世俗基础。"② 他在《〈黑格尔法哲学批判〉导言》中明确指出:"人并不是抽象地蛰居于世界以外的存在物。人就是人的世界,就是国家、社会。这个国家、这个社会产生了宗教,一种颠倒了的世界意识,因为它就是颠倒的世界。"③ 马克思说:"在宗教中,人们把自己的经验世界变成一种只是在思想中的、想象中的本质,这个本质作为某种异物与人们对立着。这决不是可以用其他概念、用'自我意识'以及诸如此类的胡言乱语来解释的,而是应该用一向存在的生产和交往的方式来解释的。"④ 可见,马克思认为宗教异化的本质要到社会生产关系中去寻

① 费尔巴哈. 费尔巴哈哲学著作选集:下卷 [M]. 北京:商务印书馆,1984:222.
② 中共中央马克思恩格斯列宁斯大林著作编译局. 马克思恩格斯选集:第3卷 [M]. 北京:人民出版社,1973:8.
③ 中共中央马克思恩格斯列宁斯大林著作编译局. 马克思恩格斯选集:第1卷 [M]. 北京:人民出版社,2012:1.
④ 中共中央马克思恩格斯列宁斯大林著作编译局. 马克思恩格斯选集:第1卷 [M]. 北京:人民出版社,2012:170.

找才能获得，不能光靠"意识"的发展来解释。

马克思提出，人的主体本质是实践，"在其现实性上，它是一切社会关系的总和"①。只有当人具有独立性的时候，人的本质才有实现的可能，但随着私有制的出现，无产阶级劳动者无法占有生产资料，只能靠出卖劳动力来获得生活资料，以求得生存的可能，而当人失去了对"物"的占有时，人的独立性也就自然而然地随之消失了。显然，在资本主义制度下，人们无法具有人之为人的本质，劳动并不能作为实践手段使人获得自由，反而使人深陷在毫无自由可言的像机械般的生产中，此时的"人"在资本家眼中与"机器"并无区别；这种劳动异化的产生，使得人的劳动力成了资本家的私有财产，帮助资本家获得资本积累，从而在为了获得更多利益的驱使下，资本家不断使工人的劳动异化在私有财产中。此时，人不但不能占有本应属于自身的劳动产品，还要反过来受来自自身却被资本家占有、作为资本家的私有财产的"物"的压制与束缚。为了得到生产和生活资料，作为无产阶级的工人或农民只能"贱卖"自己的劳动力。恩格斯曾明确指出："在目前的资产阶级社会中，人们就像受某种异己力量的支配一样，受自己所创造的经济关系、受自己所生产的生产资料的支配。"② 也就是，当资本家占有资本、占有生产资料时，人就只能忍受与自己的本质相异化的状态，仅仅为了维持自己和后代的生存状态，马克思称人的这种状态是动物式或非人的存在。可见，马克思在私有制生产关系中，也找到了"自我意识"异化的实质。所以马克思提出，只有消除私有制社会生产关系中的劳动异化，自我意识的异化才能消除，人类才能真正改变自己的命运。

---

① 中共中央马克思恩格斯列宁斯大林著作编译局. 马克思恩格斯选集：第 3 卷 ［M］. 北京：人民出版社，1973：170.

② 中共中央马克思恩格斯列宁斯大林著作编译局. 马克思恩格斯选集：第 4 卷 ［M］. 北京：人民出版社，2012：250.

显然，只有将关于"人"的本质问题放置在与物质性活动相关的领域来讨论，而不是将"自我意识"放在精神领域中进行理解，才能实现意识活动与物质生产的统一和人本质的复归，实现自由。

三、"自我意识"的社会功能：社会的意识形态

希腊后期，在自由被践踏的罗马社会中，因对于外部的现实世界无力抗争，哲学家们多将目光转向人的自我意识，关注人们的幸福、困苦等问题，包括伊壁鸠鲁和怀疑派等人物皆是如此，他们不断向主体内部求索。此时，哲学家们自古追求的自由问题，从人类现实世界中的自由和独立的问题转化成了精神中的问题。而在 19 世纪马克思生活的德国也同样面临着时代的困境，在英法等国接连进入资本主义社会时，只有德国仍旧在旧的封建社会中举步维艰，这也是马克思在"博士论文"时期将"自我意识"和"自由"作为范畴，将伊壁鸠鲁派、斯多葛派和怀疑派这三个哲学派别作为自己研究对象的原因。马克思自"博士论文"开始，就一直想要寻找用哲学改变现实社会的路径。

古罗马帝国和黑格尔以后的德国哲学由于经历了某种时代和历史的共同性，因此希腊和德国哲学家们都将自由作为终生奋斗的目标。不同的是，黑格尔之后的哲学家们力求将哲学转化为意志，借以改变外部世界，而不再是只求在意志和意识层面的自由。但鲍威尔、施特劳斯等人不论是在思维体系上还是对于自我意识的理解，本质上都没有超越黑格尔；虽然费尔巴哈是从自然属性理解人的本质，但由于他对人的实践活动没有理解，以至于他也没有实现将哲学真正转入现实世界。

直到马克思将"自我意识"与现实生活联结起来，将感性的实践活动作为人的本质，人类自由才真正有机会在现实世界中得以实现。

马克思在《1844 年哲学经济学手稿》中将费尔巴哈的宗教批判中的人的本质异化的理论用经济学思想重新进行了解读。他认为，在资本主义社

会中，人们作为劳动者由于并不能占有生产资料，不得不将劳动力卖给资本家，以换取人们生存所需的生活资料，以至于他们生产出的产品并不能归自己所有、支配，亦反映不出人的本质，仅能作为人们在商业活动中的交换工具，工人成了生产机器一般的存在，本来应该产生在人与人之间的类关系也变成了生产关系。也就是，在资本主义社会中，现实的生活关系就是私有制的生产关系，"生产关系总合起来就构成所谓社会关系"①，生产关系决定并制约着其他社会关系，同时决定并制约着社会生产的经济结构，而"生产关系构成的总和构成社会的经济结构"②。于是，人、劳动、人的本质、人与人的关系都出现了异化，这种现实的异化与精神的异化是同一的，马克思哲学中的"自我意识"的异化发生在现实社会的经济生活中，也是个体与类的异化。

在马克思看来，与作为劳动者的工人相对的是作为资本家的资产阶级，工人在劳动中付出的劳动力越多，他同时创造出了越多与自己相异化的力量。因为，与他自身所付出的相比，工人创造的产品价值越多，归他自身的东西就越少，他自身的价值世界就越贫乏。这便与费尔巴哈的"人奉献给上帝的越多，留给自身的就越少"的宗教异化思想有了相似之处。按照马克思之前的哲学家的理解，宗教的异化本是发生在意识领域的，如果不能在现实领域中找到人的异化的依据，那么宗教批判将永远与现实社会无关。马克思将人的异化放置在经济社会中，与经济生产中的劳动异化相关联，借助经济生产生活中的劳动异化就是现实中的人的异化这层关系，实现了人的"自我意识"与物质生产和精神生活两方面的相关，至此才真正超越性地解决了近代哲学以来哲学家们始终探寻的思维与存在的关

---

① 中共中央马克思恩格斯列宁斯大林著作编译局.马克思恩格斯选集：第1卷［M］.北京：人民出版社，1994：345.

② 中共中央马克思恩格斯列宁斯大林著作编译局.马克思恩格斯选集：第2卷［M］.北京：人民出版社，1994：32.

系问题。

其实，按照马克思的说法，无论是经济结构还是社会存在都是人类现实生活中所进行的物质性生产的总和。如果将非物质性的社会关系看作一种物质性生产活动的外在形式，那么关于现实世界的物质生产就是现实基础或者可以说成是经济基础，而非物质性的这些外在形式就是上层建筑或者说成是意识形态。在精神领域中，宗教、法、道德、科学、艺术等也是生产的特殊方式，同样遵循生产的普遍规律，也就是"物质生活的生产方式制约着整个社会生活、政治生活和精神生活的过程"①。马克思说："这种关于现存的经济界限的唯心主义表现，不是纯粹理论上的，而且在实际的意识中也存在着。也就是说，使自己自由存在的并且同现存的生产方式相矛盾的意识，不仅仅构成宗教和哲学，而且也构成国家。"②

"自我意识"就是社会意识形态，由于"社会存在决定社会意识"，人想要实现向自己本质的复归实际上是要实现人作为社会存在的复归，真正实现社会生产本身反映自身的本质。当人的本质实现复归，才能在思维与存在的关系问题上实现真正的主客统一，而这要靠对私有财产的积极扬弃才能实现。也就是马克思所说的："批判的武器当然不能代替武器的批判，物质力量只能用物质力量来摧毁；但是理论一经掌握群众，也会变成物质力量。理论只要说服人，就能掌握群众而理论只要彻底，就能说服人。所谓彻底，就是抓住事物的根本。但是，人的根本就是人本身。"③

四、"自我意识"的历史解放：人类的生产自由

马克思认为，意识形态的产生是由于生产领域发生的人的劳动异化。

---

① 中共中央马克思恩格斯列宁斯大林著作编译局．马克思恩格斯选集：第 2 卷［M］．北京：人民出版社，1994：32.
② 中共中央马克思恩格斯列宁斯大林著作编译局．马克思恩格斯选集：第 1 卷［M］．北京：人民出版社，1995：83.
③ 中共中央马克思恩格斯列宁斯大林著作编译局．马克思恩格斯选集：第 1 卷［M］．北京：人民出版社，1995：9.

人们本应进行自由自觉的活动，但在资本主义社会中，不占有任何生产资料的工人却只能被迫进行商品生产，人们生产出的产品不能归自己所有，只能作为资产阶级所有的私有财产，作为商品的劳动产品不仅不能反映出人之为人的本质，反而成了人本质的异化，此时人们所进行的生产活动也就成了一种异化劳动。

这种发生在生产领域的异化使得其他在此基础上产生的意识形态，如国家、政治、道德、宗教、法、艺术、哲学等都发生了异化，这种异化不仅使人们从认识上产生了对于异化后的生产关系的真实反映，而且为了持续性地维持这种生产关系，生产领域的异化还从功能上支配了整个历史的发展。作为社会意识形态的自我意识产生异化当然也是由于生产领域的异化，在这种异化的产生过程中，人们由于人之为人的本质的丧失，自然也就没有自由可言，想要消除这种异化必然也要在现实生活中的生产领域中寻求办法。

在马克思看来，资本主义中的社会关系就是人们在进行物质生产中所表现出的生产关系，因为这种物质生产方式就是人们异化了的类生活方式，一经固定就伴随着相应的运行规律，进而生成一种稳定的社会形式，这种社会形式虽然由人的生产和生活方式产生，却不能由人们进行任意的自由选择。也就是，建立在生产、消费和交换基础上的资本主义社会形式其实是一种控制人的社会力量，这是种不以人的意志为转移的力量。马克思说："意识的一切形式和产物不是可以通过精神的批判来消灭的，不是可以通过把它们消融在'自我意识'中或化为'幽灵''怪影''怪想'等等来消灭的，而只有通过实际推翻这一切唯心主义谬论所产生的现实的社会关系，才能把它们消灭。"① 生产中的异化造成了社会关系的异化，资本主义生产活动中人与自身的分裂造成了人类生活关系的异化，进而形成

---

① 中共中央马克思恩格斯列宁斯大林著作编译局. 马克思恩格斯选集：第 1 卷 [M].
北京：人民出版社，1995：92.

了"非人"的社会关系，这种异化后的社会关系发生在现实世界，产生原因也在现实世界，想要消除当然也要在现实世界中寻找方法。

"自我意识"在马克思之前都被认为是理性领域的概念，因此马克思之前的哲学家们对于人的自由的理解总是理性的认识自由或积极的道德自由，无论论证得如何精彩，最终人的自由只能在理论中实现。当马克思将"自我意识"看作由生产领域中人的实践活动所产生、受物质生产、自然环境等现实存在物的影响而发展完善，人的自由相应地可以通过人在实践领域中实现，即人的解放也可以在现实世界中实现，通过消除生产领域的异化来实现向人之为人的本质的复归。

在马克思看来，消除生产领域的异化，有两个办法：一是暴力革命，二是大力发展生产力。马克思在《德意志意识形态》中提出："历史的动力以及宗教、哲学和任何其他理论的动力是革命，而不是批判。"① 也就是，想要实现"自我意识"的自由，实现人的解放，关键是要变革社会生产关系，用有效的革命行动实现对于以私有制为主的生产关系的变革，从根本上彻底消除人在生产过程中产生劳动异化的原因，进而实现人的解放。虽然，马克思将生产力看作是推动历史前进的动力、革命的动力、生产关系的最终决定力量，但他却只是批判私有制，从来没有批判过生产力，相反，他提出要大力发展生产力。马克思明确指出："要使这种异化成为一种'不堪忍受的'力量，即成为革命所要反对的力量，就必须让它'把人类多数变成完全没有财产的人'，同时这些人又同现存的有钱有教养的世界相对立，而这两个条件都是以生产力的巨大增长和高度发展为前提的。"② 并且，马克思并没有将"异化"当作洪水猛兽，他认为温和地缓

---

① 中共中央马克思恩格斯列宁斯大林著作编译局．马克思恩格斯选集：第3卷［M］．北京：人民出版社，1973：43．

② 中共中央马克思恩格斯列宁斯大林著作编译局．马克思恩格斯选集：第1卷［M］．北京：人民出版社，1995：86．

解异化或者强硬地对抗异化都不如让"异化"持续发展一直到其不得不突破的"桎梏"阶段，一旦发展到异化产生的物质力量能自己对抗异化的时候，自然就能实现人本质的回归，实现"自我意识"的解放。因为，随着生产力的发展必将会产生新的生产关系与之相适应，高级的生产力必将促进更高级生产关系的产生。当"异化"不断扩大，更多人就会丧失自己的本质，成为"非人"的存在，人与自己所生产的产品对立就会越明显，人的本质越来越异化在了"物"里，人与人的关系完全泯灭在了人与物的关系中。随着"异化"越来越严重、范围越来越广，原本仅是地区性的贫困的个体必会成为历史性的普遍的众人，此时，异化的消除就不再是某个人或是某个民族、某个国家的事情，而是全人类的需要。

私有制下的"异化"让人与物的对立和人与人的对立浑然一体，这种对立具有一种普遍性，即所有不占有生产资料的众人与所有作为"物"（生产资料和劳动商品的私有财产）的所有者之间的对立呈现出一种阶级性的对立。马克思认为，"对私有财产的积极的扬弃，作为对人的生活的占有，是对一切异化的积极的扬弃，从而是人从宗教、家庭、国家等向自己的人的存在即社会的存在的复归"①。因此人不仅是要通过消除私有制实现人的解放，还要最终通过人本质的复归，获得"自我意识"的自由，实现"类本质"和"类生活"。

第三节　马克思"自我意识"理论的
实践变革及意义

古希腊哲学用"种加属差"来形容人，在这种本体论的思维方式下人

① 马克思. 1844 年经济学哲学手稿 [M]. 北京：人民出版社，2000：82.

与物并没有根本性的区别，近代哲学实现了认识论转向，通过反思将自我的思维属性作为"第一性"，人的主体性地位随之被确立了起来，但同时造成了"思维"与"存在"分裂。由于"自我"与"世界"的二元对立，近代哲学之后，无论哲学家们多么努力想要用范畴、概念等来表述世界，都无法真正实现"思维"与"存在"在现实世界中的统一。直到马克思将感性的物质活动作为"自我"本原的存在方式，将生产关系作为人和人真正的"类关系"，才实现了现实世界中的人与人、自我与社会之间的互通。随着马克思基于"实践"理论的"自我意识"变革，自我才实现了与世界的有机统一，进而哲学具有了改变世界的功能。

一、"自我意识"的产生根据：从抽象思维到具体实践

近代哲学以来，自我的思维属性被当作人区别于动物的根本属性，从此"理性"成了人与动物的本质区别，人被看作理性存在物，在认识范畴中，人的主体性得到了极大提升。近代，由于科技和各学科的发展，人与自然的关系变化成了哲学家们探讨"思维与存在"关系的直接原因；当自我意识成为"第一性"之后，自我与自我、自我与世界的分裂就不可避免，进而"思维与存在的关系"问题就成了哲学家们探讨的首要问题；人是否能实现对于真理的认识、是否能改变自然、如何实现认识，都成了哲学研究的主要内容。之后的哲学家们为了实现思维与存在的统一，对"自我意识"进行了多维度的探讨。自康德将人类理性作为哲学的研究对象之后，论证如何将客观内容沉淀于自我意识之中、如何实现主客观的一致，成了德国古典哲学家们关注的主要问题。但由于马克思之前的哲学家们多将理性作为"第一性"，将"自我意识"作为人之为人的本原，再精妙的论证和严密的逻辑，本质上所实现的也不过是理性的自由，进而哲学在此意义上仍旧是解释世界的工作。

在马克思看来，人与动物的最大区别在于"实践"，此"实践"与黑

格尔哲学中的"实践"不同，是基于唯物主义的"实践"，即感性的物质生产活动。动物没有自我的意识能动性，不论进行什么样的活动都只是按照本能进行的活动，这是一种无意识的、对环境做出的被动适应，所以是一种"生存活动"；而人具有自我意识，既能进行认识自然和自我，也能改造自然和自我，"自我意识"不仅能进行德国古典哲学家们所说的"反思"，更重要的是能使人有目的、有计划地改造主观和客观世界。与之前的哲学家们不同，马克思认为"自我意识"不来源于"天赋"和"先验"，而是基于人对物质世界的反映，自我意识是随着人在改造主观和客观世界的过程中形成和发展的，并不是由人的认识形式或是天赋观念在头脑中主观产生的。

马克思将实践作为一种对象性活动，以便弥合思维与存在的分裂，实现自我与世界的联结。马克思认为，实践活动的全部基础和前提"是他们的活动和他们的物质生活条件，包括他们已有的和由他们自己的活动创造出来的物质生活条件"①。马克思第一次将"实践"用于哲学范畴是在《关于费尔巴哈的提纲》中，他从根本上批判了一切旧唯物主义，将自己的哲学与旧唯物主义划清了界限。马克思提出："思想、观念、意识的生产最初是直接与人们的物质活动，与人们的物质交往，与现实生活的语言交织在一起的，观念、思维、人们的精神交往在这里还是人们物质关系的直接产物。"② 也就是，在实践中，人与自然和环境发生关系，人与人实现交往，进而产生观念、意识，而在人与人交往的过程中，人不断对自我和自然、环境进行改造，所以思维并不是"第一性"，物质才是。

马克思提出，"人是一个特殊的个体，并且正是他的特殊性使他成为

---

① 中共中央马克思恩格斯列宁斯大林著作编译局．马克思恩格斯选集：第1卷［M］．北京：人民出版社，1995：519．

② 中共中央马克思恩格斯列宁斯大林著作编译局．马克思恩格斯选集：第1卷［M］．北京：人民出版社，1995：30．

一个个体，成为一个现实的、单个的社会存在物"①。也就是，人的生存方式伴随着创造性生存活动，即人在实践活动中，"以一种全面的方式"，自然而然地产生人与人的交往，这是一种社会性存在，此时的人"作为一个完整的人，占有自己的全部的本质"②。但是，由于人进行生存和生活所需的物质生产活动时，需要一定的生产资料，而在资本主义社会中，生产资料归资本家私有，因此劳动者只能靠出卖自己的劳动力，换取维持生存和生活所需的物质。具体来说，劳动者需要生存就必须进行生产，而生产所需的生产资料需要通过在资本家手中获取，资本家需要用劳动者所生产出的商品来交换以获取利益。因此，劳动者出卖自己的劳动力给资本家，以便从资本家那里获得生产资料，他们按照资本家或是市场的要求生产出产品。劳动者在此过程中没有任何创造性而言，资本主义社会的人们所进行的不再是自由自觉的劳动，而是"异化"了的劳动，此过程已经算不得"实践"。此时，劳动者生产越多，获得越少，自己获得的自身价值也就越少，人与自己的本质发生了异化。显然，人本应在实践活动中确立自我的主体性地位，实现主观与客观、自我与世界的统一，而这在资本主义社会是无法实现。

在马克思看来，人的本质不是主观思维，而是人的感性物质活动，自我意识是主客体相互作用下产生的，是一种社会关系的产物。由于只有人才能进行实践活动，也只有在实践中人才能实现自己的本质，因此人的"自我意识"从实践中来，最终也要在实践中确立自己、完善自己、改造自己。

动物只能按照物种规定进行活动，所形成的也是一种无意义的生存世

---

① 中共中央马克思恩格斯列宁斯大林著作编译局．马克思恩格斯全集：第 42 卷［M］．北京：人民出版社，1979：123.

② 中共中央马克思恩格斯列宁斯大林著作编译局．马克思恩格斯全集：第 42 卷［M］．北京：人民出版社，1979：123.

界;而人为了满足自身生存的需要,必须进行有目的的生产活动,在这种有计划、有目的的物质生产活动过程中,人逐步实现对于自身和客观世界的认识。人与动物最大的区别在于能根据"美"的规律来创造客观世界,人所进行的是有目的、有创造性的实践活动,进而所形成的是一种有意义的生活世界。马克思认为,"人的思维是否具有客观的真理性,这不是一个理论问题,而是一个实践的问题"①,也就是,"人应该在实践中证明自己思维的真理性。"② 即人的"自我意识"是否能实现对真理的认识,对知识的追求,需要在实践中检验。思维的正确与否在于被思维的事物,而不是思维本身,如果思维的对象是宗教这种虚幻的事物,思维永远也无法触碰到其实质,只能通过实践,在实践中确立自身并实现对他物的认识和改造。

二、"自我意识"的存在样态:从主体意志到意识形态

马克思为了说明主体性的自由,在自然哲学的基础上探讨了"个体的自我意识"理论。马克思在"博士论文"中指出,个人最自由的就是自我意识,作为自由的人应该批判一切与自我意识不符合的现实部分。比如,宗教压抑了自我意识的发展,那么我们就应该批判宗教;社会阻碍了自我意识的自由发展,我们就应该批判社会,也就是我们要按照自我意识的模式去塑造世界,让自我意识成为现实。显然,这个时期的马克思仍旧是唯心主义的。

但是,即使是唯心思想指导下的马克思,依然想强调个体的自由。马克思认为,一个人区别于动物的关键,是动物只具有自然属性,而人具有

---

① 中共中央马克思恩格斯列宁斯大林著作编译局. 马克思恩格斯选集:第 1 卷 [M].
北京:人民出版社,1995:55.
② 中共中央马克思恩格斯列宁斯大林著作编译局. 马克思恩格斯选集:第 1 卷 [M].
北京:人民出版社,1995:55.

自由意志,具有改造自己的能力,但这不是自然而然地发生的,人具有这种能力的前提是人先成为自己"唯一真实的客体",也就是"必须在他自身打破他的相对的定在、欲望的力量和纯粹自然的力量。排斥是自我意识的最初形式,因此,它是同那种自认为是直接存在着的、抽象单一的自我意识相适应的"①。所以,自由的实现是要以一种超越自我意识的限制性作为前提的,而这种对于自我意识限制性的超越需要先克服人所具有的自然属性,也就是自我意识的"定在",将自我意识上升为一种普遍性的观念上。他指出:"抽象的个体性只有对那个与其相对立的定在进行抽象,才能实现它的概念——它的形式规定、纯粹的自为自在、不依赖于字节定在的独立性、一切相对性的扬弃。须知为了真正克服这种定在、抽象的个别性就应该把它观念化,而这只有普遍性才有可能做到。"② 马克思指出,个体性具有跳出限制性的能力。在马克思看来,如果不能实现这种对于限制性的超越,那么人要想完全实现自己个体性,实现观念化,只有一种途径,那就是个体与其本身发生关系,此时它就是按照自己的概念去实现自身,所以他说:"一个人,只有当同他发生关系的另一个人不是一个不同于他的存在,而他本身,即使还不是精神,也是一个个别的人时,这个人才不再是自然的产物。"③

虽然,马克思在"博士论文"中写道:"原子不外是抽象的、个别的自我意识的自然形式,感性的自然也只是客观化了的、经验的、个别的自我意识。"④ 这表明,在此期间,马克思仍然与黑格尔一样,将外物作为自

① 马克思.德谟克里特的自然哲学和伊壁鸠鲁的自然哲学的差别[M].北京:人民出版社,1995:216.
② 马克思.德谟克里特的自然哲学和伊壁鸠鲁的自然哲学的差别[M].北京:人民出版社,1995:214.
③ 马克思.德谟克里特的自然哲学和伊壁鸠鲁的自然哲学的差别[M].北京:人民出版社,1995:216.
④ 马克思.德谟克里特的自然哲学和伊壁鸠鲁的自然哲学的差别[M].北京:人民出版社,1995:233.

我意识的外化；但是，马克思同时提出，这种"自我意识的主观性只能以物质自身的形式出现"的情况，是由于"作为原子和现象的自然是在表示着个别的自我意识和它的矛盾"，而"当主观性成为独立的东西时，自我意识便在自身中反映自身，便以它特有的形态作为独立的形式同物质相对立"①了。也就是，马克思认为，这种自我意识外化为自然界的情况并不是一种积极的、可赞颂的，其正表明了自我意识的自然属性——不自由。只有当自我意识不是表示个别的、抽象的自我意识本身，而是表示一种人的主观独立性时，使人跳出对于自然天性的束缚，人才真正地具有自由。这种独立性就表现为人与物质的对立，也就是表现为人对自然的认识与改造，与自然的不一致存在。

可见，马克思始终在探索主体性的自由之路，其从自我意识出发，获得的唯一的路径就是将自我意识从主体意志上升为"普遍意识"。而当马克思将视角从人本身转到社会、宗教、政治、国家上来的时候，马克思对于自我意识的认识发生了改变。马克思将自我意识作为意识形态，才终于找到了人类解放之路。

马克思在《〈黑格尔法哲学批判〉导言》中通过分析德国的解放历程，重新探讨了自由与国家之间的关系。马克思通过将国家和法的概念引入哲学，批判了黑格尔对于国家观念的抽象性、对自由的独断性，以及对于人自由普遍性问题解决的不彻底性。马克思通过批判黑格尔"宗教—伦理—国家"的思想和青年黑格尔派的"自我意识"理论，颠覆了黑格尔和青年黑格尔派的宗教批判理论。马克思指出，将自由看作观念运动中的精神现象，宣告了黑格尔"自我意识"辩证运动的非现实性。他提出，黑格尔将"国家"与"市民社会"二分，用"理性"调和国家与自由的矛盾，并不能调和个人与社会的矛盾，也无法真正实现个体自由与普遍自由的统一。

---

① 马克思. 德谟克里特的自然哲学和伊壁鸠鲁的自然哲学的差别 [M]. 北京：人民出版社，1995：241.

在《德意志意识形态》中，马克思针对黑格尔思辨哲学的非现实性进行了反思，摆脱了之前以"自我意识"为根基的唯心主义的形而上学的僵化性，也摆脱了旧唯物主义脱离"实践"的机械性，从经院派走向了政治实践派。在马克思看来，无论是理性的自由或者是现实的自由，首先都要实现私有制的消灭才能获得。"自我意识"作为一种意识形态，其与社会、国家、法、哲学、艺术一样，并不是仅受控于理性观念；"自由"作为伴随"人的本质"的相生的概念，也并不只能在理性领域中探讨，"自由"与"自我意识"都与现实中的经济发展、社会生产、政治生活息息相关。

至此，马克思哲学中的"自我意识"与"自由"理论克服了德国古典哲学中"自我意识"理论的抽象性，以及哲学与现实无关的缺陷。

三、"自我意识"的社会功能：从精神实体的呈现到社会意识的反作用

德国古典哲学秉承理性主义，在寻求真理的过程中，不仅将自由、历史看作"自我意识"的产物，同时将理性活动与认识活动、实践活动、社会生活活动等结合，从"自我意识"层面对它们进行了解释。德国古典哲学通过对"自我意识"的深入探讨，实现了人类思维层面的转变。康德的"先验反思"、费希特的"纯粹反思"、谢林的"绝对同一"，最终黑格尔的"绝对精神"实现了将事物"内容"本身沉淀到自身之中，此时人类的理性主体性已经被抬升到最高，实现了"上帝化"与"绝对化"。但是，这种理性发展到巅峰的"绝对化"不过是一种理性虚构的、预设的幻想。如果社会和历史如果都是人类理性发展的产物，那么，人类对于社会和历史发展的推动或阻碍都只能在理性领域内，通过"自我意识"的发展而实现，进而，"自我意识"只能在认识领域实现其能动性，哲学发展到顶端也只不过是用于解释世界的工具，无论是德国古典哲学或是青年黑格尔派都无法实现与现实世界的互通。

马克思认为,"全部人类历史的第一个前提无疑是有生命的个人的存在"①,而"有生命的个人的存在"不是靠理性的发展来实现的,而是靠"实践";人不仅具有自然属性,更重要的是具有社会属性,人不是独自的、离群索居的个体,也不是抽象的个人理性,而是能在进行物质活动时与人产生生产关系的人,是"一切社会关系的总和"②。在这个过程中,人的本质才得以显现,也就是,不同的个体在一定的时空范围内具有共同的生活状态,都进行着自由自觉的活动,人成了具有社会属性的存在物,这才是马克思与德国古典哲学和黑格尔派以及其他一切旧唯物主义之间的根本区别。

马克思指出,人的本质要在现实生活中才能得以实现,而我们要从历史观出发了解"现实的个人"。历史不是"自我意识"的产物,相反,人是历史发展的产物。马克思反对费尔巴哈的旧唯物主义,主要是由于费尔巴哈无法理解"个体"与"实践"的关系,也不能用历史的观点看待人、民族、法、道德、自由、国家和社会。马克思认为,人的本质不是从人的"概念"中抽象出来的,而是要到现实的社会历史中寻求,当前人类生存的现实世界是人类通过世世代代所进行的感性的物质活动创造出来的,也就是我们赖以生存的世界是前人历史活动的结果,而我们现在所进行的物质生产活动将会为我们的后人创造出属于他们的历史根基。可见,脱离历史探讨"人的本质"是无法实现的,马克思不仅批判了费尔巴哈的旧唯物主义,也批判了德国古典哲学与青年黑格尔派的思辨哲学。

在马克思看来,德国古典哲学无法实现真正的主客统一的关键在于其思辨逻辑的颠倒性,黑格尔虽然将人的理性提升到最高,但他却将现实生

---

① 中共中央马克思恩格斯列宁斯大林著作编译局. 马克思恩格斯选集:第1卷 [M].
北京:人民出版社,1995:519.
② 中共中央马克思恩格斯列宁斯大林著作编译局. 马克思恩格斯选集:第1卷 [M].
北京:人民出版社,1995:501.

活、国家和社会看作"绝对精神"运动的一个环节。黑格尔认为,现实的
市民、社会和国家不过是"自我意识"发展阶段的有限领域,国家对自由
的作用也不过是黑格尔通过他的辩证法逻辑推演得到的。在黑格尔看来,
"存在""实体"和"逻辑"是同一的,只要"自我意识"发展到"绝对
精神",就能通达"绝对理念",实现客观的人类社会与主观的人类精神的
统一,进而获得自由。但是,在理性思辨哲学的背景下,无论"自我意
识"发展到何等境界,都无法实现理性与现实的互通,也无法在现实社会
中和历史中实现人的本质,获得真正的自由。

马克思强调从现实的社会生活中获得人的本质,否定了从抽象的主观
精神中寻求自由的可能,也从根本上改变了"自我意识"的功能。在资本
主义私有制的社会生产生活中,资产阶级和无产阶级的对立不可避免。由
于生产资料被资本家所占有,作为无产阶级的工人只能靠出卖自己的劳动
力维持生活,其所生产出的产品被资本家所占有,已经与人自身的本质无
关甚至成了与人相异化的"物"。正如马克思所说,"工人对自己的劳动的
产品的关系就是对一个异己的对象的关系"①;人也"物化"为资本家为
了获得利益而强迫其进行生产的工具和"机器"。对于人的"类本质"来
说,人由本应进行自由自觉的活动的存在变成了作为进行"劳动异化"的
存在,劳动对于个体来说,仅仅是"维持肉体生产需要的一种手段"②,而
不再是人之为人"需要的满足";无产阶级劳动者在进行异化劳动的过程
中,不断否定自身,看不到自己的价值,其生产的价值越多,所获得的价
值反而越少。无产阶级劳动者表面上是按照资本家的要求进行生产,而资
本家是为了获得利益,所以他们实际上是按照生产和价值规律进行生产,

---

① 中共中央马克思恩格斯列宁斯大林著作编译局.马克思恩格斯全集:第 3 卷 [M].
北京:人民出版社,2002:268.
② 中共中央马克思恩格斯列宁斯大林著作编译局.马克思恩格斯全集:第 3 卷 [M].
北京:人民出版社,2002:278.

资本家则异化为"一种非人的力量统治一切"①。也就是,在资本主义社会,无论资产阶级还是无产阶级都毫无自由可言,人的主体性被不断降低,同自己的"劳动产品""生命活动""类本质"相异化,进而造成了"人同人相异化"②。

由于无产阶级在劳动异化的过程中已经完全丧失了人的价值与需求的满足,为了维持自身的生存需要不得不出卖自己的劳动力,无产阶级与资产阶级的对立和矛盾是无法化解的,要想实现人的自由必须用革命推翻资产阶级私有制。马克思提出,"德国人的解放就是人的解放,这个解放的头脑是哲学,它的心脏是无产阶级"③。也就是,无产阶级与资产阶级的对立和矛盾可化作人的解放的动力,"自我意识"作为一种社会意识形态成了无产阶级实现人的自由的力量,而哲学则是无产阶级实现自由的指南,无产阶级要实现对生产资料的占有就需要控制国家机器。马克思所憧憬的是一个作为"自由人联合体"的共产主义社会,在那里"每个人的自由发展是一切人的自由发展的条件"④。

四、马克思"自我意识"理论变革的理论价值

在马克思批判了以往旧的唯物主义之后,关于"自我意识"的一切理论都随之发生了改变,马克思重新考察了"人的本质",将人的自由与生产活动和实践活动相结合,沟通了意志自由与现实自由,实现了从抽象的自由向现实的自由的转向。

---

① 中共中央马克思恩格斯列宁斯大林著作编译局.马克思恩格斯全集:第3卷[M].北京:人民出版社,2002:394.

② 中共中央马克思恩格斯列宁斯大林著作编译局.马克思恩格斯全集:第3卷[M].北京:人民出版社,2002:274.

③ 中共中央马克思恩格斯列宁斯大林著作编译局.马克思恩格斯全集:第3卷[M].北京:人民出版社,2002:214.

④ 中共中央马克思恩格斯列宁斯大林著作编译局.马克思恩格斯全集:第3卷[M].北京:人民出版社,2002:53.

马克思认为，自由不应该是抽象的概念，应该是所有人都应该具有的活动自由；自由也不是某个特定的阶级所特有的，它应该是所有人都应具有的一种与生俱来的自然权利。在马克思看来，现实中的自由与不自由的现象背后是更深层次的政治和社会问题。

马克思从颠覆基督教的根基入手，在现实中实现了对宗教的批判、对"自我意识"的解放，实现了从对宗教的批判转向了对国家和政治的批判。在《评普鲁士最近的书报检查令》一文中，马克思指出普鲁士王国利用宗教达成了对人的"自我意识"的控制，并最终实现了控制社会的意识形态。马克思进一步阐明了普鲁士新国王弗里德里希·威廉四世颁布的条例和其明令禁止攻击基督教的新条例相矛盾，是十分不合理的，他通过对这种矛盾的分析，把批判的矛头从宗教转向了政治。马克思从现实的政治和经济关系出发，在现实的政治实践中对"自由"进行了更深层次的探索。在资本主义社会中，一切都围绕着私有财产展开，资产阶级为了获得更多利润、占有更多私有财产，不断扩大与无产阶级的冲突和矛盾。此时资本家由于只追求物质利益而忽视了作为人的价值的需要，当然发生了异化；而无产阶级由于不占有任何物质资料和生产资料，只能忍受资本家对其劳动力的压榨，将自己所生产的产品与资本家进行的私有财产进行交换，以满足自己肉体生存的需要，因此无产阶级无论是从劳动过程还是生活方式也发生了异化。也就是，在资本主义社会中，因为社会各个阶级都被"物"控制了，无论是个人与社会、国家之间的矛盾还是个体自由与人类共同体自由之间的矛盾，都被隐藏在了人和人的"物质利益"冲突之下，任何人都无法得到自由。

可见，马克思是将"人的解放"作为其哲学的目的。因此，马克思从政治经济学和辩证唯物主义的历史观出发，把关于"人的自由何以可能"的问题从理性思辨领域变革为了现实生活实践领域中"人类解放何以可能"的问题。

为了实现对于现实生活中的自由问题的探讨，马克思在人们的生产劳动和政治生活的过程中重新定义了"自由"。作为早期青年黑格尔派的一员，马克思在柏林大学听课期间吸收了很多黑格尔和青年黑格尔派的哲学观点，他的"博士论文"主要就是探讨"自我意识"问题。但是，马克思并不是通过"自我意识"来说明个体自由的，虽然，他在"博士论文"期间并没有跳出德国古典哲学中的自我意识理论的唯心主义倾向，但他已经实现超越了青年黑格尔派。他通过论证个人与社会的关系、个体自由与"普遍自由"的矛盾，反思了抽象的人的自由和感性具体的人的现实自由的不同。马克思从"博士论文"阶段讨论"自我意识"开始一直到《黑格尔法哲学批判》阶段讨论"自由"，经历了从"反思黑格尔的自我意识自由观"到"扬弃宗教批判、关注政治批判"最后到"关注政治现实、将哲学现实化"的过程，实际上，马克思经历了从唯心主义到唯物主义、从观念论到实践论、从思辨辩证法到历史辩证法的过程，实现了从形而上学到历史唯物主义的转变。

当马克思论证了自我意识是社会意识形态，是社会存在的歪曲反映，并基于此形成了自己的宗教批判理论，其终于超越了青年黑格尔派，实现了宗教批判与现实的社会生活相关，唯物主义的确立使得被颠倒了的世界从此被"正立"了过来。人们终于能透过宗教的迷雾，关注现实生活、关怀自身的能力发展。

并且，马克思通过批判费尔巴哈，重新定义了"人的本质"，他基于唯物史观的"自我意识"理论实现了对德国古典哲学基于理性的"自我意识"理论的彻底超越。哲学从此真正与现实社会和人类历史实现了相关，这也是哲学史上的重大变革。如果说，笛卡尔实现了用"自我意识"将人与动物区别开来，那么马克思就实现了用"实践"与"劳动"将人与动物区别开来。而单纯依靠人的主体内在性作为人的本质特征的时候，难免会在人类实现自我、获得自由的路上陷入追求纯粹理性的发展的怪圈里，哲学的功能则主要就是追求真理、解释世界；而当人的本质被看作社会生产生活实践的能力，那么人类自由的获得则是实践能力与成果的体现，而在资本主义社会中，无产阶级要实现自由和解放首要的是要推翻资产阶级的统治，重新占有生产资料，实行普遍民主，使每个人实现自由，因为这是一切人实现自由发展的条件，马克思至此在思想上初步完成了向共产主义的转变。至此，人与自然的关系、人与人的关系、人与社会的关系都发生了改变。

从对实现理性自由的思辨批判到对实现政治自由的现实批判的过程中，马克思不单是实现了对黑格尔纯粹的理性思辨批判的突破，实现了自我意识理论的变革，而是实现了哲学的功能从解释世界到改变世界的转变。

第四节 马克思"自我意识"理论变革的实质

自柏拉图以来的理性主义哲学家们，一直不谈论具体的人，只关注理性、思维、主体、精神等抽象理念，以此不断提高人的主体性地位。笛卡尔的"我思故我在"如此，黑格尔的"绝对精神外化出整个世界"亦如此，他们的传统思想都是要发扬人本质中的主体性和能动性，但作为唯心主义哲学家和唯物主义哲学家们相比，他们只是"抽象地发展"[①] 了人的这种主体性，将人的自由性禁锢在了思维层面。直到马克思重新定义了人的本质，将"自我意识"放置在了实践领域，才真正将人的主体性和能动性提高到了实践领域中，使哲学对于变革现实生活起到了实质性的指导作用，而不再仅仅是人类认识世界的工具。

---

① 中共中央马克思恩格斯列宁斯大林著作编译局 . 马克思恩格斯选集：第 1 卷 ［M］.
北京：人民出版社，1995：54.

一、改变了人的主体性和能动内容

自近代开始，哲学家们对于人的主体性的提升就有一种执着，尤其是德国古典哲学家们，但大多哲学家都是在思维和理性活动中提升人的主体性和能动性，只有马克思将人的主体性和能动性的提升放在了实践领域。马克思将"人的本质"看作是感性的物质活动，在实践中确立了"自我意识"，进而人的主体性和能动性的内容都发生了改变，哲学真正进入了现实生活。

个体主体性的提升的最终目的就是获得自由，而无论是德国古典哲学家们还是青年黑格尔派的哲学家们追求的都是一种理性自由。黑格尔虽然完成了将个体的自由寄于全体理性，但其仍旧追求的是一种理性的绝对自由。而费尔巴哈将"类"作为通往自由的唯一路径，他是用"人的本质""异化"等概念来解释人的自由问题，费尔巴哈从对象化的角度来理解"异化"，他认为"异化"是与人的主体性相对应的，人能通过主、客体的区分出的对象中确证自己，也就是个体能在全体的类生活中实现对于自身缺陷的弥补，克服异化，进而实现"自我在对象中得到证实"①，因此个人的自由只有在"类"中才能实现。但是，费尔巴哈的这种"类"的观点与其他青年黑格派哲学家们的"自我意识""普遍信念"没什么不同，都是发生在精神领域的。在马克思看来，"异化"只是"对象化"的一种特殊的形式，是当人的本质无法实现、在社会生产中人的"类关系"被破坏时产生的。

在私有制情况下，人对于生产什么、如何生产是完全没有自由的，本来是能体现人的主体性的生产变成了强迫性的生产活动。马克思通过"异化"将人的本质所具有的、作为感性活动的主体性进行了否定。马克思认

---

① 费尔巴哈. 费尔巴哈哲学著作选集：上卷 [M]. 北京：商务印书馆，1984：89.

为，"异化"与作为"类存在"的人是没有关系的，是由于人的感性活动的不自由，是由于私有制生产关系中人的主体性的丧失。马克思的目的是追求人在现实中的自由，马克思提出，"生产生活本来就是类生活。这是产生生命的生活。一个种的全部特性、种的类特性就在于生命活动的性质，而人的类特性恰恰就是自由的自觉的活动"①。马克思将人的个体性和自由联系在一起，与人的物质生活、生产活动、生存方式、改造自然的历史联系起来，并且他将个人的自由建立在了全体人的自由的基础之上，将"现实的个人及其活动"作为历史的前提，不仅超越了黑格尔，也超越了青年黑格尔派。

　　费尔巴哈认为人与动物最大的区别在于人具有源于人自然属性的"理智"，虽然这种自然属性也是种唯物主义。他说："从前一切唯物主义的主要缺点是对对象、现实、感性，只是从客体的或者直观的形式去理解，而不是把它们当作感性的人的活动，当作实践去理解，不是从主体方面去理解。"② 但是费尔巴哈却没有将这种唯物主义思想贯彻到底，他并没有将现实生活与人的本质属性联系起来。直到马克思用"有意识的生命活动把人同动物的生命活动直接区别开来"③，才真正实现将现实的生产生活与人的本质联系起来。在马克思看来，人的物质生产活动决定了人对自然的优先地位，确定了人的"第一性"原则并不是"意识"或"理智"，他说："为了生活，首先就需要吃喝住穿以及其他一些东西。因此，第一个历史活动就是生产满足这些需要的资料，即生产物质生活本身……"④ 显然，

① 中共中央马克思恩格斯列宁斯大林著作编译局．马克思恩格斯全集：第42卷［M］．北京：人民出版社，1979：96．
② 中共中央马克思恩格斯列宁斯大林著作编译局．马克思恩格斯选集：第1卷［M］．北京：人民出版社，1995：54．
③ 中共中央马克思恩格斯列宁斯大林著作编译局．马克思恩格斯全集：第42卷［M］．北京：人民出版社，1979：96．
④ 中共中央马克思恩格斯列宁斯大林著作编译局．马克思恩格斯全集：第42卷［M］．北京：人民出版社，1979：97．

这个"第一性"说的不完全是一种物质性和客观性，说的是在人类的现实社会生活中，影响人生存的最基本的东西，起到决定性作用的东西，就是人的物质活动能力。于是，关于人的主体性和能动内容在马克思哲学中都有了不同的观点，当马克思将感性物质活动引入哲学中，整个哲学体系最基本的东西就发生了变革，与人的主体性相关的哲学立场、思考方式和解释原则都相应地发生了改变。至此，人与自然的关系由近代哲学开始的在思维中的对立，转变为在现实中的对立。从前哲学中仅在理论上探讨的"第一性"问题变成了实践上的"第一性"问题。人与自然谁是"第一性"的问题不再从逻辑中去推断，决定作用也不再是理性思维，而是看在现实的生产实践中，对现实自然和社会进行改造的主体的能动内容是什么。当"这些个人把自己和动物区别开来的第一个历史行动不在于他们有思想，而在于他们开始生产自己的生活资料"① 的时候，能使人在生产活动中发挥出自己主体性的人的感性物质活动就成了"第一性"。

从此，人的主体性也不再是能体现在人们能用理性来解释世界，而是在于人们能用人的感性活动能力来改造自然和社会现实。在马克思看来，个体只有在自由自觉的生产活动过程中所展现出来的感性活动才是符合人的本质的，此时个体的精神和体力才能得以充分发挥，个体所进行的才是积极的、有创造性的、自主的活动，人的主体性和能动性才能得以充分展现。相应地，当人不能进行自由自在生产的时候，人的本质就产生了"异化"，人的主体性就不能发挥出来。当马克思将"人的本质"看作人的感性物质活动，人对于自由的追求就成了在现实领域中对人的感性物质活动的自由，所以人的主体性和能动的内容也发生了相应转变。

---

① 中共中央马克思恩格斯列宁斯大林著作编译局. 马克思恩格斯选集：第1卷［M］. 北京：人民出版社，1995：67.

二、丰富了宗教批判的历史维度

黑格尔与在他之前的哲学家所进行宗教批判的方式主要是对上帝观念进行改造，想通过批判的方式将上帝改造成理性神，整个自然界、人类社会都遵从上帝这个原始理性的总工程师设计的规定性；而当人们通过理性实现对于上帝所创造的"秩序"和规定性的认识的时候，我们就能实现对自然界和人类社会的支配和改造的能力。所以，通过理性反思，不断提高人的主体性，就成了近代以来哲学的最终目的。黑格尔之后的青年黑格尔派哲学家的任务就不再是通过"上帝理性化"来进行人的理性的提升了，而是通过对宗教中的非理性部分进行批判。鲍威尔用"自我意识"来摧毁宗教存在的历史依据，施特劳斯用"实体精神"去批判《四福音书》中的神迹直接动摇了人们对上帝信仰的基础，费尔巴哈则将宗教看作人们弥补精神缺陷的需要。可见，一旦哲学家们将宗教作为一个由理性发展阶段不同而产生的问题，就只能在理性范围内进行批判。

马克思曾指出，青年黑格尔派的这种思维方式起源于黑格尔，他们认为"一切问题，要能够给以回答，就必须把它们从正常的人类理智的形式变为思想理性的形式，并把现实的问题变为思辨的问题"[1]。直到马克思将感性的物质活动作为"人的本质"，"不是从观念出发来解释实践，而是从物质实践出发来解释观念的东西"[2]，宗教问题才在现实社会中找到了根据。

在马克思看来，要从历史的维度来探讨宗教问题，才能找到宗教产生的真正依据。他提出，要"从直接生活的物质生产出发来考察现实的生产

---

① 中共中央马克思恩格斯列宁斯大林著作编译局．马克思恩格斯全集：第 2 卷 ［M］．北京：人民出版社，1957：115．

② 中共中央马克思恩格斯列宁斯大林著作编译局．马克思恩格斯全集：第 3 卷 ［M］．北京：人民出版社，1957：43．

过程，并把与该生产方式相联系、它所产生的交往形式，即各个不同阶段上的市民社会，理解为整个历史的基础；然后必须在国家生活的范畴内描述市民社会的活动，同时从市民社会出发来阐明各种不同的理论产物和意识形式，如宗教、哲学、道德等，并在这个基础上追溯它们产生的过程"①。因此，对于宗教产生的依据要到生产生活的人与人交往的过程中去寻找。诚然，宗教的存在有认识方面的原因，当自然界有一些无法解释的现象，人们就会用非理性的宗教方式来理解，这也是宗教的自然起源；但是，自然界的一些无法用理性来说明的超自然现象也不过是对现实世界的客观反映，本身不存在真理或谬误的问题，只不过是人的主观反映出了问题。因此，很多哲学家们便认为只要回到主体内，在理性范畴内进行批判，就能解决宗教的问题了。鲍威尔提出用"自我意识"来消除宗教，施特劳斯则想要建立一个合乎理性的"人性宗教"，费尔巴哈企图用"博爱"来取代宗教，都是如此。虽然他们也都想到要对基督教产生的历史事件进行考察，但当他们将历史发展的动力看作是"自我意识"和"普遍信念"时，产生宗教的历史事件也只能被归结于人类理性的发展阶段。但是，在马克思看来，历史发展的动力是"直接的物质生活"和由这种物质生活所产生的人们的交往方式，即"不同阶段上的市民社会"。所以宗教产生的根本依据当然就是社会的物质生产方式，当生产力不发达的时候，自然的力量决定着人类的物质生产方式，而当生产力发展到一定阶段的时候，人们在物质生产过程中所形成的经济关系就成了决定市民社会关系的力量。也就是，物质生产关系一旦形成，也会随之产生一种固定的社会形式，而宗教亦不过是这种社会关系外化的产物，也是一种表现社会形式的意识形态。

　　社会形式是不会以人的意志为转移的，因为它是建立在交换和消费的

---

① 中共中央马克思恩格斯列宁斯大林著作编译局. 马克思恩格斯全集：第3卷［M］. 北京：人民出版社，1957：43.

基础上形成的，作为一种社会力量控制着人理性的发展、限制着人的本质的实现。科学的发展，使得人的主体性得到了提高，人的理性在科学的实证领域已经超越了上帝，但人的精神世界仍旧无法解脱需要上帝。同时，科学的快速发展使得社会物质积累增多，但这种社会物质的剧增并没有给人们带来幸福，反而给人的身心带来了更多的压力，因为物质并不属于劳动者。这是资本主义制度下科学的悖论，也是当时的人们对现实绝望、将希望寄托于彼岸和来世的根本原因。因此，马克思提出，只有摆脱"物"的束缚，消除私有制，才能根除人们对于宗教的精神依赖，宗教的批判"使人能够作为不抱幻想而具有理智的人来思考，来行动，来建立自己的现实"①。正是由于马克思完全否定了用理性的方法来批判宗教，也不认为单纯的理性批判能解决宗教的问题，才提出了人们"只有在革命中才能抛掉身上的一切陈旧肮脏的东西，才能建立新的社会的基础"②。人们不能自由地选择某一种社会形式，因为社会形式有自己发展的规律。只有"当社会通过占有和有计划地使用全部生产资料而使一切社会成员摆脱奴役状态的时候"③，人们就不用再想方设法地去获得抗拒异己的力量了，因为，那时人的本质已经能够实现了，宗教也不需要再作为人为了获得被异化了的本质的反映而存在了。

就如"没有蒸汽机和珍妮走锭精纺机就不能消灭农奴制，没有改良的农业就不能消灭农奴制"④一样，宗教的产生和消失都是随着人类社会历史的发展而改变的，如果只是将哲学、宗教、实体等消融在"自我意识"

---

① 中共中央马克思恩格斯列宁斯大林著作编译局. 马克思恩格斯全集：第 1 卷 [M].
　北京：人民出版社，1957：2.
② 中共中央马克思恩格斯列宁斯大林著作编译局. 马克思恩格斯全集：第 1 卷 [M].
　北京：人民出版社，1957：22.
③ 中共中央马克思恩格斯列宁斯大林著作编译局. 马克思恩格斯选集：第 3 卷 [M].
　北京：人民出版社，1995：668.
④ 中共中央马克思恩格斯列宁斯大林著作编译局. 马克思恩格斯选集：第 1 卷 [M].
　北京：人民出版社，1995：74.

中，那么"人的本质"将永远不会真正得以实现；宗教问题的解决需要生产力发展到一定阶段，需要生产关系产生一定的变化，宗教与历史一样都是"类关系"在人类社会生产发展中的产物。

三、丰富了哲学革命的内容

马克思主义产生的时代正是德国青年黑格尔派对宗教进行理论上的批判、社会各阶层人民受到宗教改革的影响对宗教进行行动上批判的时代。马克思通过对"自我意识"的重新定义对以往哲学家们的宗教批判理论进行了颠覆，无论黑格尔还是青年黑格尔派都是将宗教作为理性发展的产物，在马克思看来这都是与现实和真实的"颠倒"。马克思确定了唯物主义的思考方式，将感性的物质活动作为人的本质，跳出了之前本体论的思维方式，人的本质被重新定义了。马克思借此不仅颠覆了西方的传统哲学，也颠覆了真正的现实世界。

自古希腊哲学开始，西方哲学一直都在坚持对形上世界的探索，哲学家们追求的都是超验世界中的真实性。柏拉图的"理念世界"也好，黑格尔的"绝对精神"也罢，都是人们寻求人类理性对于现实世界的掌控权的表现，在黑格尔之前的哲学家们将现实社会存在的宗教、国家、财富等都看作是理性发展阶段的产物，这也是他们无法触及现实社会的原因。因为，如果将社会现实的存在都作为思维的结果，那么"它们是思想本质，因而只是纯粹的即抽象的哲学思维的异化"①。也就是，当仅把人的活动作为思维和精神的活动时，就无法解决现实中的实际问题。自柏拉图以来，西方的传统思维是将世界二分为形上世界和感性世界，至此哲学家们就一直在想办法使这两个世界实现统一，而统一的方法如果是从本体论的角度出发，无非有两种方法：要么是用自然存在的基础去理解和统一意识，要

---

① 马克思.1844年经济学哲学手稿［M］.北京：人民出版社，2000：99.

么是以主体意识为基础去理解和统一自然。而这两个方法最终得到的都不过是一个虚幻的世界。马克思对这种旧哲学的本体论思维方式进行了批判，他认为，世界的二分不是之前哲学家们认为的形上世界和感性世界，而是自然世界和属人世界，如果将世界二分为形上世界和感性世界，则会由于二者分属于经验和超验两个世界永远无法实现二者的统一。

马克思转换了旧哲学的思维方式，从本体论跳离出来，将世界作为可分为自然世界和属人世界的有机统一体，并找到了能统一自然世界和属人世界的基础——"人的感性物质活动"。马克思提出，人用感性的物质活动来改造自然，也用感性的物质活动来改造人类社会，人的感性物质活动才是人与自然世界和属人世界直接发生关系的根本原因。只有建立在人的感性活动之上的生产关系才是符合人的本质的"类关系"，也就是建立在与人的感性活动相适应的生产关系之上的世界才是真实的属人世界。"类关系"产生于建立在人的感性物质活动之上的社会生产关系中，脱离了现实的生产活动去谈论宗教、国家、社会等都不过是在不真实的关系中寻找真实，结果可想而知。

在私有制下，人无法进行自由自在的物质生产活动，生产过程不能按照劳动者个人的意愿进行，生产所用的物质资料、生产出的产品都不属于劳动者，也就是，无论是生产还是消费的过程都不由劳动者说了算。在资本主义社会中，人无法进行自由自觉的活动，"人的本质"已被异化，所进行的物质生产活动也不过是被异化了的劳动。马克思对于现实批判的尺度就是人的感性物质活动，如果是符合人的本质的活动，生产所进行的必是自由自觉的物质活动，所产生的生产关系既不会使人受压迫和剥削，也不会使人感受到痛苦。但是，在私有制为基础的资本主义社会中，人们所进行的只能是异化劳动，本来能反映人的本质的人们劳动的对象、过程和结果，都成了造成人的本质无法实现的、不可抗拒的外在力量，这时的人与动物或生产工具已经没有任何不同。因此，人们只能寄希望于宗教和来世，以便来对抗现实中无法改变的社会生活。而为了适应和维护私有制，必将产生适合私有制的生产关系和意识形态，宗教就是私有制情况下由劳动异化产生的社会意识形态形式，宗教在马克思哲学中不再是一种理性发展的结果，而是产生于人们的"类本质"和"类关系"基础上的社会现实。

马克思将之前的哲学中理论与现实的关系整个颠倒了过来，实现了哲学功能上的变革。马克思用感性的物质活动作为人的"类本质"以此来否定"劳动异化"；用"类关系"来否定了资本主义社会中的生产关系；用"类生活"否定了现实生活中异化后的人的"非人"式生存状态。

马克思哲学的研究方法就是"批判"，但批判不是目的而是手段。马克思哲学变革了以往一切哲学的思维方式，马克思哲学的对象、视域都发生了改变。马克思将社会意识形态与生产力、生产关系、人类历史的发展联系起来，并用宗教批判作为对现实批判的切入口，进行了对于私有制的批判。与之前的哲学相比，在马克思哲学之后，哲学本身发生了革命性的变革，马克思不仅否定了形上世界，同时否定了现实世界。在马克思看来，现实的资本主义社会是不符合人的本质发展的、不真实的世界。

马克思对传统形而上学的批判，是为了终结形而上学对现实世界的统治；马克思消解人理性的至上性，则是为了强调人的实践活动的至上性；马克思对于宗教的批判，是为了批判私有制；马克思对于现实社会的批判是为了实现人的本质的复归，是实现人的解放。

结束语

马克思在柏林大学读书期间加入了青年黑格尔派，对于黑格尔和青年黑格尔派的哲学思想了解颇深，他的很多思想是在对黑格尔和青年黑格尔派的哲学思想批判的基础上实现的。"自我意识"作为整个德国古典哲学理论体系的生发点，推动了人类理性启蒙运动的发展，关联着整个德国古典哲学的逻辑进程，马克思在对德国古典哲学"自我意识"理论变革的基础上实现了人主体性的变革，使"人"从思维主体变革为能动的实践主体。

整个德国古典哲学向马克思哲学发展的过程，就是主体和客体之间由于双方的矛盾本性而不断地相互对立、相互转化的螺旋向前的过程。马克思的哲学思想是德国古典哲学发展中的根本质变，它结束了历来的"古典哲学"。但是，马克思的哲学思想，尤其是其"人的本质"、实践主体性等思想并不是完全脱离德国古典哲学而产生的。海德格尔就声称："如果没有黑格尔，马克思是不可能改变世界的。"① 实际上，马克思哲学是通过批判从近代哲学开始的意识内在性原则，建构起了与以往"解释世界"的旧哲学不同，而是以"改变世界"为基本问题的新哲学。

哲学作为"关于人的秘密"的学科，其对于真理的追求，对于自由的

① 海德格尔. 晚期海德格尔的三天讨论班记要 [J]. 哲学译丛，2001 (3).

关照，永远也离不开对于人与自然、人与社会、人与人关系的追问。古希腊哲学、近代哲学、德国古典哲学、马克思哲学……哲学的每一种"转向"，都可以看作人们对于自我、自我与外界关系的思考。实际上，"自我意识"从未淡出过任何哲学样态的研究视域，不论是构建理性的内在性原则，还是瓦解理性的内在性原则，都可看作是人类理性发展的历史性阶段。

参考文献

一、中文文献

1. 专著

［1］北京大学西方哲学史教研室编译．西方哲学原著选读：上册［M］．北京：商务印书馆，1982.

［2］北京大学西方哲学史教研室编译．西方哲学原著选读：上卷［M］．北京：商务印书馆，1981.

［3］策勒尔．古希腊哲学史纲［M］．翁绍军，译．济南：山东人民出版社，1996.

［4］陈嘉明．建构与范导：康德哲学的方法论［M］．北京：社会科学文献出版社，1992.

［5］邓晓芒．《纯粹理性批判》讲演录［M］．北京：商务印书馆，2013.

［6］邓晓芒．德国古典哲学讲演录［M］．长沙：湖南教育出版社，2010.

［7］邓晓芒．黑格尔《精神现象学》句读［M］．北京：人民出版社，2014.

［8］邓晓芒．康德《纯粹理性批判》句读［M］．北京：人民出版社，2010.

[9] 邓晓芒. 康德《道德形而上学奠基》句读 [M]. 北京：人民出版社，2012.

[10] 邓晓芒. 康德《判断力批判》释义 [M]. 上海：上海三联书店，2008.

[11] 邓晓芒. 思辨的张力 [M]. 长沙：湖南教育出版社，1992.

[12] 邓晓芒. 西方美学史纲 [M]. 北京：商务印书馆，2018.

[13] 费希特. 费希特文集：第 1 卷 [M]. 梁志学，译. 北京：商务印书馆，2015.

[14] 费希特. 伦理学体系 [M]. 梁志学，李理，译. 北京：商务印书馆，2006.

[15] 费希特. 全部知识学的基础 [M]. 王玖兴，译. 北京：商务印书馆，2016.

[16] 高清海. 找回失去的哲学自我 [M]. 北京：北京师范大学出版社，2004.

[17] 高清海. 哲学的憧憬 [M]. 长春：吉林大学出版社，1995.

[18] 高清海. 哲学与主体自我意识 [M]. 北京：北京师范大学出版社，2017.

[19] 高宣扬. 德国哲学通史：第 1 卷 [M]. 上海：同济大学出版社，2007.

[20] 韩水法. 康德物自身学说研究 [M]. 北京：商务印书馆，2007.

[21] 贺麟，张世英. 黑格尔关于辩证逻辑与形式逻辑的关系的理论 [M]. 上海：上海人民出版社，1956.

[22] 贺麟. 黑格尔哲学讲演集 [M]. 上海：上海人民出版社，2011.

[23] 黑格尔. 费希特与谢林哲学体系的差别 [M]. 宋祖良，程志民，译. 北京：商务印书馆，1994.

[24] 黑格尔. 精神现象学：上 [M]. 贺麟，王玖兴，译. 上海：上

海人民出版社，2013.

［25］黑格尔．精神哲学［M］．杨祖陶，译．北京：人民出版社，2006.

［26］黑格尔．逻辑学：上［M］．杨一之，译．北京：商务印书馆，1996.

［27］黑格尔．逻辑学［M］．梁志学，译．北京：人民出版社，2002.

［28］黑格尔．小逻辑［M］．贺麟，译．上海：上海人民出版社，2009.

［29］黑格尔．耶拿体系1804—1805：逻辑学和形而上学［M］．杨祖陶，译．北京：人民出版社，2012.

［30］黑格尔．哲学史讲演录：第1卷［M］．贺麟，王太庆，译．上海：上海人民出版社，2013.

［31］胡塞尔．纯粹现象学通论［M］．李幼燕，译．北京：商务印书馆，1992.

［32］胡塞尔．形式逻辑和先验逻辑［M］．李幼燕，译．北京：中国人民大学出版社，2012.

［33］金岳霖．形式逻辑［M］．北京：人民出版社，1979.

［34］康德．纯粹理性批判［M］．邓晓芒，译．北京：人民出版社，2004.

［35］康德．逻辑学讲义［M］．许景行，译．北京：商务印书馆，2016.

［36］康德．判断力批判［M］．李秋零，译．北京：中国人民大学出版社，2011.

［37］康德．实践理性批判［M］．李秋零，译．北京：中国人民大学出版社，2011.

［38］康德．作为未来科学的形而上学的导论［M］．庞景仁，译．北

京：商务印书馆，2011.

[39] 梁志学. 自由的体系：费希特哲学读本 [M]. 北京：商务印书馆，2008.

[40] 刘永富. 黑格尔哲学解读 [M]. 北京：中国社会科学出版社，2002.

[41] 卢卡西维茨. 亚里士多德的三段论 [M]. 李真，李先焜，译. 北京：商务印书馆，1981.

[42] 陆杰荣. 形而上学研究的几个问题 [M]. 北京：中国社会科学出版社，2012.

[43] 马克思. 1844 年经济学哲学手稿 [M]. 北京：人民出版社，2000.

[44] 马克思. 1844 年经济学哲学手稿 [M]. 北京：人民出版社，2014.

[45] 中共中央马克思恩格斯列宁斯大林著作编译局. 马克思恩格斯文集：第 1 卷 [M]. 北京：人民出版社，2009.

[46] 中共中央马克思恩格斯列宁斯大林著作编译局. 马克思恩格斯选集：第 1 卷 [M]. 北京：人民出版社，2012.

[47] 苗力田. 古希腊哲学 [M]. 北京：中国人民大学出版社，1989.

[48] 苗力田. 黑格尔通信百封 [M]. 上海：上海人民出版社，1981.

[49] 倪梁康. 自识与反思：近代西方哲学的基本问题 [M]. 北京：商务印书馆，2002.

[50] 欧洲哲学史教程编写组. 欧洲哲学史教程 [M]. 福州：福建人民出版社，1986.

[51] 培根. 新工具 [M]. 许宝骙，译. 北京：商务印书馆，2011.

[52] 斯宾诺莎. 伦理学 [M]. 陈丽霞，译. 北京：光明日报出版社，2010.

［53］叔贵峰.青年黑格尔派宗教批判的逻辑演进［M］.北京：人民出版社，2014.

［54］叔贵峰.马克思宗教批判的革命变革：从理性的批判到实践的批判［M］.北京：人民出版社，2008.

［55］孙利天.论辩证法的思维方式［M］.长春：吉林大学出版社，1994.

［56］孙正聿.哲学：思想的前提批判［M］.北京：中国社会科学出版社，2016.

［57］汪民安.后现代性的哲学话语［M］.杭州：浙江人民出版社，2000.

［58］王建军.灵光中的本体论：谢林后期哲学思想研究［M］.天津：南开大学出版社，2004.

［59］王天成.直觉与逻辑［M］.长春：长春出版社，2000.

［60］王晓朝.西方哲学精神探源［M］.北京：北京大学出版社，2016.

［61］王晓朝.宗教学基础十五讲［M］.北京：北京大学出版社，2003.

［62］王晓朝.希腊哲学简史［M］.上海：上海辞书出版社，2017.

［63］维特根施坦.逻辑哲学论［M］.郭英，译.北京：商务印书馆，1962.

［64］温纯如.康德和费希特的自我学说［M］.北京：社会科学文献出版社，1995.

［65］文德尔班.哲学史教程［M］.北京：商务印书馆，1987.

［66］先刚.永恒与时间：谢林哲学研究［M］.北京：商务印书馆，2008.

［67］先刚.哲学与宗教的永恒同盟［M］.北京：北京大学出版社，

2015.

[68] 谢林. 近代哲学史 [M]. 先刚，译. 北京：北京大学出版社，2016.

[69] 谢林. 先验唯心论体系 [M]. 梁志学，石泉，译. 北京：商务印书馆，2016.

[70] 亚里士多德. 工具论：上 [M]. 余纪元，译. 北京：中国人民大学出版社，2003.

[71] 亚里士多德. 形而上学 [M]. 吴寿彭，译. 北京：商务印书馆，1970.

[72] 杨文极. 德国古典哲学教程 [M]. 北京：中国人民大学出版社，1988.

[73] 杨祖陶，邓晓芒. 康德《纯粹理性批判》指要 [M]. 长沙：湖南教育出版社，1996.

[74] 杨祖陶. 德国古典哲学逻辑进程 [M]. 北京：人民出版社，2016.

[75] 杨祖陶. 黑格尔《精神哲学》指要 [M]. 北京：人民出版社，2018.

[76] 杨祖陶. 康德黑格尔哲学研究 [M]. 武汉：武汉出版社，2002.

[77] 俞吾金，汪行福，王凤才，等. 德国古典哲学 [M]. 北京：人民出版社，2009.

[78] 张澄清. 黑格尔的唯心辩证法 [M]. 福州：福建人民出版社，1984.

[79] 张澄清. 西方近代哲学的终结 [M]. 北京：社会科学文献出版社，2005.

[80] 张世英. 论黑格尔的精神哲学 [M]. 上海：上海人民出版社，1986.

［81］张世英. 论黑格尔的逻辑学 ［M］. 北京：中国人民大学出版社，2010.

［82］张世英. 中西文化与自我 ［M］. 北京：人民出版社，2011.

［83］张志伟. 西方哲学史 ［M］. 北京：中国人民大学出版社，2012.

［84］赵林. 黑格尔的宗教哲学 ［M］. 武汉：武汉大学出版社，2005.

［85］马克思恩格斯列宁斯大林论宗教 ［M］. 北京：中国社会科学出版社，1979.

［86］费尔巴哈. 基督教的本质 ［M］. 荣振化，译. 北京：商务印书馆，1979.

［87］费尔巴哈. 宗教的本质 ［M］. 王太庆，译. 北京：商务印书馆，2003.

［88］费尔巴哈. 费尔巴哈哲学选集 ［M］. 北京：商务印书馆，1984.

［89］吕大吉. 西方宗教说学史 ［M］. 中国社会科学出版社，1994.

［90］张志刚. 宗教研究指要 ［M］. 北京：北京大学出版社，2005.

［91］施特劳斯. 耶稣传 ［M］. 吴永泉，译. 北京：商务印书馆，1981.

［92］戴维·麦克莱伦. 青年黑格尔派与马克思 ［M］. 北京：商务印书馆，1982.

2. 期刊

［1］卜祥记. 试论德国古典哲学关于"自我"的思辨构建 ［J］. 徐州师范大学学报，2005（3）.

［2］陈也奔. 费希特与谢林：自我意识原则在康德之后的演变及发展 ［J］. 黑龙江社会科学，2002（2）.

［3］邓安庆. 知识·历史·艺术——试论谢林先验哲学体系的三大主题 ［J］. 湖北大学学报（哲学社会科学版），1993（1）.

[4] 邓婕. 浅谈《精神现象学》中自我意识的形成与发展 [J]. 内蒙古师范大学学报, 2016 (5).

[5] 邓晓芒. 黑格尔辩证法为形式逻辑的奠基 [J]. 云南大学学报(社会科学版), 2010 (2).

[6] 邓晓芒. 康德《实践理性批判》中的自由范畴表解读 [J]. 哲学研究, 2009 (9).

[7] 邓晓芒. 康德道德哲学的三个层次:《道德形而上学基础》述评 [J]. 云南大学学报(社会科学版), 2004 (4).

[8] 邓晓芒. 康德的"先验"与"超验"之辨 [J]. 同济大学学报(社会科学版), 2005 (5).

[9] 邓晓芒. 康德的"智性直观"探微 [J]. 文史哲, 2006 (1).

[10] 邓晓芒. 康德论因果性问题 [J]. 浙江学刊, 2003 (2).

[11] 邓晓芒. 康德先验逻辑对形式逻辑的奠基 [J]. 江苏社会科学, 2004 (6).

[12] 邓晓芒. 论康德对机械论自然观的超越 [J]. 华中科技大学学报(社会科学版), 2017 (1).

[13] 邓晓芒. 西方哲学史中的理性主义和非理性主义 [J]. 现代哲学, 2011 (3).

[14] 韩金起. 对自我意识之间依赖关系的探究:读黑格尔《精神现象学》[J]. 华北电力大学学报(社会科学版), 2012 (1).

[15] 韩志伟, 徐力冲. 论先验辩证法的生存空间及其当代意义 [J]. 山东社会科学, 2016 (10).

[16] 韩志伟. 简论黑格尔辩证法的思辨结构 [J]. 社会科学战线, 2003 (5).

[17] 黄振地. 费希特对康德先验自我的逻辑化统一的努力 [J]. 社会科学研究, 2007 (2).

[18] 黄振地. 论"自我"概念的哲学演变 [J]. 内蒙古民族大学学报, 2006 (6).

[19] 黄振地. 论自我意识的哲学演变 [J]. 大连大学学报, 2005 (10).

[20] 黄振地. 谢林"绝对同一"自我的建构过程 [J]. 广西师范大学学报 (哲学社会科学版), 2012 (6).

[21] 孔扬. 德国古典哲学外延逻辑批判的总线索 [J]. 深圳大学学报 (人文社会科学版), 2012 (6).

[22] 李德学, 王天成. 谢林先验唯心论历史观中的唯心辩证法思想 [J]. 社会科学战线, 2002 (4).

[23] 梁志学. 从思想与信念的统一谈起: 记第二届国际费希特哲学大会 [J]. 哲学研究, 1988 (2).

[24] 梁志学. 德国古典哲学中的"理智直观" [J]. 哲学研究, 1985 (4).

[25] 梁志学. 费希特晚期的知识学 [J]. 云南大学学报 (社会科学版), 2003 (6).

[26] 梁志学. 费希特哲学思想体系简评 [J]. 安徽大学学报 (哲学社会科学版), 2005 (3).

[27] 梁志学. 黑格尔建立思辨逻辑的开创活动 [J]. 云南大学学报 (社会科学版), 2006 (3).

[28] 梁志学. 略论先验逻辑到思辨逻辑的发展 [J]. 云南大学学报 (社会科学版), 2004 (3).

[29] 梁志学. 思辨逻辑的基本观点: 上 [J]. 德国哲学, 2016 (2).

[30] 梁志学. "先验哲学与辩证法"国际讨论会纪要 [J]. 哲学动态, 1989 (11).

[31] 陆杰荣.论"形而上学"的当代视界 [J].江海学刊,2004 (3).

[32] 陆杰荣.论形而上学"上行"与"下移"之内在逻辑 [J].陕西师范大学学报（哲学社会科学版）,2013 (4).

[33] 陆杰荣.论形而上学与"形"的内在纠缠 [J].社会科学辑刊,2013 (2).

[34] 陆杰荣.西方哲学的理论轴心架构与马克思哲学的现实破解方式 [J].马克思主义与现实,2010 (4).

[35] 陆杰荣.西方哲学研究重心的演进逻辑与形而上学之命运 [J].学术月刊,2008 (10).

[36] 陆杰荣.西方哲学演进的逻辑与哲学面对"事情"本身的诸种方式 [J].思想战线,2010 (1).

[37] 罗久.论黑格尔对费希特主观观念论的批判：以耶拿时期的"知识学"为中心 [J].人文杂志,2017 (10).

[38] 倪梁康.康德哲学中"自身意识"的双重性质与功能 [J].浙江学刊,2000 (4).

[39] 倪梁康."自我"发生的三个阶段 [J].哲学研究,2009 (11).

[40] 尚杰.德国古典哲学唯心主义哲学发展的逻辑必然性 [J].辽宁大学学报,1989 (9).

[41] 叔贵峰,周帅辰.论谢林在《先验唯心论体系》中哲学立场的知识论转向 [J].吉林师范大学学报（人文社会科学版）,2019 (4).

[42] 叔贵峰.从理想的批判到现实的批判——试论康德与马克思关于"批判哲学"的区别及其理论意义 [J].辽宁大学学报（社会科学版）,2006 (5).

[43] 孙正聿.辩证法：黑格尔、马克思与后形而上学 [J].中国社

会科学，2008（3）．

[44] 王春风，常玉华．哲学自我意识概念的逻辑演变［J］．内蒙古民族大学学报，2005（12）．

[45] 王昊宁．先验哲学中"自我"的改造［J］．社会科学研究，2008（5）．

[46] 王玖兴．费希特全部知识学基础［J］．世界哲学，2005（3）．

[47] 王天成，邵斯宇．生命的辩证性与辩证法［J］．社会科学战线，2017（3）．

[48] 王天成．从传统范畴论到先验范畴论：康德的先验逻辑对传统形而上学范畴论的批判改造［J］．社会科学战线，2004（2）．

[49] 吴海龙．论费希特知识学体系的逻辑架构及其局限性［J］．东岳论丛，2011（11）．

[50] 吴海龙．谢林知识学的先验演绎［J］．江海学刊，2015（2）．

[51] 吴宏政．先验思辨的开端：费希特对先验自我的形而上学知识体系的构建［J］．哈尔滨工业大学学报，2013（5）．

[52] 先刚．谢林的"世界时代哲学"构想及其演进［J］．云南大学学报（社会科学版），2010（3）．

[53] 肖超．试论自我意识的辩证结构［J］．学理论，2018（3）．

[54] 谢地坤．从原始直观到天才直观：谢林《先验唯心论体系》之解读［J］．云南大学学报（社会科学版），2004（1）．

[55] 薛小花．先验唯心论体系里的自我意识：谢林哲学思想研究［J］．社科纵横，2014（5）．

[56] 杨方．从西方哲学的三次转向看哲学对象的演变［J］．南通大学学报，2015（3）．

[57] 杨祖陶，陈世夫．黑格尔哲学体系问题：试论贺麟先生对黑格尔哲学体系构成的创见［J］．北京大学学报（哲学社会科学版），1988

(4).

[58] 杨祖陶. 德国古典哲学的现代价值 [J]. 哲学研究, 2001 (4).

[59] 杨祖陶. 德国近代理性哲学和意志哲学的关系问题 [J]. 哲学研究, 1998 (7).

[60] 杨祖陶. 黑格尔逻辑学中的主体性 [J]. 哲学研究, 1988 (7).

[61] 杨祖陶. 黑格尔哲学中有关认识论研究的若干方法论原则 [J]. 外国哲学, 1993 (12).

[62] 杨祖陶. 康德范畴先验演绎构成初探 [J]. 武汉大学学报 (社会科学版), 1983 (6).

[63] 杨祖陶. 论德国古典哲学的逻辑进程 [J]. 哲学研究, 1992 (10).

[64] 余天放. 康德论对自我的意识: 内感官的对象及其问题 [J]. 理论探讨, 2017 (1).

[65] 余玥. 20 世纪后半叶至今的德国古典哲学自我更新运动 [J]. 世界哲学, 2016 (6).

[66] 俞吾金. 康德两种因果性概念探析 [J]. 中国社会科学, 2007 (6).

[67] 俞吾金. 康德是通向马克思的桥梁 [J]. 复旦学报 (社会科学版), 2009 (4).

[68] 俞吾金. 论马克思对西方哲学传统的扬弃: 兼论马克思的实践、自由概念与康德的关系 [J]. 中国社会科学, 2001 (3).

[69] 俞吾金. 马克思对黑格尔方法论的改造及其启示 [J]. 复旦学报 (社会科学版), 2011 (1).

[70] 俞吾金. 形而上学发展史上的三次翻转: 海德格尔形而上学之

思的启迪 [J]. 中国社会科学, 2009 (6).

[71] 俞吾金. 作为哲学史纲要和最终归宿的《小逻辑》: 黑格尔哲学史观新探 [J]. 哲学研究, 2001 (11).

[72] 郁建兴. 黑格尔对康德先验范畴的批判 [J]. 江苏社会科学, 2010 (3).

[73] 张东辉. 逻辑学的形而上学渊源 [J]. 哲学研究, 2017 (2).

[74] 张雷. 黑格尔真理观嬗变的方法论根源探析 [J]. 东北大学学报 (社会科学版), 2016 (3).

[75] 赵敦华. 黑格尔哲学体系的理论意义和现实性 [J]. 武汉大学学报 (人文科学版), 2016 (2).

[76] 赵剑. 费希特先验知识学: 从认识论到存在论 [J]. 哲学动态, 2013 (3).

[77] 赵林. 黑格尔宗教哲学的理性基础与逻辑结构 [J]. 世界宗教研究, 1998 (4).

[78] 赵林. 唯理论哲学在心物关系问题上的思想发展 [J]. 求是学刊, 2005 (4).

[79] 赵林. 西方文化转型的历程: 信仰与理性关系的辩证演进 [J]. 江海学刊, 2012 (1).

[80] 赵林. 中世纪基督教神学发展的逻辑线索 [J]. 世界宗教研究, 1996 (4).

[81] 周书俊. 黑格尔对费希特哲学的承继与发展 [J]. 江西财经大学学报, 2011 (3).

[82] 朴祥记. 公正评价鲍威尔关于基督教起源问题研究 [J]. 福建论坛, 2004 (6).

[83] 朴祥记. 马克思思想历程的最初理论环节: 对施特劳斯与鲍威尔关于基督教哲学基础的批判性分析 [J]. 学术月刊, 2004 (11).

[84] 胡建. 从施特劳斯到青年马克思 [J]. 理论学习月刊, 1989 (6、7).

[85] 李毓章. 论鲍威尔宗教批判的特色 [J]. 广东社会科学, 2005 (1).

[86] 王兆星. 青年黑格尔派的形成及其宗教批判 [J]. 武汉大学学报, 1988 (2).

[87] 贺来. "以人为本"的社会发展观的哲学前提 [J]. 哲学研究, 2005 (1).

[88] 王志军, 刘玉东. 论马克思宗教批判的理论与现实意义 [J]. 理论探讨, 2004 (6).

[89] 王晓升. 从异化劳动到实践: 马克思对于现代性的解答 [J]. 哲学研究, 2004 (2).

[90] 齐鹏. 人的感性解放与精神发展 [J]. 哲学研究, 2004 (2).

[91] 叶险明. 马克思哲学革命与哲学的现实基础 [J]. 哲学研究, 2005 (1).

[92] 张宪. 马克思的宗教批判与当代基督宗教人文主义: 兼论宗教异化和异化的消除 [J]. 现代哲学, 2005 (3).

[93] 王志军. 论马克思的宗教批判与哲学变革 [J]. 哲学研究, 2006 (7).

二、英文文献

1. 专著

[1] GUYER P. Kant on Freedom, Law, and Happiness [M]. Cambridge: Cambridge University Press, 2000 (1).

[2] AMERIKS, KARL. The Modern Subject: Conceptions of the Self in Classical German Philosophy [M]. City of New York: State University of New

York Press, 1995.

[3] SETH A. The Development from Kant to Hegel [M]. Cambridge: Cambridge Scholars Publishing, 2002.

[4] POWELL C T. Kant's Theory of Self-consciousness [M]. Oxford: Oxford University Press, 1990.

[5] HENRICH D. Between Kant and Hegel, Lectures on German Idealism [M]. Cambridge: Massachusetts, Harvard University Press, 2003.

[6] HENRICH D. The Proof - Structure of Kant's Transcendental Deduction. The River of Metaphysics [M]. Oxford: Oxford University Press, 1969.

[7] HENRICH D. the Unity of Reason, Essays on Kant's Philosophy [M]. Cambridge Massachusetts: Harvard University Press, 1994.

[8] RICHARD E. Images of History : Kant, Benjamin, Freedom, and the Human Subject [M]. Oxford: Oxford University Press, 2016.

[9] KLEMM D. Figuring the Self: Subject, Absolute, and Others in Classical German Philosophy [M]. City of New York: State University of New York Press, 1988.

[10] GOUDELI K. Challenges to German Idealism: Schelling, Fichte and Kant [M]. Macmillan: Palgrave Macmillan UK, 2002.

[11] NECTARIOS G. Limnatis. German Idealism and the Problem of Knowledge: Kant, Fichte, Schelling, and Hegel [M]. Publisher: Springer, 2008.

[12] NEUHOUSER F. Fichte's Theory of Subjectivity [M]. Cambridge: Cambridge University Press, 1990.

[13] GUYER P. The Cambridge Companion to Kant [M]. Cambridge: Cambridge University Press, 1992.

[14] ROBERT R. Williams. Hegel's Ethics of Recognition [M]. California: University of California Press, 2000.

[15] SEDGWICK S. The Reception of Kant's Critical Philosophy: Fichte, Schelling, and Hegel [M]. Cambridge: Cambridge University Press, 2000.

[16] PINKARD T. Hegel's Naturalism: Mind, Nature, and the Final Ends of Life [M]. Oxford: Oxford University Press, 2012.

[17] ALLEN W. Fichte's Ethical Thought [M]. Oxford: Oxford University Press, 2016.

[18] MCLELLAN D. Marxism and Religion [M]. London: London Macmillan Press, 1987.

[19] MULLIN R B. Miracles and the Modern Religious Imagination [M]. Yale University Press, 1996.

2. 期刊

[1] ALDERWICK C. A Temporal Essence and Existential Freedom in Schelling [J]. British Journal for the History of Philosophy, 2015 (1).

[2] ALTMAN M C. The Unquiet Spirit of Idealism: Fichte's Drive to Freedom and the Paradoxes of Finite Subjectivity [J]. International Yearbook of German Idealism, 2001 (3).

[3] WOOD A. Fichte's Absolute Freedom [J]. International Yearbook of German Idealism, 2011 (9).

[4] DAS S. Friedrich Wilhelm Joseph von Schelling [J]. Internet Encyclopedia of Philosophy, 2011 (6).

[5] GUYER P. Kant and the Experience of Freedom: Essays on Aesthetics and Morality [J]. Journal of Aesthetics & Art Criticism, 1994 (5).

[6] HONNETH A. The Pathologies of Individual Freedom: Hegel's Social

Theory [J]. Philosophy in Review, 2010 (2).

[7] JONAS M. Fichte: Freedom, and Dogmatism [J]. Idealistic Studies, 2013 (3).

[8] KARA J. Kant and the Creation of Freedom: A Theological Problem [J]. Anglican Theological Review, 2015 (4).

[9] KOSCH M. Formal Freedom in Fichte's "System of Ethics" [J]. International Yearbook of German Idealism, 2011 (9).

[10] KOSCH M. Idealism and Autonomy in Schelling's Early Systems [J]. Freedom & Reason in Kant Schelling & Kierkegaard, 2006 (2).

[11] MATTHEWS B. Life as the Schema of Freedom: Schelling's Organic Form of Philosophy [J]. SUNY, 2011 (4).

[12] ROBERT P. VII – The Significance of Self-consciousness in Idealist Theories of Logic [J]. Idealistic Studies, 2013 (3).

[13] RAFFERTY C, ASHTON P. The Metaphysics of Creativity: Nature, Art and Freedom in German Philosophy after Kant [J]. Concrescence, 2002 (3).

[14] SAUTER M. Conscience and the Rhetoric of Freedom: Fichte's Reaction to the Edict on Religion [J]. Center for Research and Teaching in Economics, 2009 (10).

[15] SULLIVAN R, ALLISON H. Kant's Theory of Freedom [J]. Philosophical Review, 1992 (4).

[16] TRITTEN T. Nature and Freedom: Repetition as Supplement in the Late Schelling [J]. Sophia, 2010 (2).

后　记

马克思"自我意识"理论的来源问题，涉及古希腊、近代哲学、德国古典哲学、青年黑格尔派的哲学思想，甚至关联了主体性哲学、认识论、知识学、宗教批判、共产主义思想等方面内容。这次的写作方式对我来说是一次新的尝试，是以逻辑发展的方式去分析、论述一个具体理论的形成，也是以"大历史观"为灵感，试着在哲学史的视域下，探讨一个具体理论的变革。

我是一个哲学领域中的"后进生"，我是在硕士毕业五年之后，又重新投入了哲学的怀抱。我的硕士专业是马克思主义哲学，博士专业是外国哲学。我一直想试着将德国古典哲学与马克思哲学之间的关系做一个梳理，而不是将马克思哲学与黑格尔哲学做一个区分或对比，这对于现阶段我的学术水平来讲是很难的，但我很幸运得到了我的博士导师叔贵峰教授的指点与支持，最终我选择了以"自我意识"为切入点，用"自我意识"联结了德国古典哲学与马克思哲学，而青年黑格尔派的宗教批判自然而然成了"联结"的中介。

我要感谢我导师——辽宁大学哲学院博士生导师叔贵峰教授的倾囊相授。说起来有些惭愧，直到今天我依然要靠叔老师的点拨才能一点点领悟到哲学的真谛，包括这本书的写作方式和逻辑脉络，都离不开恩师的指导和建议。叔老师是吉林大学高清海先生的博士、武汉大学赵林先生的博士后，他在马克思主义哲学、德国古典哲学和马克思主义宗教学方面都有很深的造诣。在跟随他学习的这几年间，我不仅向他学习具体的知识、讲课的方式、论文的写作方法，更向他学习做学问的态度。当这本书接近完成时，我请老师帮忙写了序言，老师提出让我将整本书稿发给他，并给了我很多修改意见，我十分感动。对于已经毕业了的学生，叔老师并没有义务帮忙看我的书稿，可叔老师还是如以前一样，从大纲到段落，给我意见、和我讨论，帮助我分析怎样写会更好。治学严谨的叔贵峰教授，是我的榜样。能成为老师的学生，我三生有幸。

我要感谢我的父母，张向东先生和潘宏伟女士，他们信任我、鼓励我，在生活中无条件地帮助我，在精神上无微不至地关怀我。能在和谐幸福的家庭中成长，是我的幸运。在家庭生活中，我获得很多勇气，得到很多快乐。如果说是我的"任性"使我走上了学术这条路，那么我能任性的自由都是父母给的，但凡我能在学术路上取得一点点的成绩和进步，我的父母都功不可没。如果没有父母的无私付出，这本书的写作将无法顺利完成。

我还要感谢自己的坚持。我刚开始进入德国古典哲学的时候真的觉得很难，也一度在求学过程中怀疑自己的能力、反思自己的决定。但是如今，我已经深爱哲学，更感谢自己当时的决定。读博士的经历，让我勇于承认自己的无知和平凡，也让我磨砺了意志和耐心，更让我在压力中迅速成长起来，使我看到了自己更多的可能性。如果没有读博士的经历，我永远也不知道我是"我"。

"生活是目的，不是手段"，读书也是，学术也是。希望我们都能在不断探寻自我、自我与社会、自我与他人的关系的过程中，能一直坚持下去。不惧怕跳出自己的舒适圈，拓展自己的领域，去读书、去学习，去探索真实的自己、更好的自己。

我用了三年的时间，想通过这本书的写作，将我博士论文——《德国古典哲学自我意识的形上演进研究》中的未尽之言尽可能地说完。但由于本人的研究能力、学术视野和理论素养有限，本书中很多地方并不完善，从论证到行文都有缺陷，希望能有幸得到各位同仁、专家的批评指正。本人深表谢意！

张笑笑

二〇二三年六月于浙江嘉兴